■2025年度中学受験用

作新学院中等部

5年間スーパー過去問

●収録内容一覧

入試問題と解説・解答の収録内容

2024年度　1回	算数・社会・理科・国語	実物解答用紙DL
2023年度　1回	算数・社会・理科・国語	実物解答用紙DL
2022年度　1回	算数・社会・理科・国語	実物解答用紙DL
2021年度　1回	算数・社会・理科・国語	
2020年度　1回	算数・社会・理科・国語	

～本書ご利用上の注意～　以下の点について，あらかじめご了承ください。

★別冊解答用紙は巻末にございます。実物解答用紙は，弊社サイトの各校商品情報ページより，一部または全部をダウンロードできます。

★編集の都合上，学校実施のすべての試験を掲載していない場合がございます。

★当問題集のバックナンバーは，弊社には在庫がございません（ネット書店などに一部在庫あり）。

合格を勝ち取るための『スーパー過去問』の使い方

本書に掲載されている過去問をご覧になって，「難しそう」と感じたかもしれません。でも，多くの受験生が同じように感じているはずです。なぜなら，中学入試で出題される問題は，小学校で習う内容よりも高度なものが多く，たくさんの知識や解き方のコツを身につけることも必要だからです。ですから，初めて本書に取り組むさいには，点数を気にしすぎないようにしましょう。本番でしっかり点数を取れることが大事なのです。

過去問で重要なのは「まちがえること」です。自分の弱点を知るために，過去問に取り組むのです。当然，まちがえた問題をそのままにしておいては意味がありません。

本書には，長年にわたって中学入試にたずさわっているスタッフによるていねいな解説がついています。まちがえた問題はしっかりと解説を読み，できるようになるまで何度も解き直しをしてください。理解できていないと感じた分野については，参考書や資料集などを活用し，改めて整理しておきましょう。

このページも参考にしてみましょう！

◆どの年度から解こうかな　「入試問題と解説・解答の収録内容一覧」

本書のはじめには収録内容が掲載されていますので，収録年度や収録されている入試回などを確認できます。

※著作権上の都合によって掲載できない問題が収録されている場合は，最新年度の問題の前に，ピンク色の紙を差しこんでご案内しています。

◆学校の情報を知ろう!!「学校紹介ページ」

このページのあとに，各学校の基本情報などを掲載しています。問題を解くのに疲れたら息ぬきに読んで，志望校合格への気持ちを新たにし，再び過去問に挑戦してみるのもよいでしょう。なお，最新の情報につきましては，学校のホームページなどでご確認ください。

◆入試に向けてどんな対策をしよう？「出題傾向＆対策」

「学校紹介ページ」に続いて，「出題傾向＆対策」ページがあります。過去にどのような分野の問題が出題され，どのように対策すればよいかをアドバイスしていますので，参考にしてください。

◇別冊「入試問題解答用紙編」

本書の巻末には，ぬき取って使える別冊の解答用紙が収録してあります。解答用紙が非公表の場合などを除き，（注）が記載されたページの指定倍率にしたがって拡大コピーをとれば，実際の入試問題とほぼ同じ解答欄の大きさで，何度でも過去問に取り組むことができます。このように，入試本番に近い条件で練習できるのも，本書の強みです。また，データが公表されている学校は別冊の１ページ目に過去の「入試結果表」を掲載しています。合格に必要な得点の目安として活用してください。

本書がみなさんの志望校合格の助けとなることを，心より願っています。

株式会社　声の教育社　編集部

作新学院中等部

所在地 〒320-8525 栃木県宇都宮市一の沢1-1-41
電　話 028-647-4571
ホームページ https://www.sakushin.ac.jp
交通案内 JR宇都宮線・日光線「宇都宮駅」西口6・7番乗り場,
東武宇都宮線「東武宇都宮駅」よりバス「作新学院前」下車

くわしい情報は
ホームページへ

トピックス
★例年，第1・2回入試とも，学力試験に加えグループ面接がある。
★入学試験の成績優秀者には返還不要の奨学金を給付する(参考:昨年度)。

創立年
昭和22年

男女共学

高校募集
あり

入試情報（参考：昨年度）

【第１回入学試験】
出願期間：2023年10月30日～11月１日
試験日時：2023年11月18日　８：15受付
試験科目：国語，算数，社会，理科
（各40分・100点満点）
合格発表：2023年11月21日（郵送）
【第２回入学試験】
出願期間：2023年11月29日～12月１日
試験日時：2023年12月10日　８：15受付
試験科目：国語，算数（各40分・100点満点）
合格発表：2023年12月12日（郵送）

出題範囲（第２回は国語，算数のみ）
国語…言語事項（漢字・語句・古典や韻文の知識などを広く問う）／読解／自らの考えを書く
算数…５年生までの全範囲。６年生の範囲「文字を使った式」「対称な図形」「分数のかけ算・わり算」「データの見方」「円の面積」「比例と反比例」「比」
社会…地理的分野は全範囲／歴史的分野は江戸時代の終わりまで／公民的分野は「日本国憲法と政治のしくみ」（地方政治も含む）
理科…６年生までの既習内容（６年生は「ものの燃え方」「動物・植物」まで）／基礎的な知識，科学的な思考を問う問題

2024年春の主な大学合格実績

＜国公立大学＞
東京大，北海道大，筑波大，千葉大，東京医科歯科大，埼玉大，お茶の水女子大，大阪大，宇都宮大，茨城大，東京都立大，高崎経済大
＜私立大学＞
慶應義塾大，早稲田大，上智大，東京理科大，明治大，青山学院大，立教大，中央大，法政大
※2024年４月１日現在

応募状況

年度	募集数	応募数	受験数	合格数	倍率
2024	① 160名	272名	268名	非公表	
	② 20名	229名	171名		

教育の特色

アットホームな日常が“絆”を強くする：生徒たちは，同じ目標と高い目的意識を持った仲間たちとともに，学校生活を通じて互いに切磋琢磨し，大きく成長していきます。
少人数クラス編成による細やかな指導：少人数クラス編成，週２日の７時間授業，少人数での個別指導，複数教員による教科指導，主要教科の時間数増など，独自のカリキュラムで指導していきます。
中等部時代で培った人間力を未来につなげる：様々な社会貢献活動を通して，社会に自らの能力を還元できる人材としての資質を養います。また，国際交流によって異文化を体験し，世界に向かう広い視野を身に付けます。

編集部注―本書の内容は2024年4月現在のものであり，変更されている場合があります。正確な情報は，学校のホームページ等で必ずご確認ください。

算数　出題傾向＆対策

◆基本データ（2024年度１回）

試験時間／満点	40分／100点
問題構成	・大問数…６題 　計算１題（５問）／応用小問 　１題（５問）／応用問題４題 ・小問数…21問
解答形式	解答のみを記入する形式になっている。応用問題には説明をかくものもある。
実際の問題用紙	Ａ４サイズ，小冊子形式
実際の解答用紙	Ａ３サイズ

◆出題傾向と内容

▶過去３年の出題率トップ３
１位：四則計算・逆算26％　２位：角度・面積・長さ16％　３位：速さなど６％
▶今年の出題率トップ３
１位：四則計算・逆算21％　２位：角度・面積・長さ，濃度，場合の数など７％

試験時間に対してやや多めの分量となっています。さまざまな分野から出題されていて，受験算数の基本をおさえたかたよりのない構成になっています。難問のたぐいはほとんど見られないものの，高得点を取るためには応用力も必要です。

計算問題は，落ち着いて解けば必ず正解が得られるものなので，確実に得点しましょう。応用小問では，速さ，数列，相当算，割合，体積などが出されています。応用問題は，各単元の基本演習の範囲内の出題となっているので，基礎がしっかりできていれば正解が得られるはずです。

◆対策～合格点を取るには？～

本校の算数は基本的な問題が中心なので，基礎力の充実に重点をおいた学習を進めましょう。

まず，計算力を高めましょう。標準的な問題集を一冊用意して，毎日欠かさず取り組むことで，着実に効果があがります。

出題率の高い図形問題については，多角形や円の面積の求め方，体積の求め方など，公式や解き方をノートにまとめ，問題集で類題にあたると効果的です。特に，円や正方形，長方形を組み合わせたものなど，複合図形の問題は重要です。

分野＼年度		2024	2023	2022	2021	2020
計算	四則計算・逆算	●	●	●	●	●
	計算のくふう				◎	◎
	単位の計算	○		○		
和と差	和差算・分配算					
	消去算					
	つるかめ算					
	平均とのべ				○	
	過不足算・差集め算				○	
	集まり					
	年齢算			○		
割合と比	割合と比					○
	正比例と反比例	○				○
	還元算・相当算					◎
	比の性質		○			
	倍数算					
	売買損益					
	濃度	○	○	○	○	
	仕事算					
	ニュートン算					
速さ	速さ		◎		○	
	旅人算			○		○
	通過算				○	
	流水算					
	時計算					
	速さと比				○	
図形	角度・面積・長さ	○	●	◎	●	●
	辺の比と面積の比・相似					
	体積・表面積		◎			
	水の深さと体積	○				○
	展開図					
	構成・分割		○	○		
	図形・点の移動					
表とグラフ					○	
数の性質	約数と倍数					
	N進数					
	約束記号・文字式					○
	整数・小数・分数の性質	○	○			
規則性	植木算	○				
	周期算		○			
	数列	○	○	◎		
	方陣算					
	図形と規則	○			○	
場合の数		○				
調べ・推理・条件の整理		○		○	○	
その他						

※　○印はその分野の問題が１題，◎印は２題，●印は３題以上出題されたことをしめします。

社会　出題傾向＆対策

◆基本データ（2024年度１回）

試験時間／満点	40分／100点
問題構成	・大問数…６題 ・小問数…32問
解答形式	記号選択と用語記入のほか，１～３行程度の記述問題も見られる。
実際の問題用紙	Ａ４サイズ，小冊子形式
実際の解答用紙	Ａ３サイズ

分野＼年度			2024	2023	2022	2021	2020
日本の地理		地図の見方					
		国土・自然・気候	○	○	○	○	○
		資源					
		農林水産業	○	★	○	○	○
		工業	○	○		★	○
		交通・通信・貿易		○		○	
		人口・生活・文化	○			○	★
		各地方の特色	★		★	★	
		地理総合	★	★	★	★	★
世界の地理			★	○	★		○
日本の歴史	時代	原始～古代	○	★	○	○	○
		中世～近世	○	★	○	○	★
		近代～現代		★			○
	テーマ	政治・法律史					★
		産業・経済史					
		文化・宗教史					
		外交・戦争史					
		歴史総合	★	★	★	★	★
世界の歴史							
政治		憲法	★	○	○		○
		国会・内閣・裁判所				★	★
		地方自治					
		経済					
		生活と福祉				★	
		国際関係・国際政治	○				
		政治総合		★	★		
環境問題							
時事問題							○
世界遺産							
複数分野総合			★				

※　原始～古代…平安時代以前，中世～近世…鎌倉時代～江戸時代，近代～現代…明治時代以降

※　★印は大問の中心となる分野をしめします。

◆出題傾向と内容

●地理…国土や気候に関するものをふくめ，おもに工業や農林水産業など産業に関する問題をはば広くあつかった総合的なものとなっています。統計資料や図・写真も多く用いられています。また，世界地理の出題もあり，国旗や国の位置に関連した問いが見られます。

●歴史…特定の時代に限定している大問もありますが，全体的には古代から昭和時代まではば広く出題されており，内容も政治や法律，文化など，さまざまな角度から問われています。写真や年表などの史料がふんだんに用いられていることも特ちょうといえるでしょう。

●政治…憲法と三権(国会・内閣・裁判所)のしくみとはたらきを中心に出題されています。憲法では身近な生活とのかかわりについて，三権では資料をもとに各省庁について問われるなど，各テーマのくわしい内容にまでつっこんだ問題がよく見られるほか，最近のニュースなどにからめて問うものもあります。１～３行程度で説明させる記述問題もあり，注意が必要です。

◆対策～合格点を取るには？～

はば広い知識が問われていますが，問題のレベルは標準的ですから，まず，基礎を固めることを心がけてください。教科書のほか，説明がていねいでやさしい標準的な参考書を選び，基本事項をしっかりと身につけましょう。

地理分野では，地図とグラフが欠かせません。つねにこれらを参照しながら，白地図作業帳を利用して地形や気候，産業などをまとめてください。世界地理は，小学校で取り上げられることが少ないので，日本と関係の深い国や世界地図の見方について参考書などを使ってまとめておきましょう。

歴史分野では，教科書や参考書を読むだけでなく，自分で年表をつくって覚えると学習効果が上がります。できあがった年表は，各時代，各分野のまとめに活用できます。本校の歴史の問題にはさまざまな分野が取り上げられるため，この作業は大いに威力を発揮するはずです。

政治分野では，日本国憲法の基本的な内容と三権についてはひと通りおさえておいた方がよいでしょう。また，時事問題については，新聞やテレビ番組などでニュースを確認し，政治や経済の動き，世界各国の情勢などについて，ノートにまとめておきましょう。

理科　出題傾向＆対策

◆基本データ（2024年度１回）

試験時間／満点	40分／100点
問題構成	・大問数…６題 ・小問数…30問
解答形式	記号選択や用語記入，作図問題のほかに，字数制限のない記述問題が数問ある。
実際の問題用紙	Ａ４サイズ，小冊子形式
実際の解答用紙	Ａ３サイズ

◆出題傾向と内容

効率よく問題を解いていかないと時間が足りなくなる可能性があるので，注意が必要です。また，記述問題や作図も出されているので，それらの解答方法に十分対応できるような学習が求められます。

●**生命**…生物と環境，ヒトの呼吸，植物のつくり，ヒマワリとホウセンカ，水中の生き物，こん虫のからだのつくりや成長，ヒトのからだと消化・吸収などが出題されています。

●**物質**…気体の発生と性質，実験器具の使い方，ろ過のしかた，温度の変化と水のすがた，ものの溶け方，ものの燃え方など，かたよりなく取り上げられています。

●**エネルギー**…電磁石，電気回路，水と金属の熱の伝わり方，物体の運動，光の進み方とあたたかさ，ゴムのはたらきなどから出されています。

●**地球**…雲の動き，流れる水のはたらき，太陽系と惑星，太陽とかげ，星と星座，台風などが出題されています。時事に関する問題や環境問題も見られます。

分野＼年度		2024	2023	2022	2021	2020
生命	植物	★	○		★	○
	動物		★	★	○	
	人体	○	○			★
	生物と環境					★
	季節と生物					
	生命総合					
物質	物質のすがた	★	○		○	
	気体の性質	○	★			○
	水溶液の性質		○			
	ものの溶け方		○	★		
	金属の性質					
	ものの燃え方				★	
	物質総合					
エネルギー	てこ・滑車・輪軸					
	ばねののび方	○				
	ふりこ・物体の運動		○			
	浮力と密度・圧力					★
	光の進み方				○	
	ものの温まり方			★	○	
	音の伝わり方					
	電気回路	○	○	○		○
	磁石・電磁石	○		○	★	○
	エネルギー総合	★				
地球	地球・月・太陽系	★				○
	星と星座	○	★	○		○
	風・雲と天候	○		○	★	○
	気温・地温・湿度			○		
	流水のはたらき・地層と岩石	○				○
	火山・地震					
	地球総合					
実験器具		○	○		○	★
観察						
環境問題				★		
時事問題		○	○	○	○	○
複数分野総合		★	★	★	★	★

※　★印は大問の中心となる分野をしめします。

◆対策～合格点を取るには？～

今後も分野がかたよることなく，まんべんなく出題されることが予想されます。したがって，早いうちに基礎的な知識をはば広く身につけ，そのうえで問題集でさまざまな解答方法の演習をくり返しながら実力アップをめざすのが，合格への近道です。

「生命」は，身につけなければならない基本知識の多い分野ですが，動物や植物のつくりと成長，環境・分類などを中心に，ノートにまとめながら知識を深めましょう。「物質」では，ものの溶け方，気体や水溶液などの性質に重点をおいて学習してください。そのさい，表やグラフをもとに考えさせたり，計算させたりする問題にも積極的に取り組むように心がけてください。「エネルギー」では，出題されやすいかん電池のつなぎ方と豆電球の明るさに注目しましょう。また，方位磁石のふれ方，磁力の強さなども出題が予想される単元ですから，学習計画から外せません。「地球」では，太陽・月・地球の動き，季節と星座の動き，天気と気温・湿度の変化，地層のでき方などが重要なポイントです。

なお，実験・観察・観測の器具や計器の使い方についても整理しておく必要があります。

国語　出題傾向＆対策

◆基本データ（2024年度１回）

試験時間／満点	40分／100点
問題構成	・大問数…５題 文章読解題１題／知識問題３題／作文１題 ・小問数…33問
解答形式	記号選択と書きぬき，30字～40字程度の記述のほかに，80～100字程度の作文も出題されている。
実際の問題用紙	Ａ４サイズ，小冊子形式
実際の解答用紙	Ａ３サイズ１枚，Ａ４サイズ１枚

◆出題傾向と内容

▶近年の出典情報（著者名）
説明文：和田秀樹　鎌田　實　齋藤　孝

●文章読解題…文章のジャンルは，説明文・論説文が多く，過去には，随筆文，詩なども出されています。設問は，内容の把握，心情や理由の理解を中心に，多方面から読解力を見るものとなっています。

●作文…テーマや文章があたえられるものなど，年度によっていろいろな形で出されています。また，原稿用紙の使い方に従って書くので，注意が必要です。

●知識問題…漢字の読み書き，漢字の書き順，ことばの知識，文法など，はば広く出題されています。

◆対策～合格点を取るには？～

読解力をつけるには，やはり読書がいちばんです。本を読むさいには，①指示語のさす内容，②段落・場面の構成，③登場人物の性格と心情，④読めない漢字，意味のわからないことばについて注意しながら読みすすめてください。なお，詩・短歌・俳句がよく出題されていますので，有名な作品は読んでおきましょう。

知識問題については，漢字と語句・文法の問題集を一冊仕上げてください。その場合，漢字なら部首や画数，筆順，熟語もいっしょに覚えられるように，関連知識をまとめたノートを作ると効果的です。

作文対策としては，日ごろから日記や感想文，意見文などで書く習慣を身につけて，先生に見てもらうことです。

分野		年度	2024	2023	2022	2021	2020
読	文章の種類	説明文・論説文	★	★	★	★	★
		小説・物語・伝記					
		随筆・紀行・日記					
		会話・戯曲					
		詩					
		短歌・俳句	○				
解	内容の分類	主題・要旨		○		○	
		内容理解	○	○	○	○	○
		文脈・段落構成					○
		指示語・接続語	○	○	○	○	○
		その他	○	○			
知	漢字	漢字の読み	★	★	★	★	★
		漢字の書き取り	★	★	★	★	★
		部首・画数・筆順	○	○	○	○	○
	語句	語句の意味	○	○			
		かなづかい	○			○	
		熟語	○	○	○	○	○
		慣用句・ことわざ	○	○	○	○	○
識	文法	文の組み立て					○
		品詞・用法				○	
		敬語	○				○
	形式・技法						○
	文学作品の知識			○	○	○	
	その他		○	○	○	○	○
	知識総合		★	★	★	★	★
表現	作文		★	★	★	★	★
	短文記述						
	その他						
放送問題							

※　★印は大問の中心となる分野をしめします。

カコを追いかけ
ミライをつかめ
「今の説明、もう一回」を何度でも
web過去問
ストリーミング配信による入試問題の解説動画
もっと古いカコモンないの？
カコ過去問
「さらにカコの」過去問をHPに掲載(DL)
声の教育社
詳しくはこちらから

2024年度 作新学院中等部

【算　数】〈第１回試験〉（40分）〈満点：100点〉

1 次の計算をしなさい。

(1)　$4+3\times5-6$

(2)　$10+(20+30)\div40\times50$

(3)　$\frac{1}{2}+\frac{1}{3}+\frac{1}{4}-\frac{1}{6}$

(4)　$36\times1.25+48\times2.125-75\times0.2$

(5)　$0.7\times2-1\frac{1}{5}\div3$

2 次の(1)～(4)は □ にあてはまる数を答え，(5)は記号で答えなさい。

(1)　正八角形の１つの内角の大きさは □ 度です。

(2)　$1\ \mathrm{cm}^3$ は □ Lです。

(3)　６％の食塩水が200 gあります。ここに水を100 g入れると，濃度は □ ％です。

(4)　下の数は，ある規則にしたがって並んでいます。㋐に入る数は□です。

0　0　1　1　2　4　7　㋐　24　…

(5)　ABCDEF の記号がついた積み木があります。この中で１つだけほかの積み木と重さがちがう積み木があります。積み木を適当に２つ選んで，てんびんにのせたところ，下の図のようになりました。重さのちがう積み木の記号は□です。

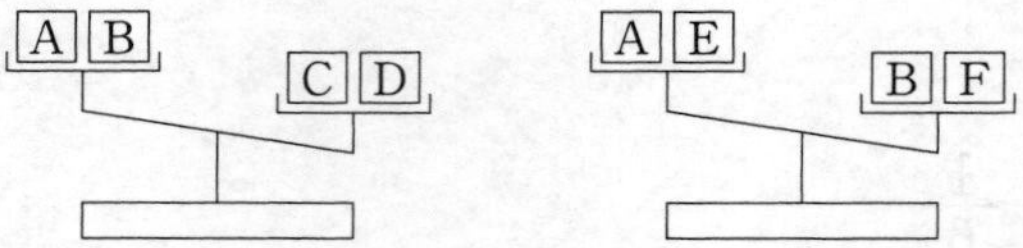

3　さきさんは，友達にお菓《か》子をプレゼントするためにお菓子屋さんへ行きました。ケーキ，ゼリー，クッキーの詰《つ》め合わせを考えます。このとき，次の問いに答えなさい。ただし，消《しょう》費《ひ》税《ぜい》は考えないものとします。

ケーキ

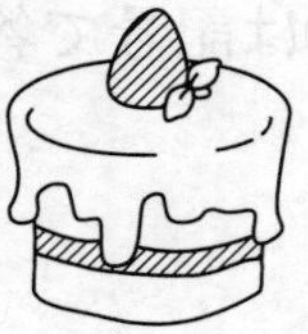

320円

ゼリー

240円

クッキー

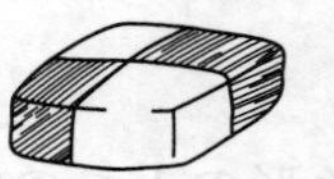

180円

(1)　ケーキ，ゼリー，クッキーを１個ずつ買ったときの代金はいくらですか。

(2)　ケーキ，ゼリー，クッキーをどれも少なくとも１個は買うものとします。

①　3000円でケーキは最大でいくつ買えますか。

②　ちょうど3000円になる買い方は何組ありますか。

4 ３つの歯車Ａ，Ｂ，Ｃがかみ合っています。それぞれの歯数はＡが72個，Ｂが60個，Ｃが24個です。このとき，次の問いに答えなさい。

(1) Ａが６回転すると，Ｃは何回転しますか。

(2) 歯車が回転を始めてからＡ，Ｂ，Ｃが同時に最初の位置にもどるのは，Ｃが何回転したときですか。

(3) ３つの歯車にＤの歯車を組み合わせたところ，かみ合いました。４つの歯車が回転を始めてから，Ａ，Ｂ，Ｃ，Ｄのすべてが初めて最初の位置にもどるとき，４つの歯車の回転数の合計は98回でした。このときのＤの歯車の歯数を求めなさい。ただし，Ｄの歯車の歯数は10個以上とします。

5 下の図のように，容器と，おもり①，おもり②があります。２つのおもりの底面積が等しいとき，次の問いに答えなさい。ただし，容器の厚みは考えないものとします。

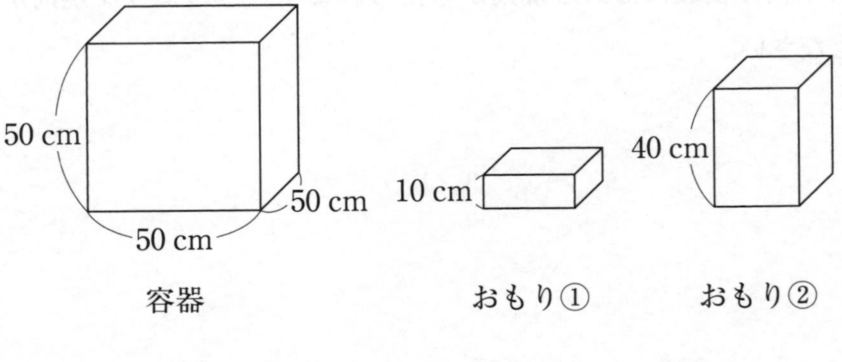

(1) 容器の体積を求めなさい。

(2) 容器に水を入れた状態でおもり①を完全に沈《しず》めたところ，水位が２cm 上がりました。おもりの底面積を求めなさい。

(3) 容器に 30 cm の高さまで水が入っているとき，おもり①，おもり②を重ならないように入れました。このとき，容器の水位は何 cm になったか求めなさい。

6 正方形の折り紙をすき間なくしきつめて長方形をつくります。このとき，次の問いに答えなさい。

(1) たてに８枚，横に４枚並べたとき，１本の対角線が横切る折り紙は何枚ありますか。

(2) たてに 50 枚，横に 47 枚並べたとき，１本の対角線が横切る折り紙は何枚ありますか。

(3) (2)のように，たてと横の枚数の最大公約数が１のとき，１本の対角線が横切る折り紙の枚数にはある規則が考えられます。どのような規則か，簡単に説明しなさい。

【社　会】〈第１回試験〉（40分）〈満点：100点〉

1　次の各問いに答えなさい。

（１）　次の地図（ヨーロッパ）で，経度０度の経線を書きなさい。

（答えは解答欄の地図に書きなさい。定規を使わなくても構いません。）

（２）　栃木県とほぼ同緯度の都市を選び，記号で答えなさい。

ア）ロサンゼルス（アメリカ）　　　イ）ブエノスアイレス（アルゼンチン）

ウ）サンパウロ（ブラジル）　　　エ）ウェリントン（ニュージーランド）

（３）　栃木県とほぼ同経度の都市を選び，記号で答えなさい。

ア）カイロ（エジプト）　　　イ）アデレード（オーストラリア）

ウ）オタワ（カナダ）　　　エ）リヤド（サウジアラビア）

2 次の文章を読んで，各問いに答えなさい。

＜さくしろうくんの日記＞

作新学院中等部３年生は，2023年５月23日から26日まで，A）近畿地方へ修学旅行に行ってきました。初日の行き先は兵庫県神戸市です。東遊園地という公園で，約（　B　）年前におきた阪神・淡路大震災について学びました。その後，グループに分かれて，C）南京町（中華街）で食事をとりました。２日目は，D）奈良県の法隆寺や東大寺を見学しました。特に東大寺の大仏の大きさには本当に驚きました。３日目は，グループに分かれて奈良県・E）京都府の班別タクシー自由見学を行いました。事前にそれぞれのグループが計画したプランに沿って各地をまわりました。どのグループも古都の歴史を感じることができました。最終日は知恩院や北野天満宮を見学しました。北野天満宮では，高校受験にみんなで合格できるようご祈祷《きとう》をしていただきました。最高の思い出になった修学旅行でした。

（１）　下線部A）について，この地方にある府県（全部で７府県）で，府県名と府県庁所在地名が異なる府県はいくつありますか。

（２）　下線部A）について，この地方にある日本最大の湖の名前を答えなさい。

（３）　空欄（　B　）について，あてはまる数字を答えなさい。**（前後３年間を正解とします）**

（４）　下線部C）について，次の文の空欄にあてはまる語句を**漢字で答えなさい。**

> 日本三大中華街とよばれるのは，神戸市の南京町，長崎県の長崎市新地中華街，神奈川県の県庁所在地である（　　　）市にある中華街です。

（５）　下線部D）について，この県を地図で黒く塗りつぶしなさい。

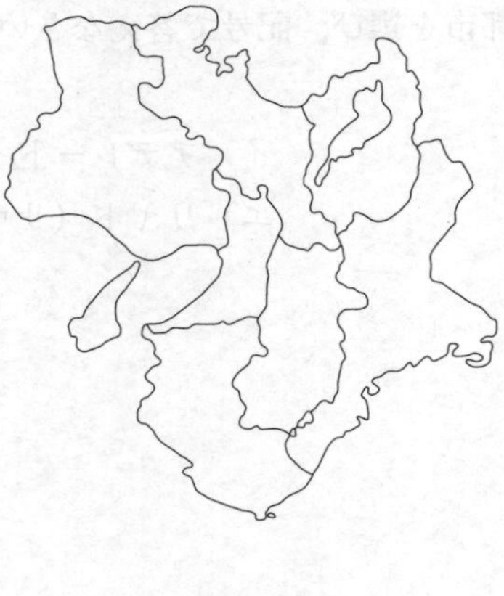

（6） 下線部**Ｅ**）について，次の文は京都府鴨川条例の一部です。なぜこのような内容の条例が定められたか，**「次の世代」という語句を使って簡単に答えなさい。**

> **自転車などの乗り入れ，自転車などの放置，打ち上げ花火，バーベキュー，落書きなどをすることを禁止する。**

3 次の会話文を読んで，各問いに答えなさい。

一　郎「花子さんは，この夏休みに家族旅行でA）広島県と愛媛県に行ったんだね。」

花　子「うん。おいしいものいっぱい食べたよ。広島県のB）お好み焼き，とてもおいしかった。あと，愛媛県では私の大好きな果物の（　あ　）をいっぱい食べたんだ。愛媛県は和歌山県とならんで，（　あ　）の全国有数の産地なんだ。」

一　郎「おみやげのタオル，どうもありがとう。」

花　子「C）今治市のタオル，気に入ってくれるとうれしいな。」

一　郎「ぼくは大阪府と兵庫県に行ったんだ。大阪のたこ焼き，おいしかったなぁ。」

花　子「私はりんごも大好きです。今度は，りんごの生産量が全国で一番の（　い　）県に行きたいな。」

一　郎「いいね。（　い　）県のねぶた祭など，東北地方には全国的に有名なお祭りがあるよね。ぼくは，D）秋田竿灯《かんとう》まつりに行きたいな。「男鹿《おが》のナマハゲ」も見たいし，E）いぶりがっこも食べてみたいです。」

（1） 会話文中の（　**あ**　）・（　**い**　）に入る適当な語句を答えなさい。ただし，（　**い**　）は**漢字で答えること。**

（2） 下線部**Ａ**）について，この県で2023年5月19日～21日に開催された国際的な会議の名称を**カタカナで答えなさい。**また，この会議にともなって，同年6月24日・25日に栃木県で開かれた「男女共同参画・女性活躍担当大臣会合」の開催地の市名を**漢字で答えなさい。**

（３）　下線部Ｂ）について，小麦はお好み焼きのおもな原材料（小麦粉や焼きそばの麺で使用）ですが，次のグラフのうち，小麦をあらわすものはどれか，記号で答えなさい。

おもな農産物の自給率の移り変わり

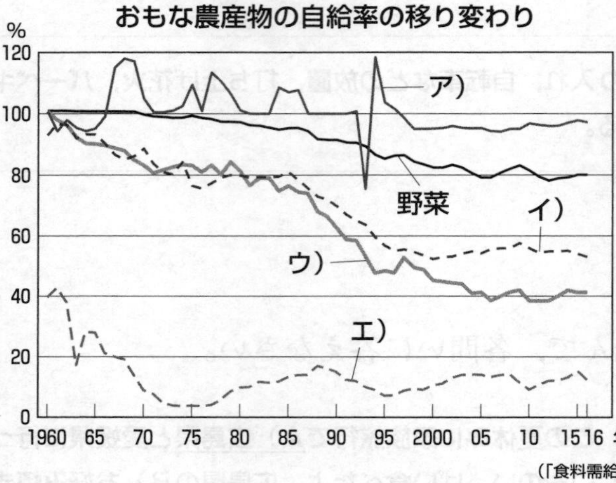

（「食料需給表」）

（４）　下線部Ｃ）について，工業製品と代表的生産地の組み合わせとして正しいものを，次のア）〜エ）の中から１つ選び，記号で答えなさい。

ア）南部鉄器（愛知県豊田市）　　　　イ）自動車（岩手県盛岡市）
ウ）ツナかんづめ（栃木県小山市）　　エ）ピアノ（静岡県掛川市）

（５）　下線部Ｄ）について，次の写真は，この祭りはちょうちんを米俵に見立てて練り歩く夏祭りです。「ちょうちんを米俵に見立てて」を参考にして，この祭りに込められた人々の願いは何かを考え，簡単に答えなさい。

（６） 下線部Ｅ）について，次の文の空欄にあてはまる文章を答えなさい。ただし，必ず「春」「夏」「秋」「冬」のうち，どれか１つの季節を入れること。また，その季節の気候的特徴にも必ず触れなさい。

いぶりがっこは，秋田県の代表的な漬物です。秋田県では，地域で収穫される農作物で保存食として漬け物が作られました。これは，秋田県が日本海側に位置しており，（　　　　　）外出が難しかったためです。

4 次の各問いに答えなさい。

（１） 次の中には１つだけ時代が違うものがあります。それを選び，記号で答えなさい。

ア）書院造　　イ）能　　ウ）歌舞伎　　エ）水墨画

（２） 次の中の事柄を古い方から順番に並べ替えた時，**３番目に来るもの**を選び，記号で答えなさい。

ア）桶狭間の戦いで今川氏がやぶれる。
イ）２度にわたって朝鮮に大軍が送られる。
ウ）長篠の戦いで武田氏がやぶれる。
エ）大阪の豊臣氏がほろぼされる。

（３） 近年，「ＳＤＧｓ」ということが世界的に意識されていますが，その言葉が意味することとして正しいものを選び，記号で答えなさい。

ア）持続可能な開発目標
イ）持続可能な環境目標
ウ）再生可能エネルギー
エ）再生可能な環境目標

5 次の年表と資料を見て，各問いに答えなさい。

（1） 年表中の下線部A）の人物の名前を**漢字で答えなさい**。

（2） 年表中の下線部B）について，その目的を答えなさい。

（3） 年表中の下線部C）について，その目的を，**資料Ⅰ**を見て答えなさい。

（4） 年表中の（ア）について，この時に中国を治めていた王朝の名前を答えなさい。

（5） 年表中の（イ）について，このことをきっかけに日本国内では独自の文化が花開きました。この文化と関わりが深いものとして**間違っているもの**を，次のア）～エ）の中から１つ選び，記号で答えなさい。

ア）十二単
イ）かな文字
ウ）大和絵
エ）生け花

年代	おもなできごと
239	邪馬台国のA）女王が中国に使いを送る。
604	十七条の憲法が定められる。…（ア）
752	（　　　）の大仏の開眼式が行われる。
894	遣唐使が廃止される。…（イ）
1053	平等院鳳凰堂が建てられる。…（ウ）
1221	承久の乱が起こる。…（エ）
1274	元がせめてくる。
	↕－＜X＞
1404	勘合貿易が始まる。
1467	応仁の乱が起こる。…（オ）
	↕－＜Y＞
1588	B）刀狩令が出される。
	↕－＜Z＞
1635	C）参勤交代の制度が確立される。
1641	鎖国が完成する。…（カ）

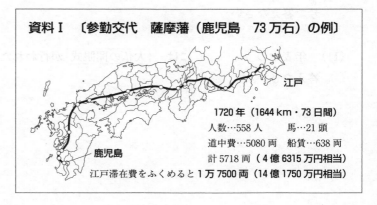

資料Ⅰ　〔参勤交代　薩摩藩（鹿児島　73万石）の例〕

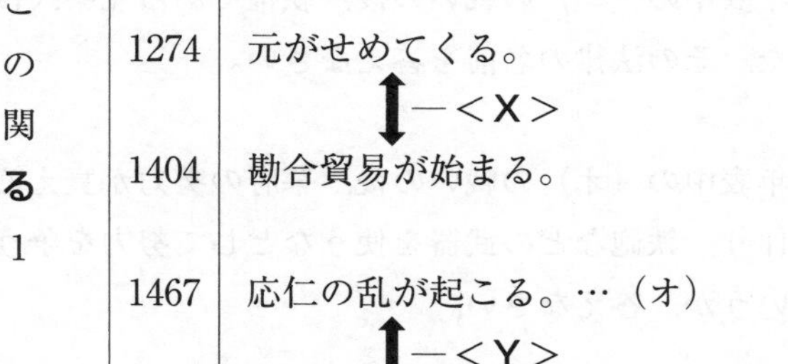

1720年（1644 km・73日間）
人数…558人　　馬…21頭
道中費…5080両　船賃…638両
計5718両（**4億6315万円相当**）
江戸滞在費をふくめると**1万7500両（14億1750万円相当）**

（６） **資料Ⅱ**は，年表中の（ウ）の建築物です。この建物が作られたころ，自分の娘を天皇のきさきにし，その子を次の天皇に立てることで自らは天皇の政治を支え，勢力をのばした貴族がいました。この貴族が行った政治の名前を**漢字で答えなさい**。

資料Ⅱ 〔平等院鳳凰堂〕

（７） 年表中の（エ）の戦いの後，執権である北条氏は，武士の裁判の基準となる法律を作りました。その法律の名前を答えなさい。

（８） 年表中の（オ）の戦いの後，幕府の勢力が衰えると，自分の支配する土地を守るための城を作り，鉄砲などの武器を使うなどして勢力を争う武将が出てきました。こうした武将を何というか，答えなさい。

（９） 年表中の（カ）について，幕府は貿易の相手をオランダと中国に限定しました。その理由を答えなさい。

(10) 「一所懸命」という言葉は，ある時期の社会の成り立ちの中で作られた言葉です。この言葉が使われ始めた時期として適当なものを，年表中の＜**X**＞～＜**Z**＞の中から１つ選び，記号で答えなさい。

(11) 年表中の（　　　）には，大仏の開眼式が行われた寺院の名前が入ります。その名前を答えなさい。

6 次の図や資料を見て，各問いに答えなさい。

図

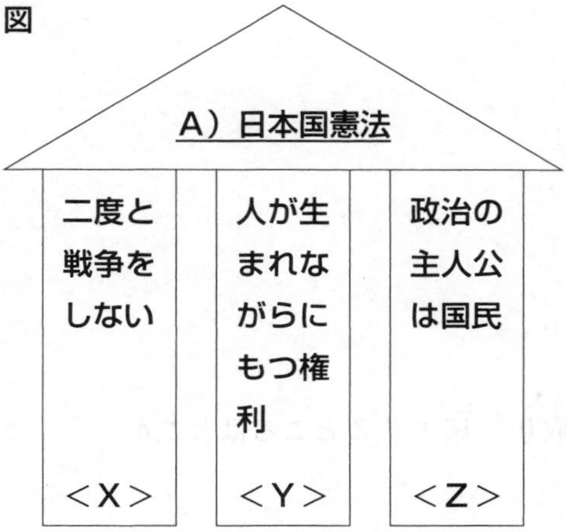

資料

日本国民は，正当に選挙された国会における代表者を通じて行動し，われらとわれらの子孫のために，諸国民との協《きょう》和《わ》による成果と，わが国全土にわたつて自由のもたらす恵沢《けいたく》を確保し，政府の行為によつて再び戦争の惨《さん》禍《か》が起こることのないやうにすることを決意し，ここに主権が国民に存することを宣言し，この憲法を確定する。

〔要点〕

日本国民は，選挙で選ばれた国会議員を国民の代表者とします。わたしたちは，世界の国々と協力し合い，国全土にわたって自由がもたらすすばらしさをみなぎらせ，政府の行いによって二度と戦争が起こることがないようにすることを決意しました。そして，わたしたちは，主権が国民にあることを宣言して，この憲法をつくりあげました。

（1） 図中の下線部A）について，日本国憲法の書き出し（書いてある最初の部分）には，図中の＜X＞～＜Z＞についての基本的な考え方が示されています。この部分を何というか，資料を参考に，**漢字２文字で答えなさい。**

（2） 図中の＜Y＞について，この権利を何というか，答えなさい。

（3） 図中の＜Z＞について，日本国憲法では，「天皇」は国や国民のまとまりのしるしとされています。これを何というか，答えなさい。

【理　科】〈第１回試験〉（40分）〈満点：100点〉

1　次の各問いに答えなさい。解答はそれぞれア～エから１つ選び，記号で答えなさい。

(1)　大気中の約78％を占《し》める気体は何か。

ア　二酸化炭素

イ　酸素

ウ　水蒸気

エ　窒素《ちっそ》

(2)　ヒトの体内でできた不要なものを水とともにこし取り，尿《にょう》を作るところはどこか。

ア　心臓

イ　じん臓

ウ　たいばん

エ　ぼうこう

(3)　冬の大三角を作る星の１つであるベテルギウスは，何という星座《せいざ》の１等星か。

ア　おうし座

イ　おおいぬ座

ウ　オリオン座

エ　ふたご座

(4)　栃木県には国指定の特別天然記念物と特別史跡の両方に登録されている日光《にっこう》（　　　）並木街道《なみきかいどう》 附《つけたり》 並木寄進碑《なみききしんひ》がある。（　　　）の中に当てはまる植物は何か。

ア　イチョウ

イ　スギ

ウ　トチノキ

エ　マツ

(5)　発達した雨雲が次々と連なるこの雲により，和歌山・奈良・愛知・静岡・秋田など各地で大きな被害が出た。この雲の連なりを何というか。

ア　線状降水帯

イ　台風

ウ　停滞前線

エ　爆弾低気圧

2 次の各問いに答えなさい。

(1) 食塩水を自然に蒸発させてとり出した食塩は，結晶《けっしょう》になる。どのような形になるか。立体的な絵をかきなさい。

(2) 星座《せいざ》早見では，矢印の先の位置にあるこの星は，時間がたってもほとんど動かない。この星の名前を答えなさい。

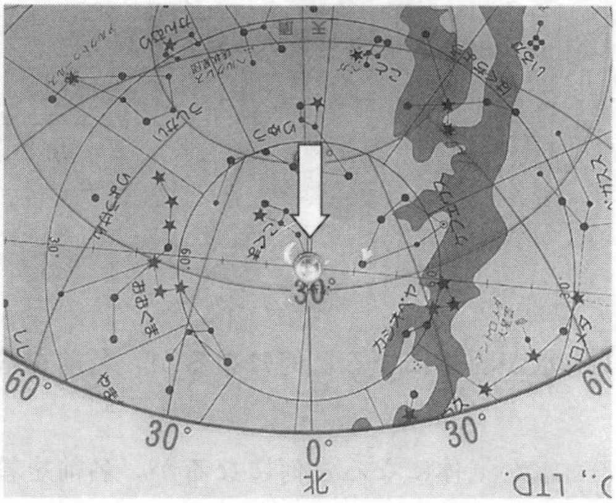

(3) 右の図は，水に溶ける物質と，溶けない物質を分ける時に使う道具である。この道具の名前を答えなさい。

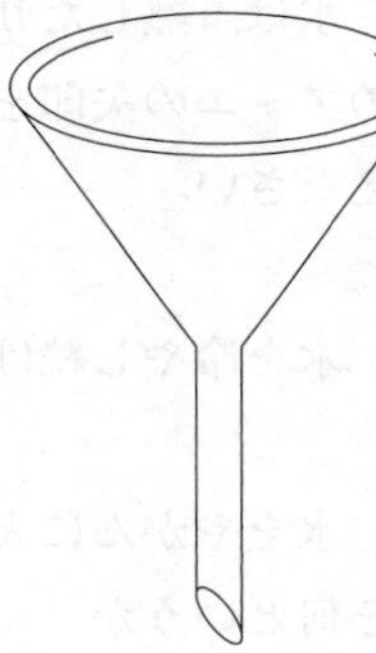

(4) 2023年4月から9月まで放送されていたNHK朝の連続ドラマ「らんまん」の主人公は，日本の植物分類学の父と呼ばれる男性がモデルになっていた。この男性の名前を答えなさい。

(5) 2020年1月，地球の歴史（地質年代）を示す世界標準の年表に日本の県名が入った「□ニアン」という時代が加えられた。その地層は約77万年前の地球で起こったいろいろなできごとの痕跡《こんせき》を世界でもっともよく残していることから認められた。この□に入る県名をカタカナで答えなさい。

3 水は自然界において，固体・液体・気体それぞれの物質として存在できると知られている。次の各問いに答えなさい。

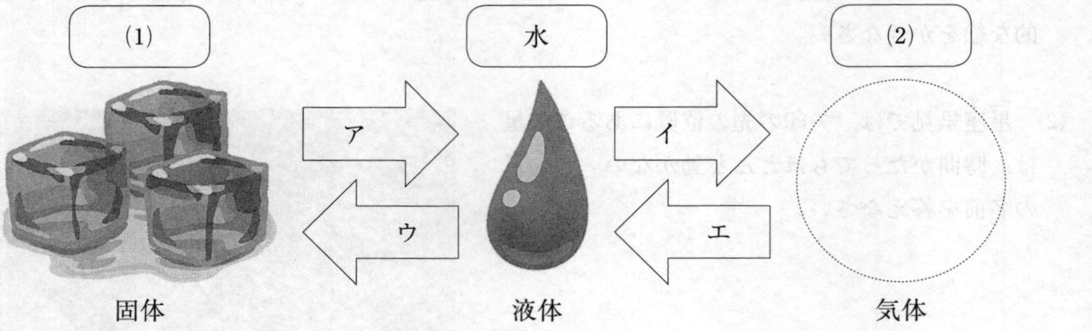

⑴ 水が固体になると何になるか。名前を答えなさい。

⑵ 水が気体になると何になるか。名前を答えなさい。

⑶ 水は，熱したり冷やしたりすることで，固体になったり気体になったり姿を変える。上の図のア～エの矢印を熱することを表すものと，冷やすことを表すものに分け，それぞれ記号で答えなさい。

⑷ 水を冷やし続けると，約何度でこおるか。答えなさい。

⑸ 水をやかんに入れてガスコンロで熱し続けると，約100度であわが出て変化する。この変化を何というか。

⑹ 右の図は，やかんに入れた水が⑸の変化をしている様子である。図中のオ～クのうち，液体の水として存在しているのはどれか。全て選択し，記号で答えなさい。

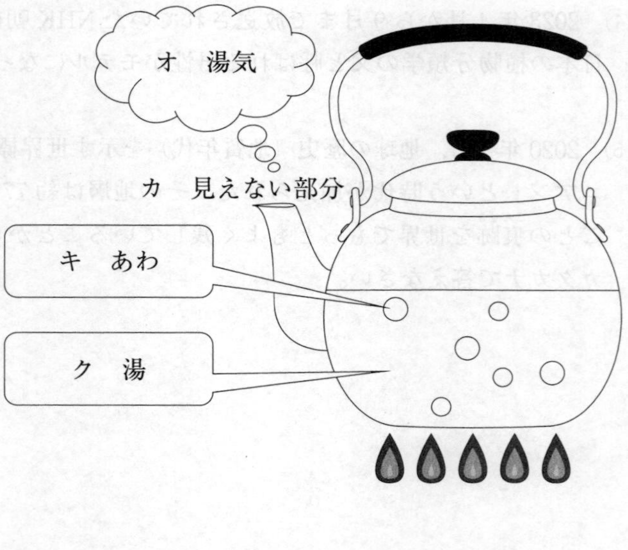

4 なつみさんは友だちと５年生の夏休み，ある公園でかげふみをして遊ぶ時間が多かった。図は，ある公園を上から見た様子である。表は，公園内の時間ごとのかげのでき方の違いをあらわした。次の各問いに答えなさい。

※かげふみの遊び方
- 遊ぶ人が５人の場合，鬼は１人，逃げる人は４人とする。
- 鬼は逃げる人を追いかけ，逃げる人のかげをふむとその人を鬼にできる。
- 逃げる人は，建物や木のかげに入り，自分のかげの形がわからない時，鬼にかげをふまれることは無い。
- かげに連続して入っていられる時間は10秒間とする。
- 逃げる人が全滅《ぜんめつ》するまで，力の限り遊ぶ。

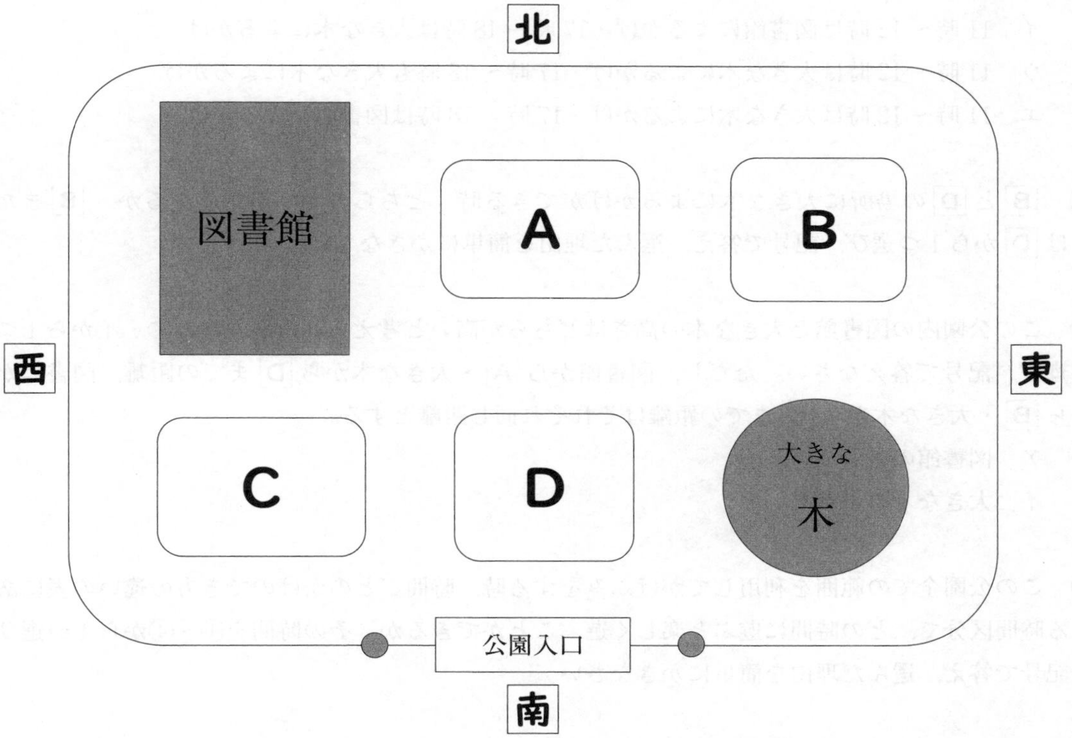

建物や木による時間ごとのかげのでき方の違《ちが》い。

	A	B	C	D
① 7時～ 8時	○	○	○	×
② 11時～12時	○	×	○	△
③ 14時～15時	○	○	○	○
④ 17時～18時	×	△	○	○

○　建物や木によるかげができない場所
△　少しかげができる場所
×　たくさんかげができる場所

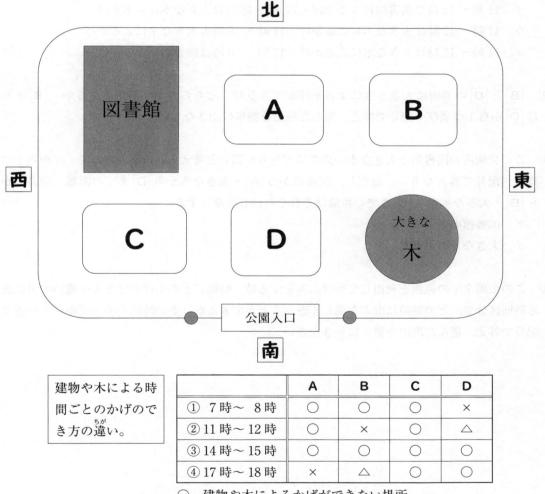

(1)　晴れている日，建物や木によるかげができない場所は，どのような場所と言えるか。次のア～ウから１つ選び，記号で答えなさい。

ア　その場所に逃げる人が立った時，逃げる人のかげが太陽と同じ向きにできる場所

イ　その場所に逃げる人が立った時，逃げる人のかげが太陽と反対向きにできる場所

ウ　その場所に逃げる人が立った時，逃げる人のかげもできない場所

(2)　時間ごとのかげのでき方の違《ちが》いの表より，**B**の場所は11時～12時と17時～18時にかげができることがわかる。このかげは，それぞれ何によってできたかげか。ア～エから１つ選び，記号で答えなさい。

ア　11時～12時は図書館によるかげ・17時～18時も図書館によるかげ

イ　11時～12時は図書館によるかげ・17時～18時は大きな木によるかげ

ウ　11時～12時は大きな木によるかげ・17時～18時も大きな木によるかげ

エ　11時～12時は大きな木によるかげ・17時～18時は図書館によるかげ

(3)　**B**と**D**の場所に大きな木によるかげができる時，どちらのかげが短くなるか。**B**または**D**から１つ選び，記号で答え，選んだ理由を簡単にかきなさい。

(4)　この公園内の図書館と大きな木の高さはどちらが高いと考えられるか。次のア・イから１つ選び，記号で答えなさい。ただし，図書館から**A**・大きな木から**D**までの距離，図書館から**B**・大きな木から**C**までの距離はそれぞれ同じ距離とする。

ア　図書館の方が高い

イ　大きな木の方が高い

(5)　この公園全ての範囲《はんい》を利用してかげふみをする時，時間ごとのかげのでき方の違いの表にある時間区分で，どの時間に遊ぶと楽しく遊ぶことができるか。その時間を①～④から１つ選び，記号で答え，選んだ理由を簡単にかきなさい。

5 たかゆきさんは，４月中旬《じゅん》の同じ日にホウセンカとヒマワリの種子をまき，その後９月までの間に数回ずつ観察を行い記録した。次の各問いに答えなさい。

ホウセンカの育ち方

4月28日

①　①

6月10日

②　②

7月13日

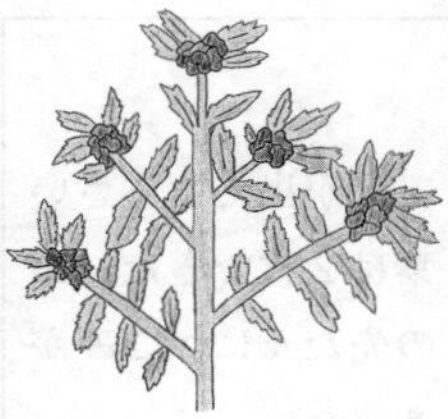

1カ月でくきが30 cm近くのびて，葉の数も増えた。ヒマワリとちがい，くきのと中の色々なところに花がさいていた。

9月15日

花がさいていたところに実ができた。実はさわるとはじけて，種子が出てきた。種子は，4月にまいたものと，色と形が同じだった。

ヒマワリの育ち方

4月28日

③　③

6月10日

④　④

7月13日

1カ月でくきが140 cmものびて，葉も大きく成長した。花もホウセンカに比べてかなり大きかった。

9月15日

花の真ん中のところに新しい種子がたくさん詰まっていた。4月にまいた1つの種子から，多くの種子が取れて驚いた。

(1)　植物が，芽生えの後，最初につける葉のことを何というか。

(2)　記録①・記録④に当てはまるものはどれか。次のア～エからそれぞれ１つ選び，記号で答えなさい。

ア

芽が出て，小さい葉が２枚できた。葉の先たんは丸みを帯びていた。

イ

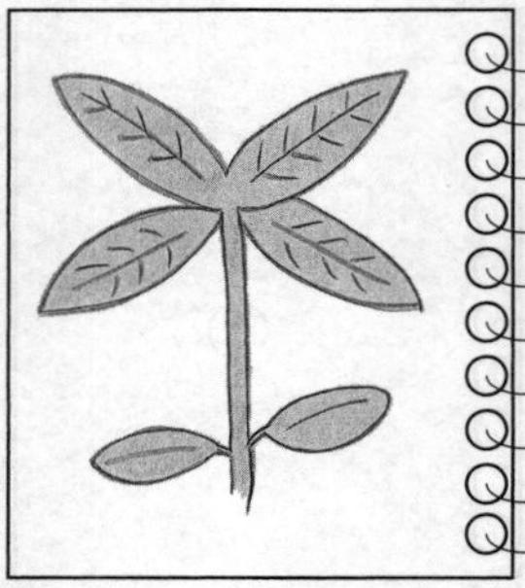

葉が４枚出ていた。下の葉よりも新しい葉のほうが大きく，葉にすじがたくさん入っていた。

ウ

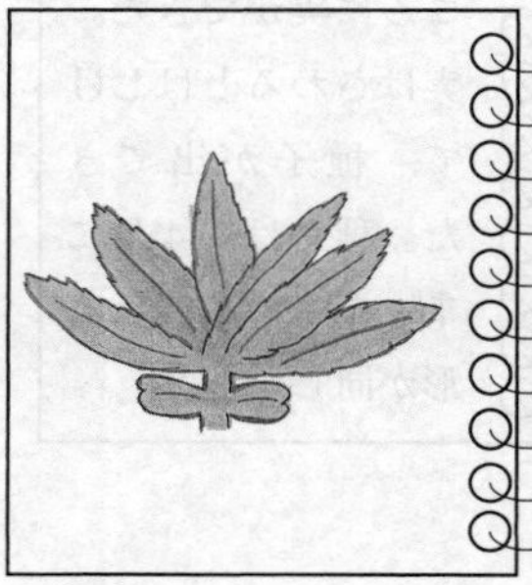

葉が６枚出ていた。新しい葉は下の葉に比べて細長く，ぎざぎざしていた。

エ

芽が出て，小さい葉は２枚できた。葉の先たんにへこみがあった。

(3)　次のア～エの文章のうち，正しいものを１つ選び，記号で答えなさい。

ア　種子が発芽するのに必要なものは，水と日光と肥料である。

イ　ヒマワリの種子は，種子を土の上に置き，うすく土をかぶせて植えるとよい。

ウ　ホウセンカに色水を吸わせると，水分の通り道がわかる。

エ　ホウセンカもヒマワリも日かげを好む。

(4)　ホウセンカの実がはじけて，種子が出てくることは，ホウセンカにとってどのような利点があると考えられるか。

(5)　たかゆきさんの記録には，付け足すことでよりよい記録になるものがいくつかある。あなたなら何を付け足すか。２つ答えなさい。

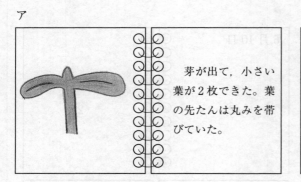

6 さおりさんは，ものを動かす力に興《きょう》味《み》を持ち，様々なことを調べた。次の各問いに答えなさい。

(1) 輪ゴムを引っかけるフックをとりつけた実験用の車を，定規に輪ゴムをはりつけて作った発射台で，のびた輪ゴムが縮む力を利用して，走らせた。輪ゴム１本を５cm のばして車を走らせると，車は４m 進んだ。輪ゴム１本を10cm のばして車を走らせると車が走る距離《きょり》はどうなると考えられるか。次のア～ウから正しいものを１つ選び，記号で答えなさい。ただし，輪ゴムは新品を使い，実験中に切れてしまうことはないものとする。

ア　車が走る距離は４m より長くなる。

イ　車が走る距離は４m より短くなる。

ウ　車が走る距離は４m のまま変わらない。

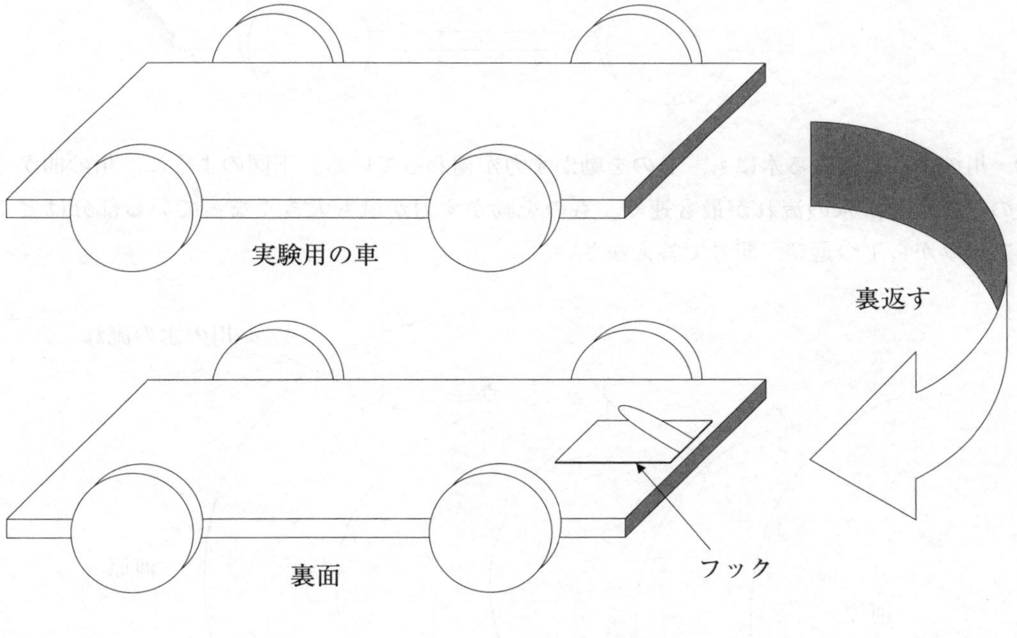

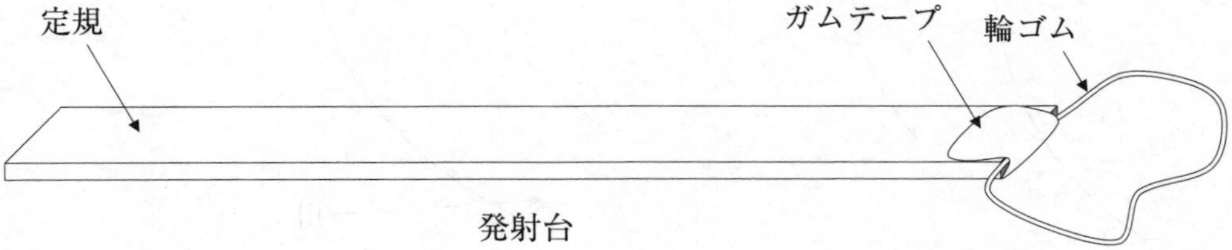

発射台

(2)　プロペラ付きモーターをとりつけた実験用の車を，乾《かん》電池とモーターを導《どう》線でつなぎ，プロペラを回すことで走らせた。①車を動かす力となったものは何か。簡単にかきなさい。②乾電池２本を用いて，より長い時間走り続けることができるようにしたい。モーターと乾電池２本をどのようにつなげばよいか。解答用紙の図に導線をかきなさい。

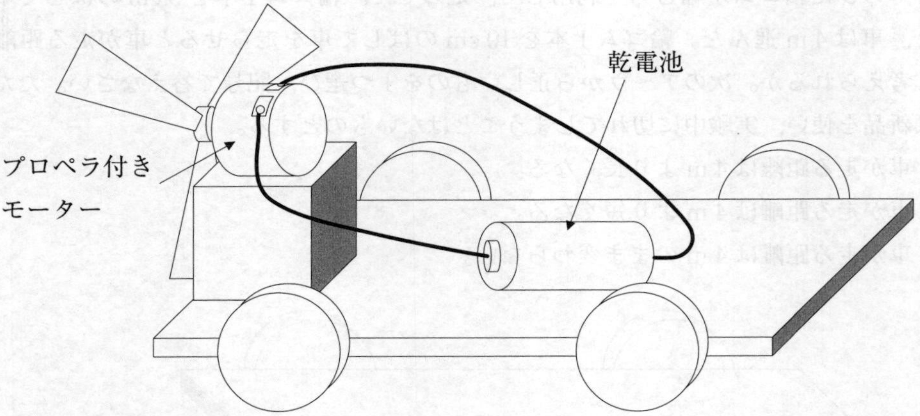

(3)　川のように流れる水にも，ものを動かす力が備わっている。下図のように，川の曲がる部分のア～ウで，水の流れが最も速く，ものを動かす力が最も大きくなっている部分はどこか。ア～ウから１つ選び，記号で答えなさい。

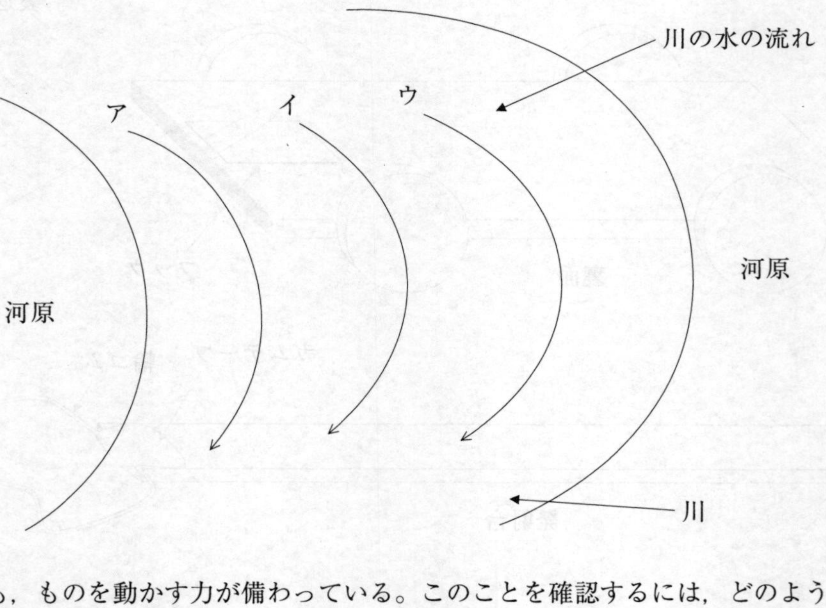

(4)　磁石にも，ものを動かす力が備わっている。このことを確認するには，どのような実験を行えばよいか。

①　使用する道具を答えなさい。最低でも棒磁石１本は使うこと。

②　実験方法と予想される結果を答えなさい。図と文章でわかりやすく説明すること。

【国　語】〈第一回試験〉（四〇分）〈満点：一〇〇点〉

○字数指定がある場合は、「、」や「。」などの記号も一字で数えます。

一

次の――部の漢字の読みをひらがなで書きなさい。

① 青磁のつぼを買う。　② 安直な考え。

③ 湯治場をめぐる。　④ 医師を志す。

二

次の――部を漢字に直しなさい。必要な場合は送りがなも書きなさい。

① がいとうで演説をきく。　② 写真をげんぞうする。

③ 本をろうどくする。　④ けわしい表情。

三

次のそれぞれの問いに答えなさい。

問一　矢印の方向に読むと二字の熟語になるように□に入る漢字を答えなさい。

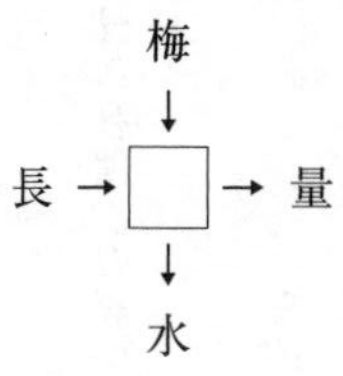

問二　次の漢字の筆順として正しいものを後から一つ選び、記号で答えなさい。

楽

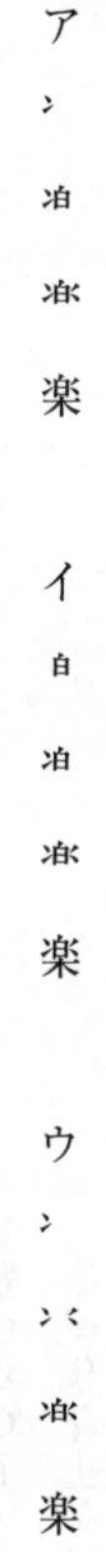

問三　次の漢字の部首名をひらがなで答えなさい。

部

問四　「延長」の対義語を漢字で書きなさい。

問五　次の□に同じ漢字を入れて、四字熟語を完成させなさい。

□信□疑

問六　「しりぞける」の送りがなとして正しいものを次から一つ選び、記号で答えなさい。

ア　退る　　イ　退ける　　ウ　退ぞける　　エ　退りぞける

問七　次の文中で、かなづかいが正しくないものはいくつありますか。算用数字で答えなさい。

> 先生から「人の悪口やかげ口といった、そうゆうことを言わないように」と注意されたので、そのとうりだと思い、力いっぱいうなづいた。

問八　次の慣用句の□に共通して入る語をひらがな三字で書きなさい。
　木で鼻を□。
　たかを□。

問九　「登竜《りゅう》門」の説明として正しいものを次から一つ選び、記号で答えなさい。
ア　竜の背中に登ることを危険をおかすことにたとえた。
イ　竜が一生懸《けん》命に登る門を実現不可能な障害にたとえた。
ウ　登る竜の姿が彫《ほ》られている門を立派な建築にたとえた。
エ　鯉《こい》が滝《たき》を登って竜になることを出世することにたとえた。

問十　次の――部を敬語に直したときに正しくないものを後から一つ選び、記号で答えなさい。
　お客様がご飯を食べる。
ア　いただく　　イ　お食べになる　　ウ　食べられる　　エ　召し上がる

問十一　手紙を書くときに「十一月」のあいさつとしてふさわしいものを次から一つ選び、記号で答えなさい。
ア　初秋の候　　イ　仲《ちゅう》秋の候　　ウ　晩秋の候　　エ　立秋の候

問十二　小林一茶の俳句で、季節が冬ではないものを次から一つ選び、記号で答えなさい。
ア　雪とけて村いっぱいの子どもかな
イ　ともかくもあなたまかせの年の暮れ
ウ　うまそうな雪がふうわりふわりかな
エ　大根《だいこ》引き大根で道を教へけり

四　次の文章を読んで、後の問いに答えなさい。

私たちは①自分の長所にはなかなか自信が持てません。

とはいっても、自分の長所にまったく気がつかないというわけではないのです。

よく考えてみれば、「もしかしたら、これが長所といえば長所だろうか」というように、いくつかの点をボンヤリと挙げることはできる。ただ、その長所に自信を持つことができないのです。

「私は穏《おだ》やかな性格だとは思うけれど、果たしてそれが長所といえるほど、他の人より優《やさ》しいだろうか」などと考え出すとわからなくなり、長所として挙げていいものかと迷《まよ》ってしまいます。

そうしたときに、誰《だれ》かが「あなたは優しいね。そんなふうに思えるのって素《す》敵なことだと思う」などと指摘《てき》してくれたら、初めて自分の長所として実感することができるのです。

何より、そんなふうに自分のいいところを見てくれる友だちがいたら、誰だって嬉《うれ》しい気持ちになりますよね。

実際に思ったことを言うのですから、嘘《うそ》や②おべっかを言うのとは違います。

③友だちの長所を探す方法は、簡単です。

普《ふ》段から「この人の長所はどこだろう」「この人のよさって、どんなところだろう」と相手のいいところを探そうという気持ちを持って接することです。

どんな人にも長所と短所の両面があるはずですが、長所にクローズアップしようと思って共に過ごすことで見つかりやすくなりますし、関係は確実に向上します。

［　A　］人間というのは不思議なもので、反対に相手の欠点ばかりが気になると、イライラしたり落ち着かない気分になったりするものですが、「この人のいいところはどこだろう？」と長所を探しながら見ていくと、相手の欠点よりも長所に目が向くようになり、欠点もそれほど気にならなくなってきます。

たとえば、今までは「すぐに威《い》張る人だ」と苦手に思っていた人でも、長所を探すつもりになれば、他の面が見えてくるのです。

「この人にはすぐに威張るところがあるけれど、みんなの話をまとめるのはうまいな。仕切り上手でもある」

そんなふうに考えながら接していると、相手の言動もそれほど気にならなくなってくることがあります。

長所を探そうという視点で相手を見ることで、私たちは相手を好意的に見つめることができるようになるのです。

すると少なくとも、こちら側はゆったり構えて接することができるようになります。不要な怒《いか》りや劣《れっ》等感に※1苛《さいな》まれたりすることもなく、自然な態度で接することができるようになるのです。

また、基本的に人間関係というのは、こちらが好意的に接していれば、相手からも好意的な態度が返ってくるものです。

初対面の人と向き合うときにも、相手のいいところを探してみようと思えば、先入観なく相手を見られるようになりますし、ゆったりした穏やかな態度で相手と向き合うことができるようになります。

④能動的に動くためには、自分から声をかけることも大切です。人は、自分が関心を持たれていると気がつくと、自己愛が満たされて嬉しくなります。

［B］、あなたが髪《かみ》型を変えたときに誰も気づいてくれなかったら、⑤がっかりしてしまいますよね。でも誰かが気づいて褒《ほ》めてくれたら、「きちんと見ていてくれる人がいた」とホッと安心します。

このように、言葉をかけるということは自分が相手に【　　】を持っていることをアピールする効果もあるのです。

髪型を変えた友だちを見て、内心で「あの子の新しい髪型、とても似合っているな」と思っていても、言葉に出さない限りは相手に【　　】を持っていないのと同じことです。

少なくとも、相手には何も伝わりません。思ったことを口に出して初めて、相手の感情が動くのです。

たとえ短い言葉であっても、何かひと声かければ、この人は自分に無関心ではないということがわかります。それによって相手の自己愛は満たされ、あなたへの興味や好感も生まれるのです。

特に恋《れん》愛の場合は、少なくとも相手に対する好意の気持ちを伝えないと、相手も自分のことを好きになってくれる可能性は低いでしょう。こちらの気持ちは言わなくても伝わっていると思うのは、やはり勘《かん》違いです。⑥好意はきちんと相手に伝える必要があります。

※2コフートが指摘するように、人は他人から自分の状態を鏡のように気づいてくれ、褒めてくれると嬉しいと感じるからです。

この「鏡」の役割を果たすには、何といっても観察力が必要です。

相手をよく観察して、ちょっとした変化に気づいてあげる。

あとは一声かけるだけです。

⑦それを続けていけば、相手との信頼《らい》関係は確実に深まっていきます。

もちろん、あまり深く立ち入り過ぎたり、過剰《じょう》に観察したりするのはよくありませんが、友だちが髪を切ったとか、持ち物を新しくしたとか、何か新しいことができるようになった、［C］少し落ち込《こ》んでいるように見えるなどの変化があったときにはひと声かけてあげることで、人間関係は潤滑《じゅんかつ》になっていくでしょう。

いつも周りの人に合わせてばかりいると、人はどうしても言いたいことを我慢《がまん》する習慣がついてしまいます。

ですから、⑧周りに合わせているだけではなく、自分から面《おも》白いことをしてみるとか、人に喜ばれることも考えてみましょう。

そして何かを試《ため》してみて期待したほどウケなかったとしても、「やっぱりだめだ」と諦《あきら》めるのではなく、もう一度トライしてみることです。

相手の気持ちを変えようと思ったら、⑨試し続けるしかありません。

一度目に相手を笑わせることができなくても、二度目にやったことが面白ければ面白い人だと思われるでしょう。手を替《か》え、品を替えながらやり続けているうち、少なくとも「面白いことが好きな人」という認《にん》識はされるはずです。

そして、先ほど親友は1人で十分だと書きましたが、面白いことをしてウケる相手もクラス全員でなくていいのです。誰か1人にウケたら十分だと考えてください。

一番大切なのは、自分の課題を乗り越《こ》えるために「何かを試してみる」ということ。それがファーストステップです。

実際に動いてみて、それでダメなら別の方法を考えてみる。少しでも可能性が見えてきたら、諦めずに続けてみる。その繰《く》り返しが、いつかはっきりと目に見える成果につながっていくのだと思います。

人間は、経験や成功や失敗を重ねるうえで磨《みが》かれて成長していきます。

まず⑩トライしてみなければ何も始まりませんし、実際に動いてみなければ、手応えを感じることもないのです。

（和田秀樹『みんなに好かれなくていい』による）

※1 苛まれたり……なやまされたり。

※2 コフート……ハインツ・コフート。精神分析学者。

問一 ——部①「自分の長所にはなかなか自信が持てません」とありますが、その理由を三十字以内で書きなさい。

問二 ——部②「おべっか」の意味として最も適切なものを次から選び、記号で答えなさい。

ア いやみ　イ わるぐち　ウ おせじ　エ おせっかい

問三 ——部③「友だちの長所を探す方法は、簡単です。」とありますが、その理由を説明している部分を解答らんに合うように三十二字でぬき出しなさい。

問四 [A]～[C]に入る語の組み合わせとして最も適切なものを次から選び、記号で答えなさい。

ア A やはり　B もちろん　C たしかに

イ A そして　B まれに　C ところが

ウ A だから　B しかし　C もっとも

エ A また　B たとえば　C あるいは

問五 ——部④「能動的に動く」を、具体的に説明したものに当てはまらないものを次から一つ選び、記号で答えなさい。

ア 久しぶりに会った友だちに「元気？」と聞かれたので「うん」と大声で返した。

イ 道に迷ってうろうろしていた友人がいたので、「こっちだよ」とさけんだ。

ウ 暑い中、グラウンドを走る部活の仲間たちに「ファイト」と声をかけた。

エ 運動会の応援《えん》団長を募《ぼ》集していたので、「やります」と名乗り出た。

問六 ——部⑤「がっかりしてしまいますよね」とありますが、その理由を説明したものとして最も適切なものを次から選び、記号で答えなさい。

ア みんなに認めてもらえないと分かったから。

イ 新しい髪型にするのはとても大変だったから。

ウ 誰も自分を見てくれていないと思ってしまうから。

エ 前の髪型に戻さないといけないと思ってしまうから。

問七　【　　】に共通して入る漢字二字を本文中から探して書きなさい。

問八　――部⑥「好意はきちんと相手に伝える必要があります。」とありますが、その理由を三十五字以上四十字以内で書きなさい。

問九　――部⑦「それ」とは何を指していますか。三十字以上三十五字以内で書きなさい。

問十　――部⑧「周りに合わせているだけではなく」と筆者が考える理由を本文中から二十二字でぬき出しなさい。

問十一　――部⑨「試し続けるしかありません」をことわざで表したときに最も近いものを次から選び、記号で答えなさい。

ア　下手な鉄砲《ぽう》も数撃てば当たる
イ　上手の手から水がもれる
ウ　のどから手が出る
エ　手塩にかける

問十二　――部⑩「トライしてみなければ何も始まりませんし、実際に動いてみなければ」とありますが、本文で挙げられていないものを次から一つ選び、記号で答えなさい。

ア　自分のやりたいことを試みる。
イ　相手の良い点を探そうとして接する。
ウ　自分から積極的に声をかける。
エ　周りの人たち全員に好意的になる。

五

「嘘も方便」という慣用句がありますが、あなたが嘘をつく必要があると思うのはどのようなときですか。八十字以上百字以内で述べなさい。ただし、原稿用紙の使い方にしたがって、一段落で書きなさい。

※　嘘も方便……うそをつくのは悪いことだが、物事をうまく運んだり、人間関係を良くしたりするために、必要な場合もあるということ。

2024年度

作新学院中等部　▶解説と解答

算　数　＜第１回試験＞（40分）＜満点：100点＞

解　答

1 ⑴　13　⑵　72.5　⑶　$\frac{11}{12}$　⑷　132　⑸　1　2 ⑴　135度　⑵　$\frac{1}{1000}$L　⑶　4％　⑷　13　⑸　A　3 ⑴　740円　⑵　①　8個　②　4組　4 ⑴　18回転　⑵　15回転　⑶　54個　5 ⑴　125000cm^3　⑵　500cm^2　⑶　40cm　6 ⑴　8枚　⑵　96枚　⑶　（例）　たてに並べた正方形の枚数と横に並べた正方形の枚数の和よりも１少なくなる。

解　説

1　四則計算

⑴　$4+3\times5-6=4+15-6=19-6=13$

⑵　$10+(20+30)\div40\times50=10+50\div40\times50=10+1.25\times50=10+62.5=72.5$

⑶　$\frac{1}{2}+\frac{1}{3}+\frac{1}{4}-\frac{1}{6}=\frac{6}{12}+\frac{4}{12}+\frac{3}{12}-\frac{2}{12}=\frac{11}{12}$

⑷　$36\times1.25+48\times2.125-75\times0.2=36\times1\frac{1}{4}+48\times2\frac{1}{8}-75\times\frac{1}{5}=36\times\frac{5}{4}+48\times\frac{17}{8}-15=45+102-15=132$

⑸　$0.7\times2-1\frac{1}{5}\div3=1.4-1.2\div3=1.4-0.4=1$

2　角度，単位の計算，濃度《のうど》，数列，条件の整理

⑴　N角形の内角の和は，$180\times(N-2)$で求められるから，八角形の内角の和は，$180\times(8-2)=1080$（度）であり，正八角形の１つの内角は，$1080\div8=135$（度）とわかる。

⑵　１Lは1000cm^3なので，１cm^3は$\frac{1}{1000}$L（＝0.001L）である。

⑶　（食塩の重さ）＝（食塩水の重さ）×（濃度）より，６％の食塩水200gに含《ふく》まれている食塩の重さは，$200\times0.06=12$（g）とわかる。また，食塩水に水を入れても食塩の重さは変わらないので，水を入れた後の食塩水にも12gの食塩が含まれている。さらに，水を入れた後の食塩水の重さは，$200+100=300$（g）だから，水を入れた後の食塩水の濃度は，$12\div300\times100=4$（％）と求められる。

⑷　はじめの３つの数は{0，0，1}である。また，はじめから４番目からは，$0+0+1=1$，$0+1+1=2$，$1+1+2=4$，$1+2+4=7$のように，左側に並んでいる３個の数の和になっている。よって，㋐に入る数は，$2+4+7=13$である。

⑸　問題文中の左側の図から，㋐「AとBのいずれかが軽い」，㋑「CとDのいずれかが重い」のどちらかであることがわかる。また，問題文中の右側の図から，㋒「AとEのいずれかが軽い」，㋓「BとFのいずれかが重い」のどちらかであることがわかる。この両方が同時に成り立つのは，㋐と㋒でAが軽い場合だけである。よって，重さのちがう積み木はAである。

3　四則計算，場合の数

⑴　ケーキ，ゼリー，クッキーを１個ずつ買ったときの代金は，320＋240＋180＝740(円)である。

⑵　①　はじめに１個ずつ買うと，残りのお金は，3000－740＝2260(円)になる。このお金でケーキだけを買うと，2260÷320＝７余り20より，最大で７個買うことができる。よって，はじめに買った１個を加えると，ケーキは最大で，１＋７＝８(個)買うことができる。　②　ケーキの個数をA個，ゼリーの個数をB個，クッキーの個数をC個とすると，$320\times A+240\times B+180\times C=3000$と表すことができ，等号の両側を20で割ると，$16\times A+\underline{12\times B}+\underline{9\times C}=\underline{150}$となる。ここで，＿はすべて３の倍数だから，$16\times A$も３の倍数になり，$A$は３の倍数と決まる。そこで，$A=3$とすると，$12\times B+9\times C=150-16\times 3=102$となり，等号の両側を３で割ると，$4\times B+3\times C=34$となる(この式にあてはまる組は右の表の㋐の３組)。また，$A=6$とすると，$12\times B+9\times C=150-16\times 6=54$となり，等号の両側を３で割ると，$4\times B+3\times C=18$となる(この式にあてはまる組は表の㋑の２組)。さらに，$A=9$とすると，$12\times B+9\times C=150-16\times 9=6$となり，この式にあてはまる組はない。$A$が12以上になることはないので，$B$のゼリーを１個も買わない太線の場合を除くと全部で４組となる。

	㋐	㋐	㋐	㋑	㋑
A	3	3	3	6	6
B	1	4	7	0	3
C	10	6	2	6	2

4　正比例と反比例，整数の性質

⑴　２つ以上の歯車がかみ合って回転するとき，どの歯車でも，(歯数)×(回転数)の値は同じになる。よって，Ａが６回転するときのＣの回転数を□回転とすると，72×６＝24×□と表すことができるから，□＝72×６÷24＝18(回転)とわかる。

⑵　右の計算から，Ａ，Ｂ，Ｃの歯数の最小公倍数は，２×２×３×２×３×５×１＝360とわかる。よって，Ａ，Ｂ，Ｃの歯が360個ずつ動いたときに，初めて同時に最初の位置にもどることになる。したがって，この間にＣは，360÷24＝15(回転)する。なお，この間にＡは，360÷72＝５(回転)，Ｂは，360÷60＝６(回転)する。

2)	72	60	24
2)	36	30	12
3)	18	15	6
2)	6	5	2
	3	5	1

⑶　⑵から，Ａ，Ｂ，Ｃが合わせて，５＋６＋15＝26(回転)するごとに，この３つの歯車は同時に最初の位置にもどることになる。もし，Ａ，Ｂ，Ｃが１回目に同時に最初の位置にもどったとき，Ｄも最初の位置にもどったとすると，Ｄの回転数は，98－26×１＝72(回転)となる。このとき，Ａ，Ｂ，Ｃ，Ｄの歯はすべて360個ずつ動いているので，Ｄの歯数は，360÷72＝５(個)と求められる(これは10個未満だから，条件に合わない)。次に，Ａ，Ｂ，Ｃが２回目に同時に最初の位置にもどったとき，Ｄも最初の位置にもどったとすると，Ｄの回転数は，98－26×２＝46(回転)となる。このとき，Ａ，Ｂ，Ｃ，Ｄの歯はすべて，360×２＝720(個)ずつ動いているので，Ｄの歯数は，720÷46＝15.6…(個)と求められる(これは整数ではないので，条件に合わない)。さらに，Ａ，Ｂ，Ｃが３回目に同時に最初の位置にもどったとき，Ｄも最初の位置にもどったとすると，Ｄの回転数は，98－26×３＝20(回転)となる。このとき，Ａ，Ｂ，Ｃ，Ｄの歯はすべて，360×３＝1080(個)ずつ動いているから，Ｄの歯数は，1080÷20＝54(個)と求められる。これは条件に合うので，Ｄの歯数は54個である。

5　水の深さと体積

⑴　容器は１辺の長さが50cmの立方体だから，容器の体積は，50×50×50＝125000(cm^3)である。

⑵　下の図１で，おもり①を沈《しず》めることによって斜線《しゃせん》部分の水位が上がるので，おもり①の体積と

斜線部分の体積は等しい。また，容器の底面積は，50×50＝2500(cm^2)だから，斜線部分の体積は，2500×２＝5000(cm^3)とわかる。よって，おもり①の体積も5000cm^{3}なので，おもり①，②の底面積は，5000÷10＝500(cm^2)と求められる。

⑶　容器に入っている水の体積は，2500×30＝75000(cm^3)である。また，下の図２で，アの部分の底面積は，2500－500×２＝1500(cm^2)なので，アの部分の体積は，1500×10＝15000(cm^3)となる。さらに，イの部分の底面積は，2500－500＝2000(cm^2)だから，イの部分の体積は，2000×(40－10)＝60000(cm^3)とわかる。すると，アの部分とイの部分の体積の合計は，15000＋60000＝75000(cm^3)となり，容器に入っている水の体積と同じになる。つまり，水はちょうどイの部分まで入るので，このときの水位は40cmである。

図１

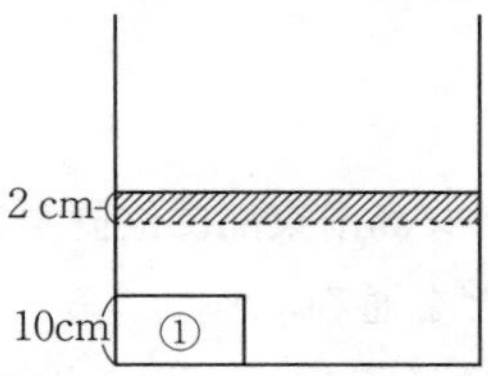

図２

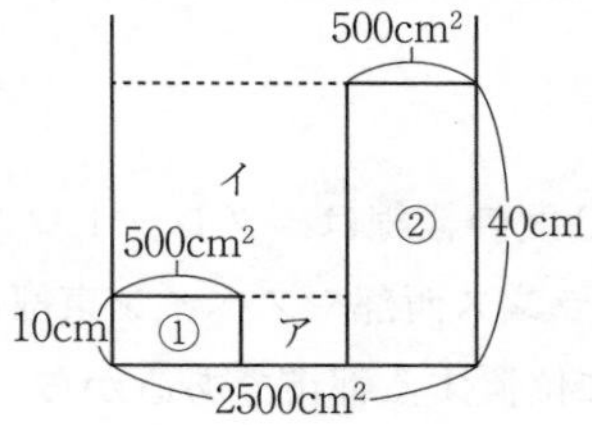

図３

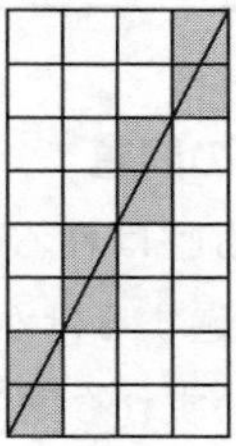

図４

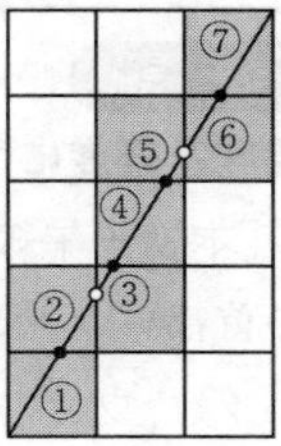

6　図形と規則，植木算

⑴　上の図３のようになる。対角線が横切る折り紙は，かげをつけた，２×４＝８(枚)である。

⑵　はじめに，上の図４のように，たてに５枚，横に３枚並べる場合(たてと横の枚数の最大公約数が１の場合)について考える。図４の場合，●印の部分と○印の部分で対角線が正方形の辺と交わり，対角線が①～⑦の７つの部分に分かれる。よって，対角線が横切る折り紙は，①～⑦の部分を含むかげをつけた７枚になる。ここで，●印の数はたてに並べた正方形の枚数よりも１少ない。また，○印の数は横に並べた正方形の枚数よりも１少ない。さらに，対角線が分かれる部分の数は●印と○印の合計よりも１多いから，対角線が横切る折り紙の枚数は，｛(たてに並べた正方形の枚数)－１｝＋｛(横に並べた正方形の枚数)－１｝＋１で求めることができる。同様に考えると，たてに50枚，横に47枚並べたときは，(50－１)＋(47－１)＋１＝96(枚)と求めることができる。

⑶　⑵の＿の式を簡単にすると，(たてに並べた正方形の枚数)＋(横に並べた正方形の枚数)－１となる。よって，たてと横の枚数の最大公約数が１のとき，対角線が横切る折り紙の枚数には，たてに並べた正方形の枚数と横に並べた正方形の枚数の和よりも１少なくなるという規則がある。

社　会　＜第１回試験＞（40分）＜満点：100点＞

解　答

1　⑴　下の図１　⑵　ア）　⑶　イ）　2　⑴　3　⑵　琵琶湖　⑶　28　⑷　横浜　⑸　下の図２　⑹　（例）　鴨川周辺の安全で快適な環境を守り，次の世代に残すため。

3　⑴　**あ**　みかん　**い**　青森　⑵　**会議**…サミット　**開催地**…日光(市)　⑶　エ）　⑷　エ）　⑸　（例）　秋に米が豊作となること。　⑹　（例）　北西の季節風の影響で冬に雪

が多く降ることから　4 (1)　ウ)

(2)　イ)　(3)　ア)　5 (1)　卑弥呼

(2)　(例)　農民から刀などの武器を取り上げて一揆を防ぎ，農業に専念させるため。

(3)　(例)　江戸と領地の往復や江戸での生活に多くの費用を使わせることで，大名の経済力を弱め，幕府に反抗できないようにするため。　(4)　隋　(5)　エ)　(6)　摂関政治　(7)　御成敗式目(貞永式目)　(8)　戦国大名

(9)　(例)　キリスト教の布教に熱心ではなかったため。　(10)　〈X〉　(11)　東大寺　6

(1)　前文　(2)　基本的人権　(3)　象徴

図１

図２

解　説

1　緯度と経度についての問題

(1)　「本初子午線」とも呼ばれる経度０度の経線は，グレートブリテン島南東部に位置するイギリスの首都ロンドンを通過するほか，フランス西部やスペイン東部などを通る。

(2)　イ)，ウ)，エ)はいずれも南半球に位置する都市であるから，ア)が当てはまると判断できる。なお，栃木県は北緯36度付近，ロサンゼルスは北緯34度付近に位置している。

(3)　栃木県には東経140度の経線が通っている。東経140度の経線はオーストラリア東部を通過しているから，イ)が当てはまる。なお，アデレードはオーストラリア南部に位置する南オーストラリア州の州都である。

2　近畿地方についての問題

(1)　近畿地方の府県のうち府県名と府県庁所在地名が異なるのは，三重県(津市)，滋賀県(大津市)，兵庫県(神戸市)の３つである。

(2)　近畿地方にある日本最大の湖は琵琶《びわ》湖である。琵琶湖は，滋賀県の面積の約６分の１を占《し》めている。

(3)　阪神・淡路《あわじ》大震災《だいしんさい》は，1995年１月17日に発生した明石《あかし》海峡《かいきょう》付近を震源とする兵庫県南部地震(マグニチュード7.3)によって引き起こされた大災害で，兵庫県を中心に約6400名の死者・行方不明者を出した。

(4)　中華街(チャイナタウン)とは，華人(華僑《かきょう》)と呼ばれる中国系の住民が多く生活する地区のことである。世界各地に形成されているが，日本では神戸市の南京《なんきん》町，長崎市の新地町，横浜市中区山下町にある中華街が三大中華街と呼ばれている。いずれも中華料理の店や中国物産店などが並び，多くの人が訪《おとず》れる観光地となっている。

(5)　奈良県は京都府，大阪府，和歌山県，三重県に囲まれた内陸県である。

(6)　河原などで行われる自転車などの乗り入れや放置，打ち上げ花火，バーベキュー，落書きなどは，いずれも通行人や付近の住民に迷惑《めいわく》をかける行為《こうい》であり，景観を損《そこな》うだけでなく河川の汚染にもつながる。条例でそうした行為を禁止することは，ここでは鴨《かも》川周辺の安全で快適な環境《かんきょう》を守り，次の世代に残すための対策と考えることができる。

3　日本各地の地誌と2023年の出来事についての問題

⑴　**あ**　愛媛県が和歌山県と並んで全国有数の産地となっている果物は，みかんである(2022年)。**い**　りんごの生産量が全国第１位であるのは，青森県である(2022年)。

⑵　2023年５月19日から21日にかけて広島県で開かれたのは，第49回主要国(先進国)首脳会議である。主要国首脳会議は，1975年以来毎年開かれている国際会議で，2014年以降はＧ７と呼ばれる７か国(日本，アメリカ，イギリス，フランス，ドイツ，イタリア，カナダ)の首脳とEU(欧州《おうしゅう》連合)の代表が参加することからＧ７サミットと呼ばれる。また，広島サミットの前後には，Ｇ７の関係閣僚《かくりょう》会合が日本各地で開かれ，そのうち栃木県日光市では６月24～25日に女性の経済的自立などについて話し合われた「男女共同参画・女性活躍《かつやく》担当大臣会合」が開催《かいさい》された。

⑶　近年，日本の小麦の自給率は10％前後を推移していることから，エ)が当てはまる。なお，グラフ中のア)は米，イ)は肉類，ウ)は果実である。

⑷　静岡県掛川《かけがわ》市は，近隣《きんりん》の浜松市や磐田《いわた》市などとともにピアノの生産がさかんなことで知られる。(エ)…○)。なお，南部鉄器の代表的産地は岩手県盛岡市や奥州市である(ア)…×)。自動車は愛知県豊田市などで生産がさかんである(イ)…×)。ツナかんづめの生産で知られるのは，全国有数のマグロの水揚《みずあ》げ量をほこる清水港がある静岡県静岡市で，栃木県小山市では自動車部品などの機械工業がさかんである(ウ)…×)。

⑸　写真は，毎年８月上旬《じょうじゅん》に秋田市で開かれる「秋田竿燈《かんとう》まつり」の様子で，米俵に見立てた提灯《ちょうちん》を内竿《うちざお》に連ね，担ぎ手が市内を練り歩く。多くの夏祭りがそうであるように，竿燈まつりも豊作や厄《やく》よけを祈願《きがん》する伝統行事であり，秋田市は稲作がさかんであることから，特に米の豊作を祈《いの》る人々の思いが込《こ》められていると考えられる。

⑹　いぶりがっこは，だいこんなどを煙《けむり》で燻《いぶ》し，乾燥《かんそう》させてつくった漬物《つけもの》である。秋田県では漬物のことを「がっこ」と呼ぶことから，「燻した漬物」という意味で「いぶりがっこ」の名がつけられた。たくあんと似ているが，たくあんがだいこんを屋外で干して乾燥させるのに対して，北西の季節風の影響《えいきょう》で冬に雪が多く降る秋田県では屋外での乾燥が難しいことから，室内で囲炉裏《いろり》などの煙で燻すようになった。

4　中世～近世の歴史，環境問題についての問題

⑴　ア)の書院造，イ)の能，エ)の水墨画はいずれも室町時代に始まった，あるいは大成した文化であり，ウ)の歌舞伎は江戸時代にさかんになった芸能である。

⑵　ア)は1560年(桶狭間《おけはざま》の戦い)，イ)は1592～93年(文禄《ぶんろく》の役《えき》)と1597～98年(慶長《けいちょう》の役)，ウ)は1575年(長篠《ながしの》の戦い)，エ)は1614～15年(大阪の陣)のことなので，年代の古い順にア)→ウ)→イ)→エ)となる。

⑶　SDGsはSustainable Development Goalsの略称《りゃくしょう》であり，「持続可能な開発目標」と訳されている。地球環境や社会を未来につなぐことを目的として，2015年の国連サミットで採択《さいたく》された，2030年までに達成すべき国際目標であり，17の世界的目標と169の達成基準からなる。現在では環境問題にとどまらず，社会のさまざまな分野で考慮《こうりょ》すべき価値基準となっている。

5　古代～近世の歴史についての問題

⑴　中国の歴史書『魏志《ぎし》』倭人《わじん》伝によると，３世紀の倭(日本)で30余りの国々を従えていた邪馬台国の女王である卑弥呼は，239年に魏に使いを送り，皇帝から「親魏倭王」の称号と，金印などを授《さず》けられたとされる。

⑵　刀狩令は1588年に豊臣秀吉が出した命令で，農民から刀や槍《やり》，鉄砲などの武器を取り上げる内容であった。方広寺の大仏をつくる材料に使うという名目で発せられたが，実際には武器を取り上げることで農民による一揆《いっき》を防ぎ，農業に専念させることが目的であった。

⑶　参勤交代は1635年に江戸幕府の第３代将軍徳川家光が定めた制度で，大名に江戸と領地を１年おきに往復させた。多くの家臣を従えて江戸まで往復することや江戸での生活は大名にとって経済的負担が大きく，幕府に反抗する力を失わせることが制度の目的の１つとしてあったと考えられる。

⑷　聖徳太子が摂政《せっしょう》を務めていた時期に中国を支配していた王朝は隋《ずい》である。607年には，聖徳太子は隋と国交を開き，大陸の進んだ政治の仕組みや文化を学ぶために，小野妹子を遣隋使《けんずいし》として派遣した。

⑸　エ)の生け花は室町時代以降に発達した文化である。なお，ア)の十二単《じゅうにひとえ》は「女房装束《にょうぼうしょうぞく》」とも呼ばれる貴族の女性の正装，イ)のかな文字は漢字の草書体をくずしてつくられた日本独自の表音文字，ウ)の大和絵は日本の自然や風俗《ふうぞく》などを描《えが》いた絵画で，いずれも平安時代中期以降に発達した国風文化に属する。

⑹　平安時代に藤原氏が摂政や関白など，朝廷の高い地位や役職を独占《どくせん》して進めた政治は摂関政治と呼ばれ，11世紀の藤原道長・頼通《よりみち》父子の時代がその全盛期であった。なお，平等院は宇治(京都府)にあった道長の別荘《べっそう》を，1052年に頼通が寺院に改めたもので，翌53年には阿弥陀仏をまつる阿弥陀堂として鳳凰《ほうおう》堂が建立された。

⑺　1232年，鎌倉幕府の第３代執権北条泰時は，最初の武家法である御成敗式目(貞永《じょうえい》式目)を制定した。御家人の権利や義務，土地相続の基準などを主な内容としたこの法典は，その後長く武家法の手本とされた。

⑻　1467年に起こった応仁の乱をきっかけに室町幕府の権威《けんい》は衰《おとろ》え，地方では武士たちが領地を広げようとして争う動きが広まり，戦国時代と呼ばれる社会になっていった。そうした中で特に実力のある者は，多くの家臣を従え，広い領地を獲得《かくとく》し，戦国大名と呼ばれた。戦国大名の中には，守護大名がそのまま勢力を伸ばした者もいたが，多くはその家臣などの中で実力のある者が主君に取って代わり，その地位を築いた者であった。

⑼　江戸幕府が鎖国政策をとった最大の理由は，キリスト教の広がりをおそれたことにあった。そうした中でオランダが幕府との交易を許されたのは，オランダが日本との貿易によって利益を得ることを目的としていて，キリスト教の布教に熱心ではなかったからである。また，中国の場合はそもそもキリスト教とは関係がうすかったからである。

⑽　「一生懸命《けんめい》」の語源とされる「一所懸命」という言葉は，鎌倉時代の武士たちが自己の領地を守るため，命がけで戦ったことから生まれたものである。したがって，ここでは〈X〉が最も適切である。

⑾　ここでいう「大仏」とは，聖武天皇が命じてつくらせた東大寺の大仏のことである。752年，インド出身の高僧《こうそう》なども招き，１万数千人が参列したとされる盛大な開眼《かいげん》式が行われた。

6　日本国憲法についての問題

⑴　日本国憲法は，前文と103の条文からなる。資料は，前文の冒頭部分を示したものである。

⑵　人が生まれながらに持つ自由や平等などの権利は，基本的人権と呼ばれる。市民革命などが各国で起きた17～18世紀ごろのヨーロッパで広まった考え方であり，日本国憲法も「基本的人権の尊

重」を３つの基本原則の１つとしている。

(3)　目に見えず，言葉で表しにくい考え方や感情などを，具体的な事物や形によってわかりやすく示したものを「象徴《しょうちょう》」という。例えば，「鳩《はと》は平和の象徴」というような形で用いられる。日本国憲法は第１条で，天皇は「日本国の象徴であり，日本国民統合の象徴」であると規定している。

理　科　＜第１回試験＞（40分）＜満点：100点＞

解　答

1　(1)　エ　(2)　イ　(3)　ウ　(4)　イ　(5)　ア　2　(1)　右の図Ⅰ　(2)　北極星　(3)　ろうと　(4)　牧野富太郎　(5)　チバ　3　(1)　氷　(2)　水蒸気　(3)　**熱すること**…ア，イ　**冷やすこと**…ウ，エ　(4)　約０度　(5)　ふっとう　(6)　オ，ク　4　(1)　イ　(2)　エ　(3)　B／(例)　Bにできる木のかげは太陽高度が最も高くなる時間のものだから。　(4)　ア　(5)　(例)　③／A～Dのどこにもかげができていないので，鬼がつかまえやすいから。　5　(1)　子葉　(2)　**記録①**…エ　**記録④**…イ　(3)　ウ　(4)　(例)　種子を広いはん囲に飛ばし，子孫を増やすことができる点。　(5)　(例)　天気／１つの株から取れた種子の数　6　(1)　ア　(2)　①　(乾電池の)電気　②　(例)　右の図Ⅱ　(3)　ウ　(4)　(例)　解説を参照のこと。

図Ⅰ

図Ⅱ

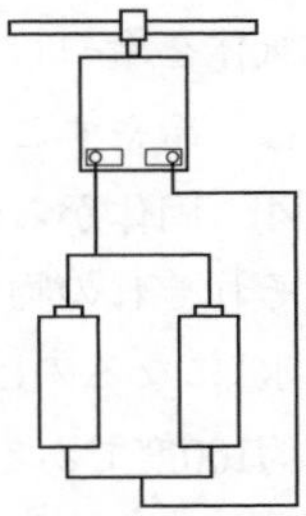

解　説

1　小問集合

(1)　大気(空気)の約78％は窒素《ちっそ》，約21％は酸素であり，残りの約１％はアルゴンや二酸化炭素(約0.04％)などである。

(2)　アの心臓は血液を循環《じゅんかん》させるポンプのような役割をしている。イのじん臓は血液中の不要物をこし取って尿《にょう》を作る。ウのたいばんは母親の子宮の中でたい児と母親をつなぎ，たがいに物質のやり取りをする器官である。エのぼうこうはじん臓で作られた尿を一時的にためる器官である。

(3)　オリオン座には１等星が２つある。南中しているとき，中央の３つ並んだ星から見て，左上側に赤色のベテルギウス，右下側に青白色のリゲルがある。

(4)　日光杉《すぎ》並木は，江戸時代初期に日光東照宮からのびる日光街道などの道沿いに，２万本をこえるスギを植えて作られた。また，杉並木の由来が記された並木寄進碑《ひ》が４か所にある。

(5)　積乱雲が次々と発達して列をなすことでできる，はげしい雨が降る細長いはん囲を線状降水帯という。積乱雲が連なってやってきて，長時間にわたり大量の雨を降らせるため，線状降水帯がかかった地域では大きな災害が起こりやすくなる。

2　小問集合

(1)　食塩の結晶《けっしょう》は，立方体状の形をしている。

(2)　夜空の星で，地球の地軸《ちじく》の先にある北極星は，時間がたってもほとんど動かず，つねに真北の方向に見える。星座早見では，その動かない北極星の位置で２枚の盤《ばん》をつなぎ止めている。

(3)　図のろうとは，主にろ過(固体が混じった液体から固体を取り出すこと)で使う道具である。また，口のせまい容器に液体を入れるときなどにも使われる。

(4)　牧《まき》野《の》富《とみ》太《た》郎《ろう》は，日本の植物をくまなく調査し，非常にたくさんの標本を作製して，日本の植物図鑑を発刊するなど，植物分類学の発展に大きく貢献《こうけん》した。ほかにも新種を数多く発見したり，それらに命名したりもしている。このような功績《こうせき》から「日本の植物分類学の父」などと呼ばれる。

(5)　約77万年前の地層の様子から，当時の地球では地磁気の逆転が起こったことがわかった。この痕跡《こんせき》が千葉県市原市の地層によく残っていることから，そのころの地質年代がチバニアンと名づけられた。

3　水のすがたについての問題

(1)，(2)　物質としての水は，液体の状態のときは「水」と呼び，固体の状態のときは「氷」，気体の状態のときは「水蒸気」という。

(3)　ふつう，固体を熱して温度を上げると液体になり，液体を熱して温度を上げると気体になる。水の場合は，固体の氷を熱すると液体の水になり，液体の水を熱すると気体の水蒸気になる。逆に，気体を冷やして温度を下げると液体になり，液体を冷やして温度を下げると固体になる。水の場合は，冷やすことで，気体の水蒸気は液体の水に，液体の水は固体の氷となる。

(4)　固体から液体(または液体から固体)，液体から気体(または気体から液体)に変化する温度は，それぞれの物質ごとに決まっている。水では，固体の氷から液体の水(または液体の水から固体の氷)になるのは約０度，液体の水から気体の水蒸気(または気体の水蒸気から液体の水)になるのは約100度である。

(5)　液体の水を熱していき，温度が約100度になると，水の内部からも水から水蒸気への変化がさかんに起こり，底の方から次々と水蒸気のあわが発生するようになる。この様子をふっとうという。

(6)　問題の右にある図で，湯は液体であるが，湯の中から出たあわは水蒸気である。また，やかんの口の近くには中から出てきた目に見えない水蒸気があり，出てきた水蒸気はまもなくして冷やされ，細かい水てき(液体)になり，この集まりが湯気となって見える。つまり，湯気には液体の水が存在している。

4　太陽が作るかげについての問題

(1)　建物や木によるかげができない場所は，太陽光が当たっている日なたである。そこに人が立ったとき，かげは太陽と反対向きにできる。なお，図の公園では，太陽が出ている間にかげがまったくできない時間はなかったと考えられる。

(2)　太陽は，朝に東から出て，12時ごろに南の空の高いところを通り，夕方に西へしずむ。11時～12時は太陽が南にあるため，大きな木のかげがその北側にのびる。また，17時～18時は太陽が西にあるので，図書館のかげはその東側にのびる。よって，Bの場所にできるかげは，11時～12時が大きな木によるもの，17時～18時が図書館によるものとわかる。

(3)　Dの場所に大きな木によるかげができるのは，太陽が東にあって大きな木のかげが西側にのびるときだから，７時～８時と考えられる。一方，(2)より，Bの場所に大きな木によるかげができるのは11時～12時である。ここで，かげの長さは，太陽高度が低い朝夕は長くなり，太陽高度が高い昼は短くなる。したがって，Bの場所にできるかげの長さのほうが短くなる。

(4)　太陽高度は12時ごろに最も高くなるので，７時～８時に東にあるときの太陽高度と，17時～18

時に西にあるときの太陽高度はほぼ同じと考えられる。ここで，７時～８時に大きな木が作ったかげは，Dの場所には届いているが，Cの場所には届いていない。一方，17時～18時に図書館が作ったかげは，Bの場所まで届いている。このことから，図書館の高さのほうが大きな木より高いといえる。

(5)　解答例のほか，適度にかげがあって逃《に》げる人がかげに逃げこめるほうが楽しいという考え方もある。この場合，①，②，④の時間が選べる。また，朝夕は逃げる人のかげも長くのび，鬼《おに》がつかまえやすいから，①や④の時間がよいと考えることもできる。

5　ホウセンカとヒマワリの成長の記録についての問題

(1)　植物が芽生えたとき，最初につける葉を子葉という。

(2)　ホウセンカもヒマワリも子葉は２枚だが，子葉の先たんは，ホウセンカでは少しへこんでいて，ヒマワリでは丸い。また，子葉のあとに出てくる葉を本葉という。ホウセンカの本葉は細長く，ふちのぎざぎざがはっきりしていて細かい。ヒマワリの本葉は子葉に比べてとても大きくなり，ふちのぎざぎさはあっても目立たない。

(3)　アについて，種子の発芽には水，空気(酸素)，適当な温度が必要である。イについて，ヒマワリの種まきでは，土に指で深さ１～２cmのあなを作り，その中に種を入れ，あなを土でうめるようにする。エについて，ホウセンカもヒマワリも日なたを好む。

(4)　多くの植物では，作った種子を広いはん囲に散らすようにして子孫(なかま)を増やす。ホウセンカの場合は，実がはじけるときの勢いで種子を周囲に飛ばしている。

(5)　植物の観察記録には，観察した日付のほか，観察した時刻やそのときの天気，気温などを書くとよい。また，７月13日の記録には花の様子が書かれているが，その花の色や大きさ(何cmか)，花の作りのちがいなどを付け足せるとよい。さらに，９月15日の記録ではできた種子について書かれているが，１つの株から取れた種子の数などを記録するとよい。

6　ものを動かす力についての問題

(1)　輪ゴムをのばすと元にもどろうとして縮む力がはたらき，その力は輪ゴムをのばすほど大きくなる。よって，輪ゴム１本を10cmのばして走らせたときのほうが，５cmのばして走らせたときよりも，車に大きな力がはたらいて，車が走る距離《きょり》は長くなる。

(2)　①　図の車では，乾《かん》電池の電気によってプロペラ付きモーターを回転させた。すると，プロペラの回転により空気が後方におしやられ，それと同時におしやられた空気がプロペラをおし返すので，車が動く。したがって，電気が車を動かす力となっている。　②　複数の乾電池を並列つなぎにすると，走る速さは１本だけのときとおよそ同じであるが，それぞれの乾電池から流れ出る電流が少なくてすむため，車をより長い時間走らせることができる。

(3)　川の流れが曲がっているところでは，曲がりの外側(図のウ)の流れが速く，内側になるほど流れがおそくなる。なお，川の流れがまっすぐのところでは，中央付近の流れが最も速い。

(4)　たとえば，棒磁石を２本と実験用の車を用意する。実験用の車に棒磁石を１本乗せて固定し，もう１本の棒磁石を手に持ち，棒磁石の端《はし》どうしを近づける。同じ極どうしを近づけたときは，反発する力がはたらくため，車は手に持った棒磁石とは反対方向

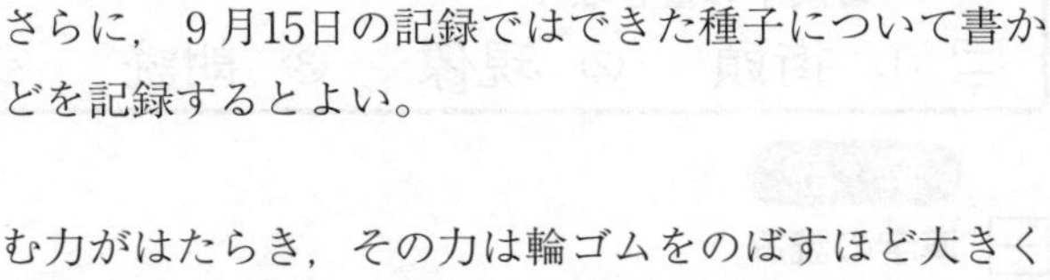

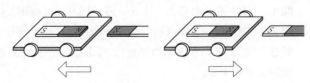

に進む。一方，違《ちが》う極どうしを近づけたときは，引き付け合う力がはたらき，車は手に持った棒磁石の方向に進む。なお，これ以外にも，鉄くぎやクリップに磁石を近づけると，磁石のほうに動いてくっつくといったような，磁石が鉄を引き付けることを確認する実験なども考えられる。

国 語　＜第１回試験＞（40分）＜満点：100点＞

解 答

一 ① せいじ　② あんちょく　③ とうじば　④ こころざ(す)　二 下記を参照のこと。　三 問１ 雨　問２ イ　問３ おおざと　問４ 短縮　問５ 半(信)半(疑)　問６ イ　問７ ３　問８ くくる　問９ エ　問10 ア　問11 ウ　問12 ア　四 問１ (例) 他人と比べると本当に自分の長所といえるのか疑わしくなるから。　問２ ウ　問３ 長所にクローズアップしようと思って共に過ごすことで見つかりやすく(なるから。)　問４ エ　問５ ア　問６ ウ　問７ 関心　問８ (例) 相手に関心や好意を持っていても，言葉に出して言わなければ何も伝わらないから。　問９ (例) 相手をよく観察して，ちょっとした変化に気づいたら一声かけてあげること。　問10 言いたいことを我慢する習慣がついてしまいます　問11 ア　問12 エ　五 (例) 本当のことを言えば相手が傷つく，がっかりするなどがわかっていたら，嘘も必要な場合があるだろう。たとえば，祖母が編んでくれた手ぶくろの色が好みと違っても，正直に言ってがっかりさせることはないと思う。

●漢字の書き取り

二 ① 街頭　② 現像　③ 朗読　④ 険しい

解 説

一 漢字の読み

① 磁器のひとつで，鉄分をふくむ釉薬《ゆうやく》が焼成《しょうせい》によって青緑色に発色したもの。　② 手軽にすませるようす。　③ 湯治を目的に行く温泉地。「湯治」は，慢性《まんせい》的な病気やけがの治療《ちりょう》，疲《ひ》労《ろう》回復などを目的として温泉地に滞在《たいざい》すること。　④ 音読みは「シ」で，「志望」などの熟語がある。

二 漢字の書き取り

① 人通りの多い街なか。街の路上。　② 撮影《さつえい》したフィルムなどを薬品で処理して目に見える映像を出現させること。　③ 声に出して読みあげること。特に，文章や詩歌《しいか》の内容をくみとり，感情をこめて読みあげること。　④ 音読みは「ケン」で，「危険」などの熟語がある。

三 漢字のパズル，漢字の筆順，漢字の部首，対義語の知識，四字熟語の完成，漢字の送りがな，かなづかいの知識，慣用句の完成，故事成語の知識，敬語の知識，手紙文の知識，俳句の季語

問１ 「雨」を入れると，上から時計回りに「梅雨」「雨量」「雨水」「長雨」という熟語ができる。

問２ 「楽」は，まず「白」の部分からはじめ，残りを書いていくので，イが選べる。

問３ 「部」という漢字の部首は，「おおざと」である。「おおざと」は，多くの人が集まっている状態を意味する。

問４　「延長」は，長さや期間を延ばすこと。対義語は，それまでの時間や距離《きょり》などを短く縮めることを表す「短縮」。

問５　「半信半疑」は，半分は信じているが，半分は疑っているようす。真偽《しんぎ》の判断に迷うこと。

問６　送りがなについては，活用する(言葉が，その用法によって形を変えること)部分を送るのが基本になることをおさえる。ここでは例外的に「け」から送り，「退ける」とする。

問７　間違《まちが》いは，「そうゆう」「そのとうり」「うなづいた」の三つ。「そういう」「そのとおり」「うなずいた」が正しい。

問８　「木で鼻をくくる」は，“冷たい対応や無愛想でそっけない態度を取る”という意味。「たかをくくる」は，“たいしたことはないだろうと甘《あま》く見積もる”という意味。

問９　「登竜門《とうりゅうもん》」は，出世したり成功したりするための関門。中国の黄河《こうが》上流にある「竜門」とよばれる急流を鯉《こい》が登ることができれば竜になるという伝説が書かれた，『後漢書』李膺《りよう》伝に由来する。

問10　「食べる」のは「お客様」なので，尊敬表現を用いる。「いただく」は謙譲《けんじょう》表現なので，アが間違っている。

問11　「立秋」(八月七日ごろ)を過ぎると暦《こよみ》の上では秋になる。「初秋」は立秋から白露《はくろ》(九月七日ごろ)の前日まで，「仲秋《ちゅうしゅう》」は白露から寒露(十月八日ごろ)の前日まで，「晩秋《ばんしゅう》」は寒露から立冬(十一月七日ごろ)の前日までをいう。よって，ウがふさわしい。

問12　アの「雪とけて」は春の季語にあたる。

四　**出典：和田秀樹《わだひでき》『みんなに好かれなくていい』**。友人の長所を探す方法について説明したうえで，相手との信頼《しんらい》関係を深めるにはいいところを見つけた後の行動が大事だと，筆者は語っている。

問１　続く部分で，人は自分の穏《おだ》やかな(優《やさ》しい)性格を「他の人」と比べたとき，果たしてそれを自らの「長所」と言い切ってしまってよいものか迷ってしまう，という例があげられている。これをもとにまとめる。

問２　「おべっか」は，立場が上の人にお世辞を言うなどして気に入られようとすること。

問３　続く部分で筆者は，「長所にクローズアップしようと思って共に過ごすことで」，友人のそれが「見つかりやすく」なると述べている。

問４　A　相手の長所を積極的に見つけようとすることの効用を並べているので，あることがらに別のことがらをつけ加えるときに用いる「また」が入る。　B　他人に関心を持たれていると気がつくと，人は自己愛が満たされて嬉《うれ》しくなる，ということの例として「髪型《かみがた》を変えたとき」があげられているので，具体的な例をあげるときに用いる「たとえば」が合う。　C　友人の「変化」について，さまざまなものを並べているので，同類のことがらを列挙するときに用いる「あるいは」があてはまる。

問５　この「能動的」は自分から進んで行うようすなので，人の呼びかけに答えているアはあてはまらない。

問６　直前の段落で，「人は，自分が関心を持たれていると気がつくと，自己愛が満たされて嬉しく」なると述べられている。つまり，ここで「がっかりして」しまうのは，自分の髪型の変化など誰《だれ》も気に留《と》めていないことに気づかされるからなので，ウがよい。

問７　続く部分で，「何かひと声かければ，この人は自分に無関心ではない」ことがわかると述べられている点に注目する。相手に言葉をかけることは「関心」を持っているというアピールなのである。なお，「興味」としても誤りではない。

問８　前の部分で，「相手に対する好意」は「言葉に出さない限り」何も伝わらないこと，好意を「口に出して初めて，相手の感情」が動き，あなたへの「興味や好感」，「関心」が生じることが述べられているので，これらをもとにまとめるとよい。

問９　「それ」とあるので，前の部分に注目する。相手をよく観察し，その「ちょっとした変化」に気づいたとき「一声かける」のを続けていけば，「相手との信頼関係は確実に深まって」いくと筆者は述べている。

問10　ぼう線部⑧をふくむ文の最初に，前のことがらを原因・理由として，後に結果をつなげる「ですから」があることに注目する。「言いたいことを我慢《がまん》する習慣」がついてしまうから，周りに合わせてばかりではだめだというのである。

問11　アの「下手な鉄砲《てっぽう》も数撃《う》てば当たる」は，“下手でも回数を重ねるうちに成功することもある”という意味。何度もやっているうちにいつか成功するという肯定《こうてい》的な意味でも，あれほど何度も繰《く》り返せばまぐれでうまくいくこともあるという皮肉をこめた意味でも用いられる。イの「上手の手から水がもれる」は，“名人といわれるほどの人でも失敗することがある”という意味。ウの「のどから手が出る」は，“欲《ほ》しくてたまらない”という意味。エの「手塩にかける」は，“自分でいろいろと世話をして大切に育てる”という意味。

問12　筆者は「周りに合わせている」ばかりではだめだと考えているほか，「親友は１人で十分」だと述べているので，エの「周りの人たち全員に好意的になる」が合わない。

五　**条件作文**

相手，あるいは双方《そうほう》にとって何らかの利点がある場合に嘘《うそ》をつく必要がある，といった方向性にすると書きやすいだろう。「原稿《げんこう》用紙の使い方にしたがって，一段落で書きなさい」とあるので，最初の一マスを空けることに注意するほか，主語と述語はきちんと対応しているか，誤字・脱字《だつじ》はないか，文脈にねじれはないかなどにも注意する。

2023年度 作新学院中等部

【算　数】〈第１回試験〉（40分）〈満点：100点〉

1 次の計算をしなさい。

(1) $10-2\times3$

(2) $\frac{5}{12}-\frac{2}{5}$

(3) $(168-35)\div7+(56+128)\div8$

(4) $0.7\times32+0.07$

(5) $\frac{1}{8}\times\frac{9}{4}\div\frac{5}{4}\times\frac{8}{5}$

2 次の □ にあてはまる数を答えなさい。

(1) 時速45 kmで走る自動車は，１秒で □ m進みます。

(2) ５％の食塩水と12％の食塩水を３：４の割合で混ぜると □ ％の食塩水になります。

(3) $\frac{3}{7}$ を小数に直したとき，小数第58位の数は □ になります。

(4)　1，2，2，3，3，3，4，4，4，4…のように数字が規則正しく並んでいます。

49番目の数は □ です。

(5)　下の図は，正方形を３つ並べたものです。角アと角イの合計は □ 度です。

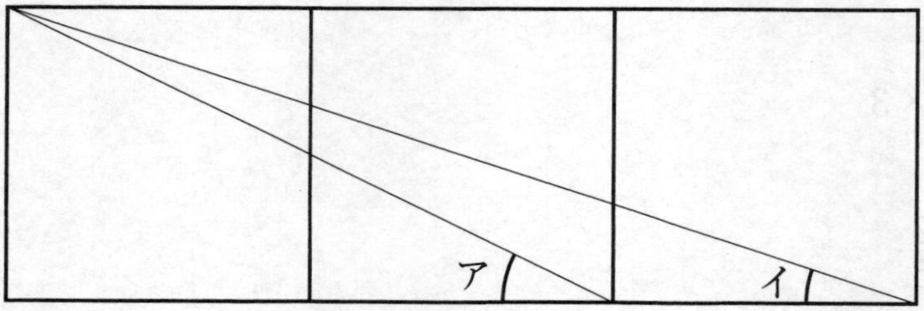

3　長さの等しい定規Ａと定規Ｂについて考えます。定規Ａは一方の端《はし》を０の目盛り，もう一方の端を100の目盛りとします。定規Ｂは，一方の端を０の目盛り，もう一方の端を75の目盛りとします。このとき，次の問いに答えなさい。ただし，同じ定規では，１目盛りの幅《はば》はどれも同じものとします。

(1)　定規Ａ，Ｂの１目盛りの幅の比を，最も簡単な整数で表しなさい。

(2)　定規Ａ，Ｂの０の目盛りどうしをぴったり合わせて並べたとき，目盛りどうしがぴったり合う所は何か所ありますか。（両端《りょうはし》の目盛りは除きます。）

(3)　定規Ａの85の目盛りは，定規Ｂのいくつの目盛りに最も近いですか。

4 １辺が12 cmの正方形を６枚並べます。このとき，次の問いに答えなさい。

(1) 図１のように並べるとき，この図形の周りの長さを求めなさい。

(2) (1)のとき，２枚重なっている部分の面積を求めなさい。

(3) 図２のように並べるとき，この図形の面積を求めなさい。

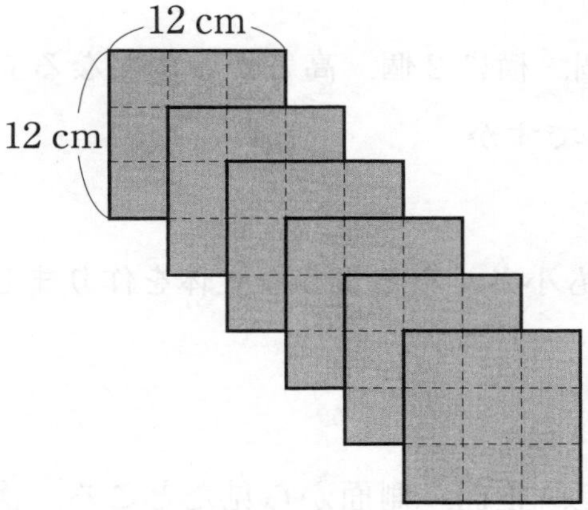

図１

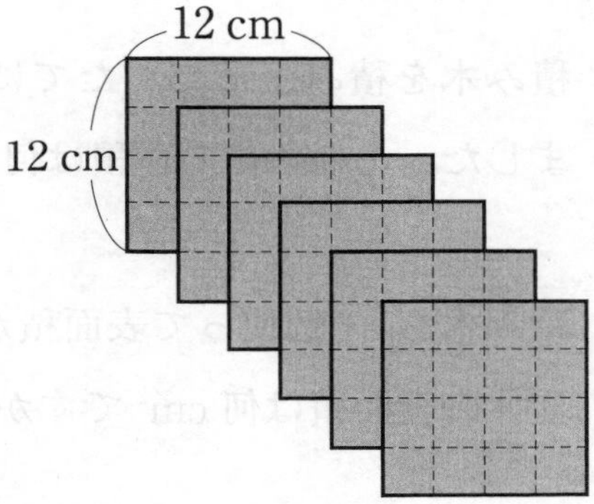

図２

5 100 mを30秒のペースで走る小学生が，１人400 mずつ走ってリレーをして片道５kmの道を往復します。また，１kmを４分のペースで走るマラソンランナーが小学生と同時にスタートし，同じ道を走ります。このとき，次の問いに答えなさい。

(1) 何人の小学生でリレーをしますか。

⑵　折り返し地点に着く時間の差は何分になりますか。

⑶　どちらかが先にゴールしたとき，もう一方はゴールまであと何 km の地点にいますか。

6　１辺の長さが２cm の立方体の積み木を，面どうしを合わせてすき間なく積み上げて立体を作ります。このとき，次の問いに答えなさい。

⑴　積み木を積み上げて，たてに２個，横に２個，高さが５個となる立体を作りました。この立体の体積は何 cm^3 ですか。

⑵　積み木を 24 個使って表面積が最も小さくなるような立体を作りました。この立体の表面積は何 cm^2 ですか。

⑶　積み木を積み上げて，立体を真上，正面，側面から見たところ，次のように見えました。このような立体のうち，体積が最も小さくなる立体の体積は何 cm^3 ですか。

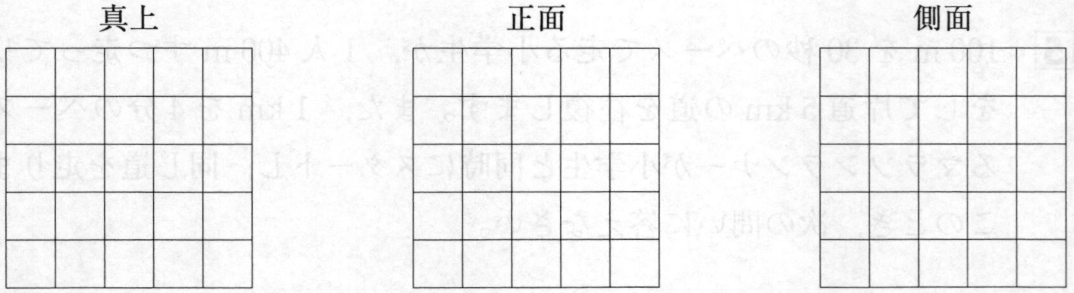

【社　会】〈第１回試験〉（40分）〈満点：100点〉

1 次の各問いに答えなさい。

（１） オーストラリアやニュージーランドは，かつて支配された国の国旗を自国の国旗の一部にしています。オーストラリアやニュージーランドを支配した国とはどこか，国名を答えなさい。

（オーストラリアの国旗）

（ニュージーランドの国旗）

（２） 右の地図を見て，ア～エの中から択捉《えとろふ》島を選び，記号で答えなさい。

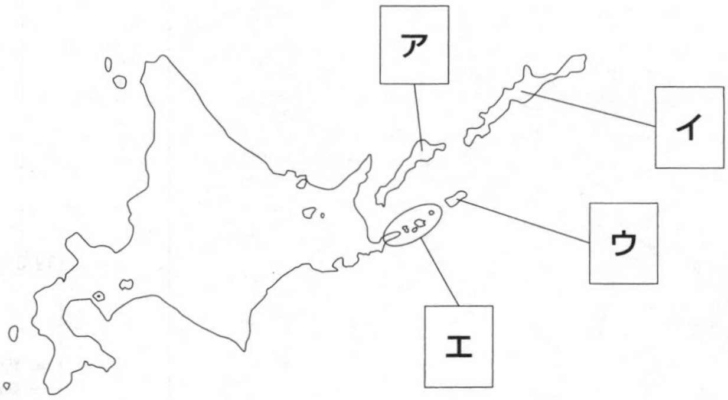

（３） 右の資料は世界の地域別人口の推移を表しています。資料中のXの地域として適当なものを，次のア）～エ）の中から１つ選び，記号で答えなさい。

ア）オセアニア
イ）ヨーロッパ
ウ）アフリカ
エ）アジア

世界の地域別人口の推移（1950－2050年）

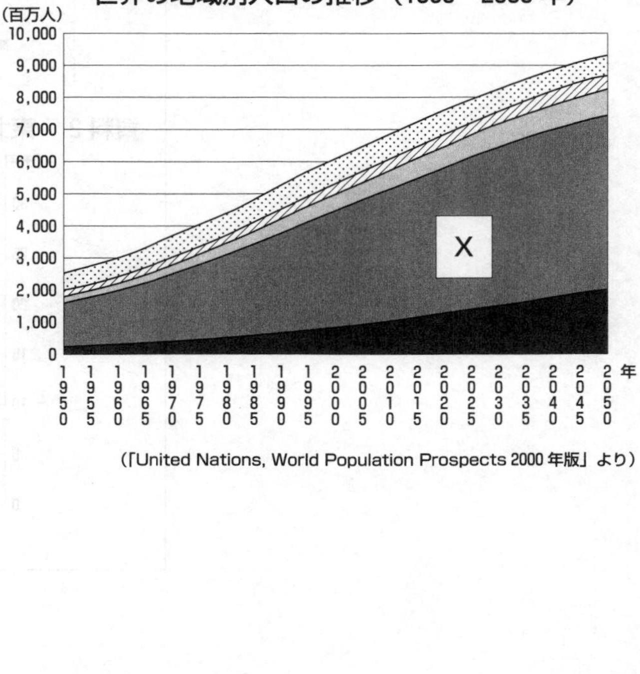

（「United Nations, World Population Prospects 2000年版」より）

(4)　右の写真は電気自動車です。現在，世界では電気自動車の開発とその普及に力を入れています。その理由を，次の語句を用いて簡単に答えなさい。

「原因」　「ガス」

(5)　右の**資料1**中の工業出荷額について，1980年と2016年を比較すると，東北6県のどの地域においてもその額が増えていることがわかります。その理由を，**資料1**・**資料2**を踏まえて答えなさい。

資料1　東北地方の交通の発達と工業出荷額の移り変わり

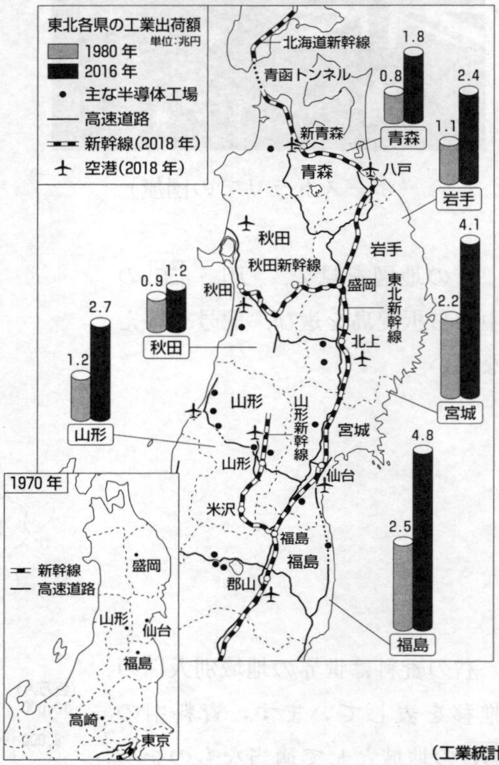

(工業統計表ほか)

資料2　東北地方の工業用地の地価(2018年)

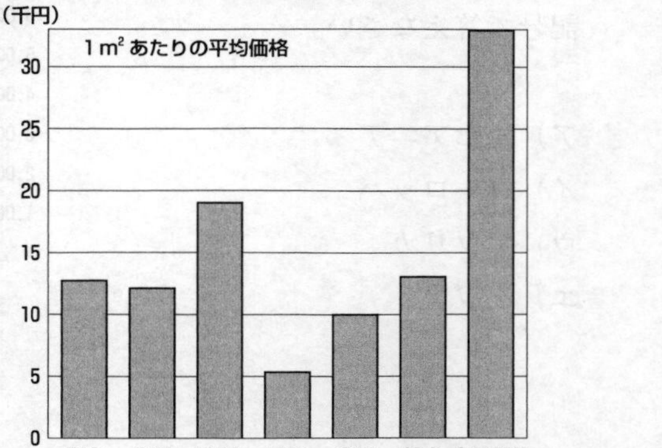

(都道府県地価調査)

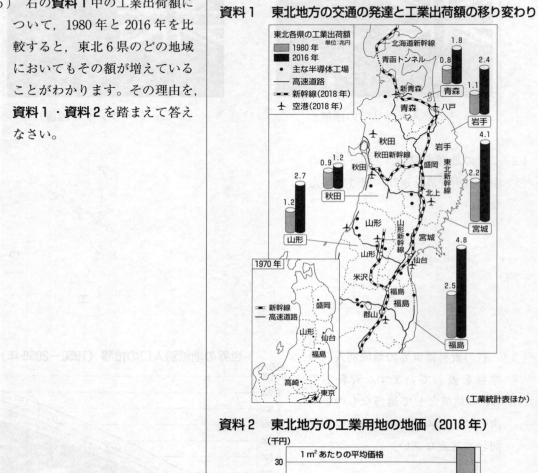

2 次の地図を見て，各問いに答えなさい。

（１） 地図中の ア の国名を答えなさい。

（２） 地図中の イ の国がある大陸名を答えなさい。

（３） 地図中の ウ の地域は，入り江が連なるリアス海岸が形成されています。この海岸名を**漢字で答えなさい。**

（４） 地図中の エ に位置する県の県庁所在地名を**漢字で答えなさい。**

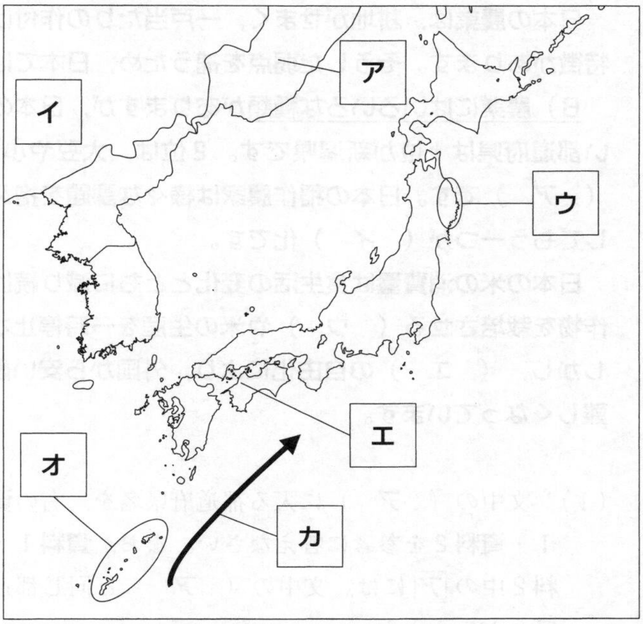

（５） 地図中の オ の地域は，８地方区分では何地方に入るか，答えなさい。

（６） 地図中の カ の海流名を**漢字２文字で答えなさい。**

3 次の文章を読んで，各問いに答えなさい。

日本の農業は，耕地がせまく，一戸当たりの作付け面積がアメリカなどと比べて小さいという特徴があります。そうした弱点を補うため，日本ではA）様々な工夫が行われてきました。

B）農業にはいろいろな種類がありますが，日本の農業の中心は稲作です。お米の生産量が多い都道府県は１位が新潟県です。２位は，大豆や小麦，そして乳牛の飼育数が日本で最も多い（　ア　）です。日本の稲作農家は様々な課題を抱えています。その一つが後継者不足です。そしてもう一つが（　イ　）化です。

日本の米の消費量は食生活の変化とともに減り続けてきました。そのため政府は米農家に他の作物を栽培させる（　ウ　）や米の生産を一時停止させる休耕などの政策を近年まで行いました。しかし，（　エ　）の自由化により，外国から安い農産物が入ってくるようになり農家の経営が難しくなっています。

（１）　文中の（　ア　）に入る都道府県名を，右の**資料１**・**資料２**を参考に答えなさい。なお，**資料１**・**資料２**中の ア には，文中の（　ア　）と同じ都道府県名が入ります。

（２）　文中の（　イ　）に入る適当な語句を，**資料３**を参考に答えなさい。

（３）　文中の（　ウ　）・（　エ　）に入る適当な語句を答えなさい。

（４）　文中の下線部A）について，日本では農作業を効率的に行うため，あるものを積極的に導入してきました。それにより少ない人手で，より多くの米を収穫できるようになりました。あるものとは何か，答えなさい。

資料１　米の主な生産地（2020年）

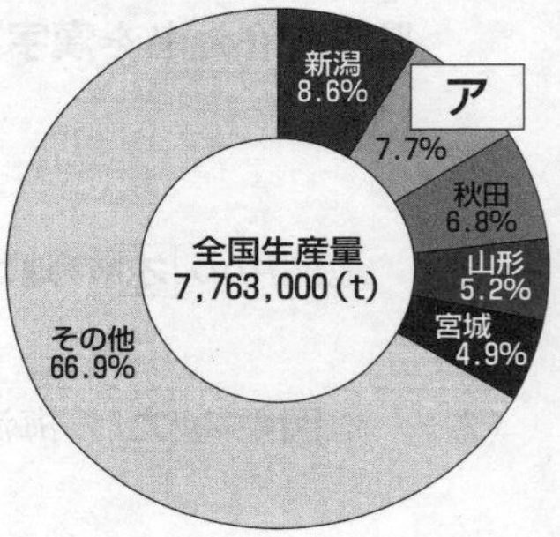

（「食品データ館」HPより）

資料２　乳用牛飼養頭数（2020年）

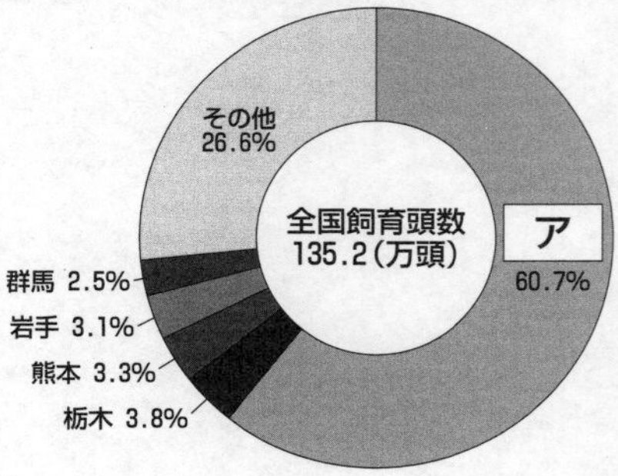

（農林水産省HPより）

（５） 文中の下線部**B**）について，夏でもすずしい気候を利用して栽培《さいばい》されるレタスやキャベツなどの野菜を何というか，答えなさい。

資料３　日本の農業就業人口について

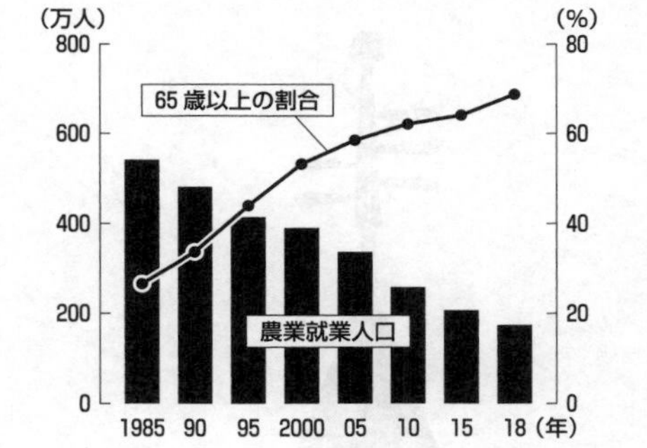

(日本国勢図会)

4 次の文章を古い方から順番に並べ替えた時，それぞれにおいて**３番目にくるもの**を選び，記号で答えなさい。

（１） ア）卑弥呼が中国に使いを送った。
イ）日本で米作りがはじまった。
ウ）法隆寺が作られた。
エ）大阪府堺《さかい》市に全長486 m の巨大古墳が作られた。
オ）ねん土を焼いて作った縄文土器という器が使われた。

（２） ア）聖徳太子が天皇を助ける役職についた。
イ）日本から隋に使者が送られた。
ウ）本格的な都（藤原京）が完成した。
エ）中大兄皇子が蘇我氏をたおした。
オ）都が平城京に移った。

（３） ア）今川氏が織田信長に敗れた。
イ）鉄砲が日本に伝わった。
ウ）日本から朝鮮に大軍が送られた。
エ）明智光秀が織田信長をおそった。
オ）徳川家康が征夷大将軍に任命された。

5 次の写真を見て，各問いに答えなさい。

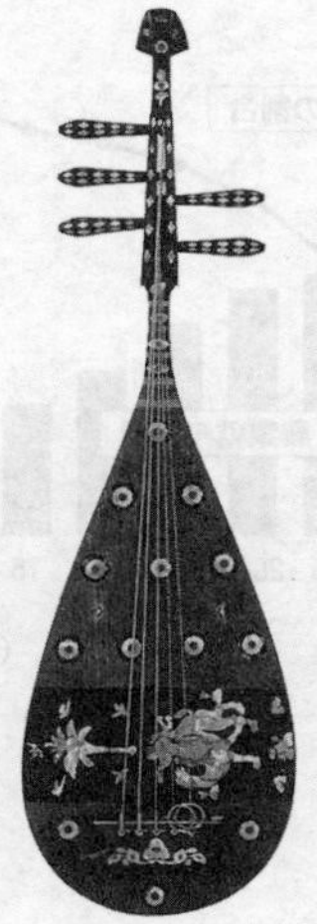

A　インドで生まれた楽器

B　西アジアのコップ

C　ペルシャ風の水差し

（１）　写真**Ａ～Ｃ**は，東大寺にある建物のなかにおさめられた宝物です。宝物がおさめられた建物の名前を**漢字３文字で答えなさい。**

（２）　写真**Ａ～Ｃ**を参考に，当時（聖武天皇のころ）の文化の特色を簡単に答えなさい。

（３）　聖武天皇は743年，東大寺にあるものを作る命令を出しました。あるものとは何ですか，**漢字２文字で答えなさい。**

（４）　聖武天皇が位についた724年，都はどこにありましたか。現在の都道府県名で答えなさい。

6 次の文章を読んで，各問いに答えなさい。

鎌倉幕府が開かれてから 80 年余りたったとき，元の大軍が 2 度にわたり九州北部にせめてきました。武士たちは，元軍の集団戦術や火薬兵器などに苦しみながら，恩賞を得るために必死に戦いぬきました。元軍は，武士たちの激しい抵抗や暴風雨などにより，大きな損害を受けて大陸に引きあげました。しかし，幕府は，活やくした武士たちに恩賞をあたえることができませんでした。武士たちは幕府に不満をもつようになりました。このことから，ご恩と奉公で結びついていた幕府と武士の関係がくずれていきました。

「蒙古襲来絵巻」

（１） 元軍が使用した火薬兵器は，当時何とよばれましたか。**ひらがな 4 文字で答えなさい。**

（２） 「蒙古襲来絵巻」は，竹崎季長《すえなが》という御家人が，自らの活やくを幕府にうったえるために描かせたという説があります。竹崎季長は何を求めて，自分の活やくを幕府にうったえたのですか。文章を参考にして，**漢字 2 文字で答えなさい。**

（３） 元の大軍がせめてきた時よりあとに起きたできごとを選び，記号で答えなさい。

ア）能が観阿弥・世阿弥の父子によって大成された。
イ）清少納言が「枕草子」というすぐれた随筆を書いた。
ウ）源氏によって，平氏が壇ノ浦でほろぼされた。
エ）武士の裁判の基準になる法律（御成敗式目）が作られた。
オ）北条時宗が執権の地位についた。

7 次の言葉（現代風に書いたもの）を言った人物を**漢字で答えなさい。**

（1）「源頼朝どのの御恩は，山よりも高く，海より深いほどです。」

（2）「私は生まれながらの将軍である。お前たちは家来であって，仲間ではない。」

8 次の文章を読んで，問いに答えなさい。

1853年，アメリカ合衆国の使者ペリーが来航しました。ペリーは4せきの軍艦を率いて浦賀（神奈川県）に現れ，大統領の手紙を幕府に渡して開国を求めました。当時，ペリーの似顔絵が何種類も描かれました。鬼のような顔など様々で，いずれも人間の姿でなかったものも多かったです。なぜこのような描かれ方がされたと思いますか。簡単に説明しなさい。

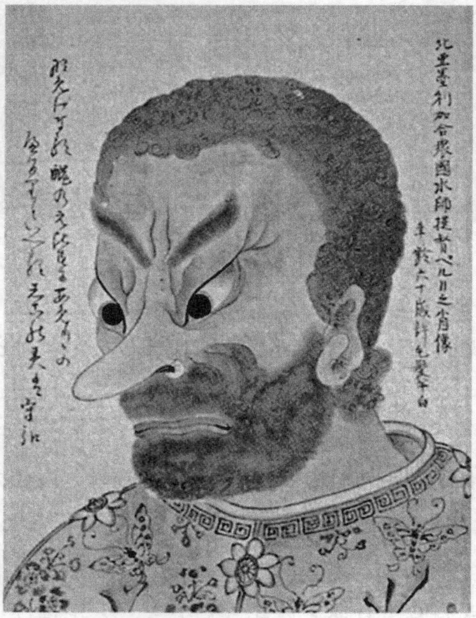

9 次の文章を読んで，各問いに答えなさい。

太平洋戦争が終わる約１ヵ月前の昭和 20 年 7 月 12 日深夜，宇都宮市に大空襲がありました。宇都宮市では，この日を「宇都宮市（　１　）の日」に定めています。宇都宮市では，平成 8 年 4 月 1 日に（　１　）都市宣言を行いました。

（　２　）第 9 条では，外国との争いごとを武力で解決しない，そのための戦力を持たないと（　１　）主義の考え方を具体的に示しています。

下の写真は，東日本大震災の被災地における（　３　）の活動です。（　３　）は日本の（　１　）と安全を守っています。大規模な自然災害が起きたときに，国民の生命や財産を守る活動をすることも（　３　）の大切な仕事です。

(1)　文中の（　１　）～（　３　）に入る適当な語句を**漢字で答えなさい。**

(2)　今年（2022 年）は，ある都道府県が日本本土に復帰して 50 年になります。ある都道府県とはどこか，答えなさい。

【理　科】〈第1回試験〉（40分）〈満点：100点〉

1　次の各問いに答えなさい。解答はそれぞれのア～エから1つ選び，記号で答えなさい。

(1)　人の赤ちゃんは，お母さんのお腹の中にいるとき，へそのおでたいばんとつながっている。へそのおの中を通らない物はどれか。

ア　酸素
イ　二酸化炭素
ウ　羊水
エ　血液

(2)　ふりこが1往復する時間は何によって決まるか。

ア　おもりの重さ
イ　ふりこの長さ
ウ　ふりこのふれはば
エ　おもりの材質

(3)　植物の種子が発芽するときに必要な物に当てはまらない物はどれか。

ア　肥料
イ　水
ウ　空気
エ　適当な温度

(4)　水の変化について述べた次の文章のうち，正しいことを述べているものはどれか。

ア　雨でできた水たまりが，雨が上がった後，いつの間にかなくなっているのは，水たまりの水がふっとうするからである。
イ　やかんで水を熱すると，やかんの口から湯気が出てきた。白く見える湯気は水の気体である。
ウ　水を熱してふっとうしている間も，水の温度は上がり続ける。
エ　水を冷やして氷にすると，体積は大きくなる。

(5)　2022年12月は，アメリカ航空宇宙局（NASA）のアポロ計画，最後の飛行であるアポロ17号の打ち上げから50周年となる。アポロ計画では，人間が初めて他の天体へ足を踏み入れることができた。その天体はどれか。

ア　月
イ　金星
ウ　火星
エ　イトカワ

2　次の各問いに答えなさい。

(1)　口からこう門までの食べ物の通り道を何というか。漢字３文字で答えなさい。

(2)　右の写真は，この夏，いくつかの都道府県の公園などで発見されている，毒のあるキノコである。このキノコは，食べることはもちろん，ふれるだけでも危険とされている。このキノコの名前をカタカナ５文字で答えなさい。

(3)　10倍の接眼レンズ，５倍と10倍と30倍の対物レンズがついている顕《けん》微《び》鏡を使ったとき，最も小さい倍率と最も大きい倍率は何倍か。それぞれ答えなさい。

(4)　プロペラと乾《かん》電《でん》池《ち》２個を使い，なるべく長い時間回転を続ける装置をつくりたい。どのように導線をつなげばよいか。図の中に導線をかき答えなさい。

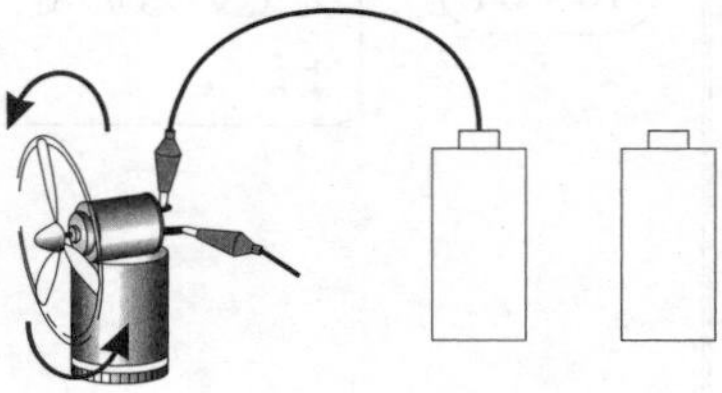

(5)　プロペラと乾《かん》電《でん》池《ち》２個を使い，(4)とは逆向きになるべく速く回転する装置をつくりたい。どのように導線をつなげばよいか。図の中に導線をかき答えなさい。

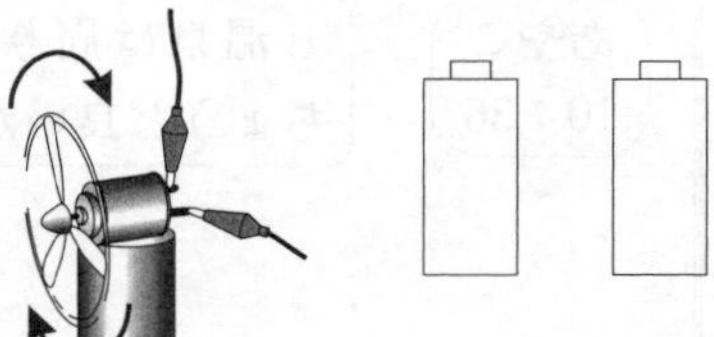

3 栃木県に住んでいるあやこさんは，夏休みの宿題の天体観測をしようとめぐみさんと相談した。次の各問いに答えなさい。

8月19日（金）

あやこ 10：30
めぐみちゃん。
天体観測の宿題，いつする？

めぐみ 10：32
8月24日（水）なら空いてるよ。
20時頃ならどう？
お母さんも大丈夫だって。

あやこ 10：33
わかった。聞いてみる。

あやこ 10：33
大丈夫だって。

あやこ 10：34
今，Ａ公園にいるけど，太陽がはっきり見えているので，きっと夜空も見えると思うよ。

めぐみ 10：35
Ａ公園なら，近いから良いね。
私は今，Ｂ温泉にいるんだけど，太陽はちょうど山にかくれて見えないな。もう少ししたら太陽の姿が見えると思うけど。

あやこ 10：36
Ｂ温泉は周りが暗いから，天体観測にはちょうど良いかもしれないね。

めぐみ 10：40
観測時間が夜なので，Ａ公園にしない？
今，（　３　）を使って星座《せいざ》の位置を確認したら，七夕の伝説に出てくる３つの星座が観察できるとわかったよ。

あやこ 10：41
それは，楽しみね！
明るい星があるからわかりやすいね。

観察結果

あやこさんの記録ノート

8月24日（水）
20：15
天頂付近
Ａ公園

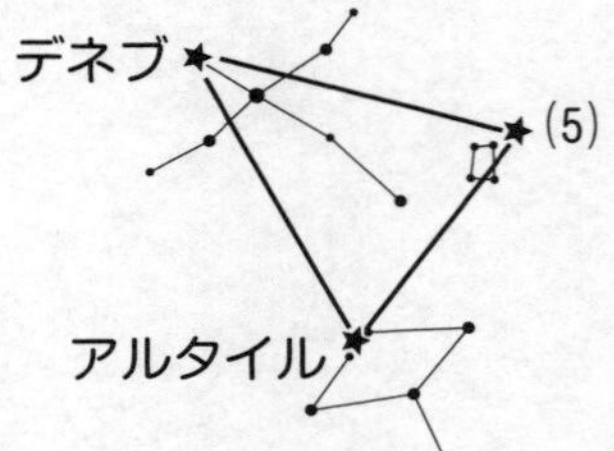

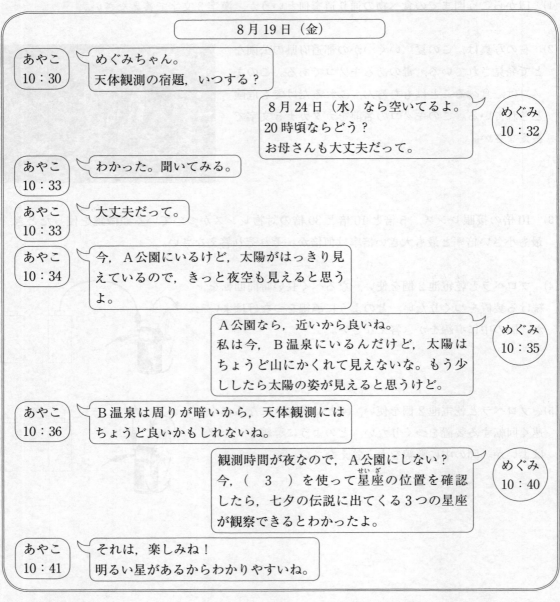

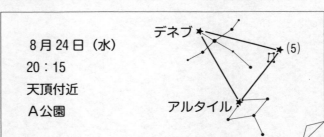

(1)　右の図は，あやこさんとめぐみさんの家の近所の様子を表したものである。Ａ公園はどこか。図のア～ウから１つ選び，記号で答えなさい。

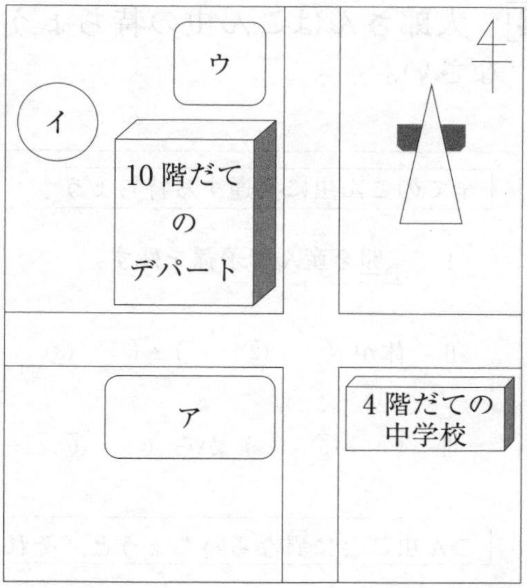

(2)　Ｂ温泉は，３方向を高い山で囲まれた静かな場所にある。Ｂ温泉から空を見たとき，太陽がはっきり観察できるのはどの方向か。次のア～エから１つ選び，記号で答えなさい。

ア　東
イ　西
ウ　南
エ　北

(3)　右の写真は，めぐみさんが星座の位置を確認するときに使った道具である。この道具の名前を答えなさい。

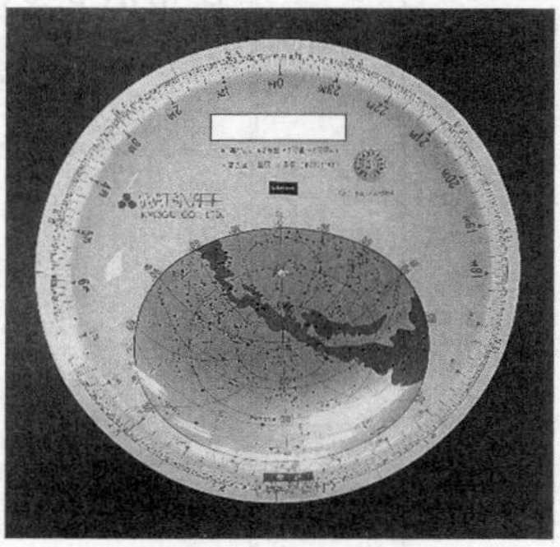

(4)　観察結果は，８月24日の20時15分頃，天頂に観察できた天体をあやこさんが記録したものである。夏を代表する星座のこの集まりを何というか。名前を答えなさい。

(5)　あやこさんの記録ノートの中で，こと座の１等星の名前がぬけている。この星の名前を答えなさい。

(6)　七夕の伝説では，こと座（織姫《おりひめ》）とわし座（彦星）がはくちょう座（白い鳥）の橋を使い，１年に１度会えると言われている。実際，７月７日のこの３つの星座のお互いの位置は，８月24日の位置と比べてどのようになっているか。次のア～ウから１つ選び，記号で答えなさい。

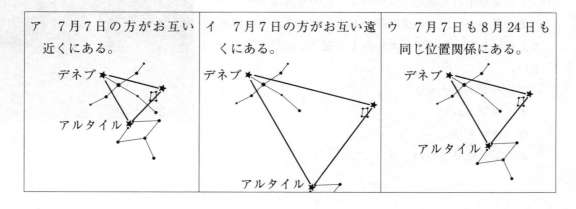

ア　７月７日の方がお互い近くにある。

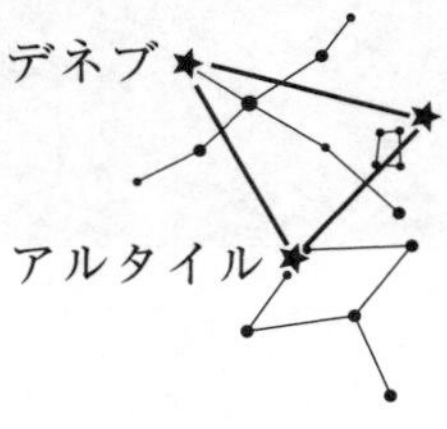

イ　７月７日の方がお互い遠くにある。

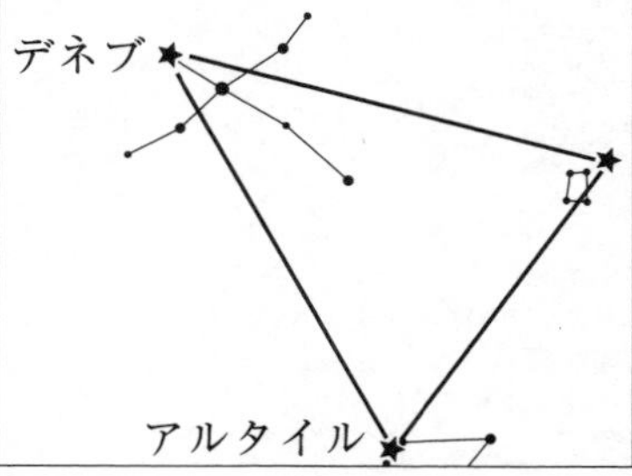

ウ　７月７日も８月24日も同じ位置関係にある。

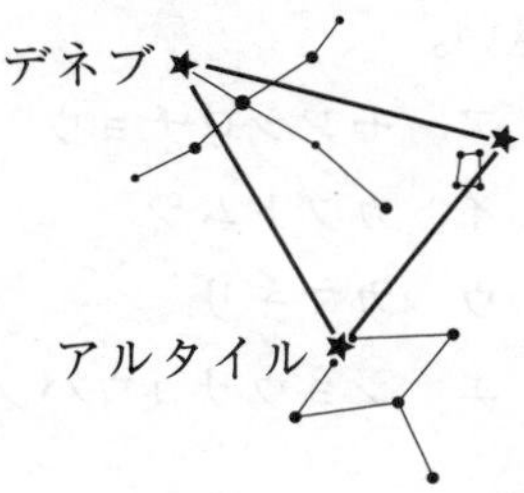

4 太郎さんはこん虫の特ちょうを次のようにまとめた。次の各問いに答えなさい。

全てのこん虫に共通する特ちょう

Ⅰ　①卵を産んで子孫を残す。

Ⅱ　体が（　②　）・（　③　）・（　④　）の３つに分かれている。

Ⅲ　（　⑤　）から（　⑥　）本の足が生えている。

こん虫ごとに異《こと》なる特ちょうと，それに当てはまる代表的なこん虫

	成虫のとき他の動物（こん虫）を食べることがある	成虫のとき他の動物（こん虫）は食べない
さなぎの時期がある	A ゲンゴロウなど	B カブトムシなど
さなぎの時期がない	C カマキリなど	D バッタなど

(1)　Ⅰの文章中の下線部①について，右の写真はキャベツの葉で見つかったこん虫の卵である。どのこん虫の卵と考えられるか。次のア～エから１つ選び，記号で答えなさい。

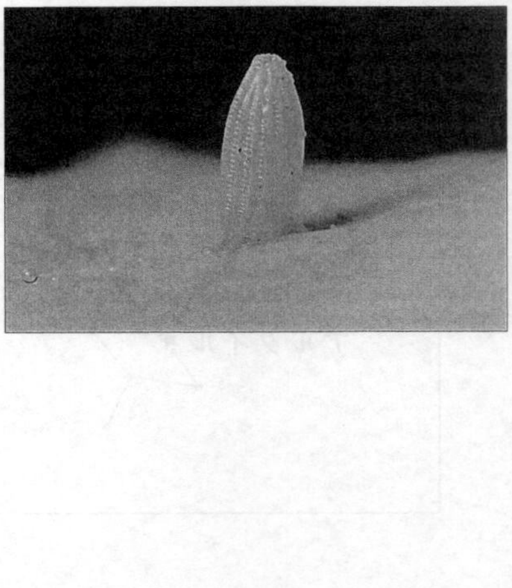

ア　モンシロチョウ

イ　カブトムシ

ウ　カマキリ

エ　ショウリョウバッタ

⑵　ⅡとⅢの文章中の空らん②～⑥に当てはまる語句や数字を答えなさい。

⑶　次のア～エのこん虫のうち，表中の「さなぎの時期がない」（ＣとＤ）に当てはまるこん虫はどれか。次のア～エから１つ選び，記号で答えなさい。

ア　チョウ

イ　トンボ

ウ　クワガタ

エ　ハチ

⑷　次のア～エのこん虫のうち，表中の「成虫のとき他の動物（こん虫）を食べることがある」（ＡとＣ）に当てはまるこん虫はどれか。次のア～エから１つ選び，記号で答えなさい。

ア　セミ

イ　チョウ

ウ　テントウムシ

エ　クワガタ

⑸　太郎さんは「さなぎの時期があるかないか」「成虫のとき，他の動物（こん虫）を食べるか食べないか」に注目して，こん虫を仲間分けしたが，他にどのような分け方があるか。次に示す条件に当てはまるように書きなさい。

（ｉ）　成虫を２つに仲間分けするとき，注目するポイントを書きなさい。

（ii）（ｉ）の仲間分けの注目するポイントに当てはまるこん虫と，当てはまらないこん虫をそれぞれ２種類ずつ答えなさい。

5　野球部のいさおさんは，理科の「自由研究」の計画のアイディアを出すために，「マンダラート」を使ってみた。次の各問いに答えなさい。

※「マンダラート」とは，９×９のマスに自分自身の興味関心やアイディアを書き込み，自分の考えを目に見えるようにまとめることができるプリントである。
・中央のマスに「自由研究したい事」を８個書いた。
・「自由研究したい事」に書いた８個を，周りのマスの中心に書き写し，その研究を行ったときに必要なもの，実験することなどを８個ずつ書いた。
・完成した「マンダラート」を見て，自由研究の内容を決めた。

ボールのはずみ方	①ボールの転がり方	②結晶《けっしょう》の形の違い
⑤	自由研究したい事	大きな結晶《けっしょう》
④氷で夏を乗り切る	服の色による暑さ	10円玉ピカピカ

いさおの自由研究　マンダラート

芝生	土のグラウンド	コンクリート	草地	土のグラウンド	コンクリート	食塩	ミョウバン	青色のもの
軟球《なんきゅう》	ボールのはずみ方	水たまり	野球ボール軟球《なんきゅう》	①ボールの転がり方	水たまり	テレビ石	②結晶《けっしょう》の形の違い	とげがある
硬球《こうきゅう》	低い所	高い所	野球ボール硬球《こうきゅう》	テニスボール	サッカーボール	水晶《すいしょう》	ビスマス	氷砂糖
			ボールのはずみ方	①ボールの転がり方	②結晶《けっしょう》の形の違い	食塩水のこさ	食塩水の温度	食塩水の温度変化
	⑤		⑤	自由研究したい事	大きな結晶《けっしょう》	育てた日数	大きな結晶《けっしょう》	食塩水の保温方法
			④氷で夏を乗り切る	服の色による暑さ	10円玉ピカピカ	つるすワイヤー	結晶《けっしょう》の選び方	結晶《けっしょう》のつくり方
包まない	新聞紙１枚で包む	新聞紙５枚で包む	黒色	白色	黄色	よごれの理由	お酢《す》	ケチャップ
発ぽうスチロールで包む	④氷で夏を乗り切る	タオル１枚で包む	服なし	服の色による暑さ	赤色	③	10円玉ピカピカ	おしょう油
プチプチで包む	ダンボールで包む	タオル５枚で包む	金色	銀色	緑色	歯みがき粉	洗ざい	シャンプー

(1)「①ボールの転がり方」について実験をするとき，ボールを転がす場所（草地・土のグラウンド・コンクリート・水たまり），ボールの種類（サッカーボール・テニスボール・野球ボール硬球《こうきゅう》・野球ボール軟球《なんきゅう》）を書いたらマスが足りなくなった。

いさおさんは他にどのような内容を書きたいと思ったか。ボールを転がす場所，ボールの種類ではない内容で１つ書きなさい。

(2)「②結晶《けっしょう》の形の違い」について実験した結果，結晶《けっしょう》の形はそれぞれの物質によって異なっていた。このうち，ミョウバンの結晶《けっしょう》はどれか。次のア～エから１つ選び，記号で答えなさい。

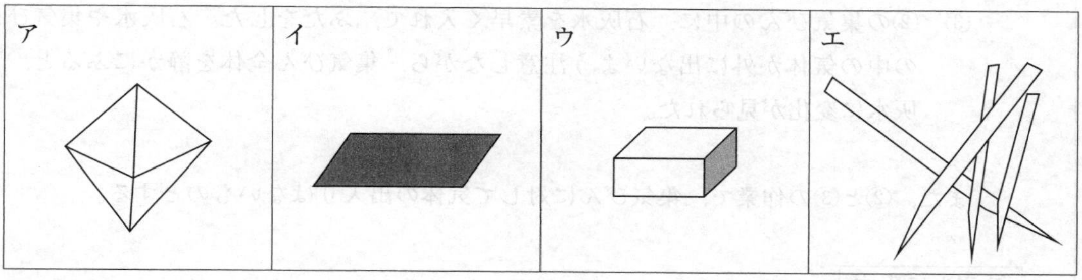

(3)「10円玉ピカピカ」の③に当てはまる，あなたの家庭にある，10円玉をピカピカにしそうなものは何か。自分が調べたい物質の名前と，なぜ10円玉がピカピカになりそうだと思ったのか理由を答えなさい。

(4)「④氷で夏を乗り切る」と題して，氷を長持ちするようにするには何を工夫すれば良いか８個の方法で比べたい。マンダラートに書いた，それぞれの方法で氷がとけていく様子を比べるためには，どのように８個の氷を用意すれば良いか。氷のつくり方を答えなさい。

(5) ⑤に当てはまる，「自由研究したい事」のアイディアがいさおさんには思いつかなかった。残りの１つをあなたが考えて，書きなさい。

・中心のマスには理科の「自由研究したい事」を書く。

・周りの８マスにはその「自由研究したい事」に関連することを書く。

例　必要なもの
　　実験すること

6 たかしさんは，気体の性質を調べるために，次のような実験を行った。次の各問いに答えなさい。

気体の性質を調べる

実　験

① 集気びんの中に，空気を集め，ふたをした。

② ①の集気びんの中に，火のついたろうそくを入れて，ふたをした。しばらくすると，ろうそくの火は消えた。火の消えたろうそくを集気びんから素早く取り出し，ふたをした。

③ ②の集気びんの中に，石灰水を素早く入れて，ふたをした。石灰水や集気びんの中の気体が外に出ないよう注意しながら，集気びん全体を静かにふると，石灰水に変化が見られた。

また，②と③の作業で，集気びんに対して気体の出入りはないものとする。

モデルに表す

①～③の各作業がそれぞれ終わったとき，集気びんの中の様子をモデルで表すと次のようになる。

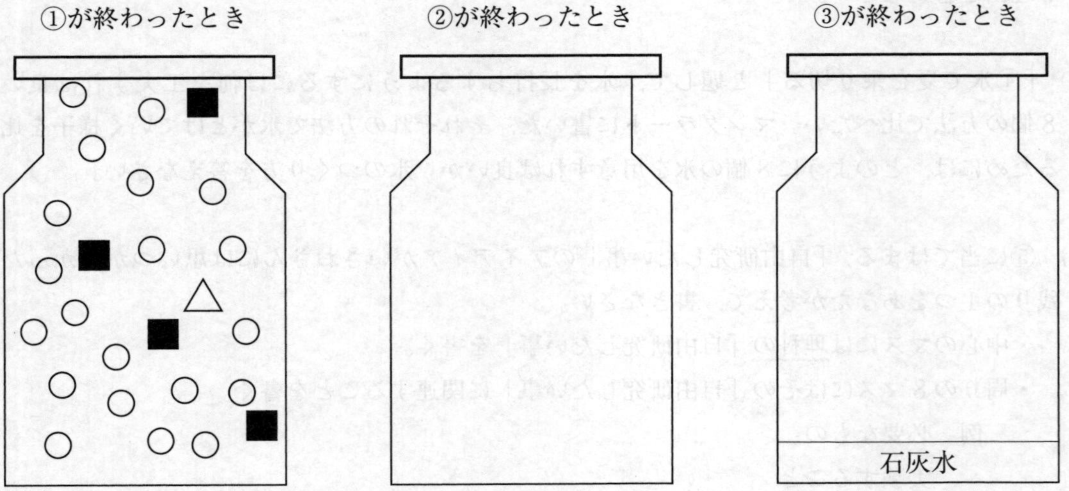

※モデルの中の △ は二酸化炭素を表している。○，■ は，空気の中にふくまれている気体のうち，最も多くふくまれている２種類の気体を表している。

(1)　○，■が表す気体の名前をそれぞれ答えなさい。

(2)　②と③の作業がそれぞれ全て終わったときの集気びんの中の様子を，(1)のように○，△，■を用いて書きなさい。

(3)　③で，石灰水にどのような変化があったか。文章で答えなさい。

五　【作文】食品ロスをなくすための工夫を一つ挙げ、その理由を八十字以上百字以内で述べなさい。ただし、原稿《こう》用紙の使い方にしたがって、一段落で書きなさい。

問七　——部⑥「生きづらい社会」について後の問いに答えなさい。

(1)「生きづらい社会」とはどのような「社会」ですか。解答らんに合うように、本文中から十八字でぬき出しなさい。

(2)「生きづらい社会」からぬけ出すために筆者は具体的にどのようなことを挙げていますか。本文中から十九字でぬき出しなさい。

問八　——部⑦「相手の身になる」とはどのようなことですか。本文中の語句を用いて六十字以上七十字以内で書きなさい。

問九　——部⑧「多様性」とはどのようなことですか。本文中の語句を用いて三十字以上四十字以内で書きなさい。

問十　本文の内容と合うものを次から一つ選び、記号で答えなさい。

ア　言葉のキャッチボールは、コミュニケーションにおいて重要なので、必ず相手の目を見て話すように心がけなくてはならない。

イ　自慢《まん》したくなるような出来事があったときには、ＳＮＳを通じて多くの人に知ってもらえるよう、積極的に発信していくべきだ。

ウ　多様性を認め合うことが求められる現代では、人と違う部分にコンプレックスをもたずに、のびのびと生きていけるようになった。

エ　オンラインのコミュニケーションでは、直接会って話す場合と違って、うまく話がかみ合わないような不便さを感じることがある。

問三　Ａ～Ｃに入る語の組み合わせとして最も適切なものを次から選び、記号で答えなさい。
ア　Ａ　そこで　Ｂ　なるほど　Ｃ　むしろ
イ　Ａ　だから　Ｂ　ゆえに　Ｃ　あるいは
ウ　Ａ　すると　Ｂ　つまり　Ｃ　しかし
エ　Ａ　やはり　Ｂ　もちろん　Ｃ　たしかに

問四　――部③「ないがしろにされてしまう」の意味として最も適切なものを次から選び、記号で答えなさい。
ア　悪用されてしまう　イ　軽視されてしまう
ウ　誤解されてしまう　エ　否定されてしまう

問五　――部④「ＳＮＳでは、誰にボールを投げているのかさえあいまいです」とはどのようなことですか。最も適切なものを次から選び、記号で答えなさい。
ア　不特定の相手に発信するので、受け取る相手が誰なのかはっきりしないということ。
イ　不特定の相手に発信するので、世間に受け入れられるような発言をするということ。
ウ　不特定の相手に発信するので、多くの「いいね」がもらえるとうれしいということ。
エ　不特定の相手に発信するので、おもしろい発言をしないと相手に失礼だということ。

問六　――部⑤「自分の言葉をわかってくれる人、賛同してくれる人の存在はとてもうれしい。」とありますが、その理由を本文中の語句を用いて二十五字以内で書きなさい。

人や社会とつながって生きていくために、相手の身になる練習を始めましょう。

（鎌田實『相手の身になる練習』による）

※１　ニュアンス……語句・表現などの微妙《びみょう》な意味合い。

※２　ツール……道具。

※３　誹謗中傷……根拠《きょ》のない悪口を言って相手を傷つけること。

問一　――部①「何か信用ができないと感じてしまう」とありますが、その理由を解答らんに合うように、本文中から四十五字でぬき出しなさい。

問二　――部②「ＳＮＳでのコミュニケーションのほとんどは、言葉に偏っています。」とありますが、そのことによって起こるトラブルの例として最も適切なものを次から選び、記号で答えなさい。

ア　相手が読んでいるかどうかわからないので、自分の思いを込めたメッセージを一方的に送り続けてしまった。

イ　文字で送ったメッセージに込めた思いとは反対の意味で受け止められてしまい、相手を怒《おこ》らせてしまった。

ウ　大量に送りつけられるメッセージには個人的な思いが込められていないため、物足りなく感じてしまった。

エ　名前を出さずにメッセージが送れるので、相手を平気で傷つけようとする人が多くなってしまった。

自信をもてないでいるかもしれませんが、それは大きな誤解です。自分のほうから相手に興味をもつこと、そして、相手の身になってみることで、人との距離《きょり》を縮めることができるのです。

相手の身になるということは、自分とは違う考え方、知らなかったことと出合うことでもあります。視野が広がり、自分が思っている「あたりまえ」があたりまえではないことにも気づかせてくれます。世の中にはいろんな考え方がある、常識は一つじゃないと気づくことは、人間として豊かに成長していく上で欠かすことができません。

これから⑧多様性の時代になるといわれています。多様性とは、いろんな個性、いろんな考え方をもった人たちが、それぞれ認め合いながら一緒《しょ》に生きていくこと。そんな多様性を大事にする社会では、相手の身になる力がないと生き抜《ぬ》くことができないと僕は思っています。

そして、最も大切だと思うのは、暴走を防ぐブレーキとしての力です。コロナ禍《か》であらわになったように、残念なことですが人間には人を※3誹謗《ひぼう》中傷したり、言葉の暴力を振るう嫌《いや》な一面があります。けれど、相手の身になる力があれば、その方向に流されそうになる自分にブレーキをかけることもできるのです。お互いに傷つけ合うのではなく、声をかけ合う、気遣《づか》い合う、助け合うことで、僕たち自身が生み出している「生きづらさ」はずいぶん解消されるのではないでしょうか。

現代は、コンビニがあり、ネットで世界中の人とつながることもでき、ある程度、条件が整えば一人で生きていける仕組みになっています。自分のことだけ考えて生きていくことも可能かもしれません。[C]、それだけでは幸せに生きられない。一人だけでは心が満たされないことに、みんなが気づき始めています。

相手の身になる力は、人とかかわりながら、だんだんと身についていきます。その大切さに気づくことができれば、もっともっと伸《の》ばしていくこともできるでしょう。今まで何となく見過ごされてきた、古くて新しい「相手の身になる力」。新しい自分を発見するために、「生きづらさ」を解消するために、

手がキャッチできるようにボールを投げなければなりません。

　B　、相手の身になって、相手に伝わるように話すことが必要になります。

けれども、ＳＮＳを中心にした現代のコミュニケーションは、キャッチボールではなく、自分がいかにすばらしいボールを投げるかに終始しているように思えます。もともと不特定の相手に発信する④ＳＮＳでは、誰《だれ》にボールを投げているのかさえあいまいです。

　自分が発した言葉に、誰かが「いいね」を返してくれたら、自分という存在も認められたような気分になります。この気持ちは僕もわかります。⑤自分の言葉をわかってくれる人、賛同してくれる人の存在はとてもうれしい。そして、もっとおもしろいこと、もっと過激なことを書いてやろうというふうにエスカレートしていきます。ある意味楽しい気分になりますが、その言葉を受け取る相手のことまで考えている人はあまり多くないでしょう。

　つらいのは、暴走する言葉をもろに投げつけられた人たちです。

（中略）

　ネットやＳＮＳによる言葉の暴力は24時間どこにいても続くので、逃《に》げ場がありません。しかも何がきっかけでターゲットにされるかわからない。大人も子どもも、そんな⑥生きづらい社会に生きています。誤解のないように言いますが、僕はＳＮＳが悪いと言っているわけではありません。ＳＮＳという難しいコミュニケーションツール※2を使いこなすには、もっと相手の身になる力を身につけなければ、ＳＮＳという道具に振《ふ》り回されてしまうと言いたいのです。

　⑦相手の身になるということは、相手に興味をもつということです。自分のほうから興味をもつと、たいていは相手もこちらに興味をもってくれます。それがきっかけで、お互《たが》いに話ができたり、わかり合えたりします。そう、相手の身になることは、人と仲よくなる近道なのです。

　人にアピールする特技やすぐれたところがないと、友だちはつくれないのではないか。そんなふうに

四　次の文章を読んで、後の問いに答えなさい。

コミュニケーションとは、言葉だけではありません。言葉はコミュニケーション全体のたったの７％といわれています。残りの93％は、声の調子、顔の表情、視線、しぐさ、態度といった言葉以外のもの。僕《ぼく》たちは言葉そのものより、言葉以外のものからずっと多くを受け取って、コミュニケーションをとっているのです。どんなにいいことを言っていても、その人が踏《ふ》ん反り返って横柄《へい》な態度でいたら、①何か信用ができないと感じてしまうのは、そのためなのです。

②SNSでのコミュニケーションのほとんどは、言葉に偏《かたよ》っています。どういう気持ちが込《こ》められているのか、細かなニュアンス※1を文字から読み取るのは、けっこう難しいもの。人によってはまったく逆の受け取り方をしてしまうこともあるでしょう。相手の姿が見えないところで相手の身になるというのは、もともと難しいことなのです。

さらにコロナ時代になって、オンラインでのコミュニケーションが一気に進みました。画面越《ご》しに顔を見て会話ができたとしても、やはり直接会って話をするのとは違って、相槌《づち》がぶつかったり、間合いが取れなかったり、何となく話がかみ合わないような感じがします。特に、初めて話す人はストレスを感じるでしょう。こうしたオンラインでのやりとりは、コロナ後もある程度続いていくことが予想されます。

[A]、今後も、SNSやオンラインでの発信力のあることが重視され、そうした能力をもった人が競争社会でも有利になっていくことは間違いありません。そうすると、ますます相手の身になる力が③ないがしろにされてしまうのではないか。僕はこれをとても危惧《ぐ》しています。

コミュニケーションは、キャッチボールです。ボールを投げて取る、取っては投げる、この繰《く》り返しで相手のことが少しずつわかってきたり、相手と自分の関係性が出来上がっていきます。それには、相

問八　次は『枕《まくらの》草子』の書き出しの部分です。〔　　〕に入る語を後から選び、記号で答えなさい。

「春は〔　　〕。やうやう白くなりゆく、山ぎは少し明かりて……」

ア　あけぼの（明け方）　イ　つとめて（早朝）　ウ　夕暮れ　エ　夜

問九　次の□に入る語をひらがなで書きなさい。

たとえ雨が降っ□□試合は行われる。

問十　「人として守らなければならないこと」という意味の語を次から一つ選び、記号で答えなさい。

ア　ウィット　イ　メリット　ウ　モダン　エ　モラル

問十一　次のうち、助数詞（物を数えるときに付ける語）として使わないものを一つ選び、記号で答えなさい。

ア　頭　イ　首　ウ　背　エ　足

問十二　年中行事を一月一日から順に並べたものを次から一つ選び、記号で答えなさい。

ア　節分→鏡開き→七夕→端午《たんご》の節句

イ　鏡開き→節分→端午の節句→七夕

ウ　端午の節句→節分→七夕→鏡開き

エ　七夕→鏡開き→端午の節句→節分

問二　次の例にしたがって熟語を作ったときに使わないものを後から一つ選び、記号で答えなさい。

（例）人→名→前……

屋→□→□→□→□

ア　質　イ　品　ウ　問　エ　室　オ　上

問三　次の漢字のうち、太い部分が一画目のものを一つ選び、記号で答えなさい。

ア　右　イ　左　ウ　布　エ　有

問四　次の熟語のうち、「下」が他と異なる意味で使われているものを一つ選び、記号で答えなさい。

ア　眼下　イ　下段　ウ　地下　エ　下車

問五　次の□に漢字を入れて、対《つい》の意味になる熟語を完成させなさい。

興□

問六　次の――部の読み方が他と異なるものを一つ選び、記号で答えなさい。

ア　作業　イ　豊作　ウ　作用　エ　操作

問七　次のことわざのうち、意味が他とは異なるものを一つ選び、記号で答えなさい。

ア　犬も歩けば棒にあたる　イ　河童《かっぱ》の川流れ

ウ　弘法《こうぼう》にも筆の誤り　エ　猿《さる》も木から落ちる

2023年度　作新学院中等部

【国　語】〈第一回試験〉（四〇分）〈満点：一〇〇点〉

○字数指定がある場合は、「、」や「。」などの記号も一字で数えます。

一　次の――部の漢字の読みをひらがなで書きなさい。

①　晩秋のころ。
②　ひき肉を団子にする。
③　よい印象の人。
④　長い年月を経る。

二　次の――部を漢字に直しなさい。必要な場合は送りがなも書きなさい。

①　でんちを二本使う。
②　秀吉は大阪にちくじょうした。
③　かくしん的な技術。
④　友だちに本をかす。

三　次のそれぞれの問いに答えなさい。

問一　矢印の方向に読むと二字の熟語になるように□の中に当てはまる漢字を答えなさい。

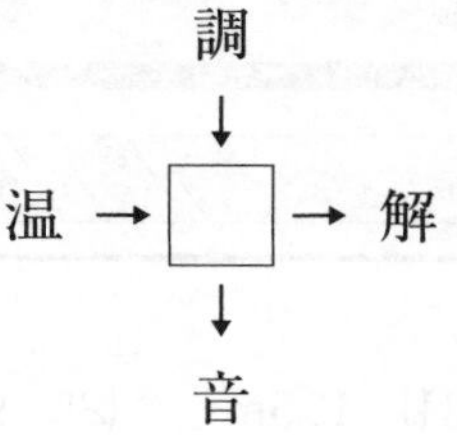

2023年度

作新学院中等部 ▶解説と解答

算　数　＜第１回試験＞（40分）＜満点：100点＞

解　答

[1] (1)　4　(2)　$\frac{1}{60}$　(3)　42　(4)　22.47　(5)　$\frac{9}{25}$　[2] (1)　12.5m　(2)　９％　(3)　５　(4)　10　(5)　45度　[3] (1)　３：４　(2)　24か所　(3)　64　[4] (1)　128cm　(2)　192cm^2　(3)　459cm^2　[5] (1)　25人　(2)　５分　(3)　２km　[6] (1)　160cm^3　(2)　208cm^2　(3)　360cm^3

解　説

[1] 四則計算

(1)　10－２×３＝10－６＝４

(2)　$\frac{5}{12}-\frac{2}{5}=\frac{25}{60}-\frac{24}{60}=\frac{1}{60}$

(3)　(168－35)÷７＋(56＋128)÷８＝133÷７＋184÷８＝19＋23＝42

(4)　0.7×32＋0.07＝22.4＋0.07＝22.47

(5)　$\frac{1}{8}\times\frac{9}{4}\div\frac{5}{4}\times\frac{8}{5}=\frac{1}{8}\times\frac{9}{4}\times\frac{4}{5}\times\frac{8}{5}=\frac{9}{25}$

[2] 速さ，濃度《のうど》，周期算，数列，角度

(1)　１kmは1000mだから，45kmは，45×1000＝45000(m)である。また，１時間は60分，１分は60秒なので，１時間は，１×60×60＝3600(秒)である。よって，この自動車は3600秒で45000m進むから，１秒では，45000÷3600＝12.5(m)進むことがわかる。

(2)　５％の食塩水300ｇと12％の食塩水400ｇを混ぜた食塩水の濃度を求めればよい。(食塩の重さ)＝(食塩水の重さ)×(濃度)より，５％の食塩水300ｇに含《ふく》まれている食塩の重さは，300×0.05＝15(ｇ)，12％の食塩水400ｇに含まれている食塩の重さは，400×0.12＝48(ｇ)とわかる。よって，これらの食塩水を混ぜると，食塩の重さは，15＋48＝63(ｇ)，食塩水の重さは，300＋400＝700(ｇ)になる。したがって，(濃度)＝(食塩の重さ)÷(食塩水の重さ)より，できる食塩水の濃度は，63÷700＝0.09，0.09×100＝９(％)と求められる。

(3)　$\frac{3}{7}$＝３÷７＝0.42857142…より，小数点以下には{４，２，８，５，７，１}の６個の数字がくり返されることがわかる。よって，58÷６＝９余り４より，小数第58位の数は，小数第４位の数と同じで５とわかる。

(4)　１が１個，２が２個，３が３個，４が４個，…のように並んでいる。また，１＋２＋３＋…＋９＝(１＋９)×９÷２＝45より，最後の９までに並んでいる個数の合計が45個とわかる。その後は10が10個並ぶので，49番目の数は10である。

(5)　下の図１で，かげをつけた２つの三角形は，図２のように組み合わせることができる。次に，図３の斜線《しゃせん》をつけた２つの三角形は合同だから，ABとACの長さは等しい。さらに，○印と●印の

角の大きさの和は90度なので，角BACの大きさは，180－90＝90(度)になる。よって，三角形ABCは直角二等辺三角形だから，角アと角イの大きさの和は45度とわかる。

図１　図２　図３

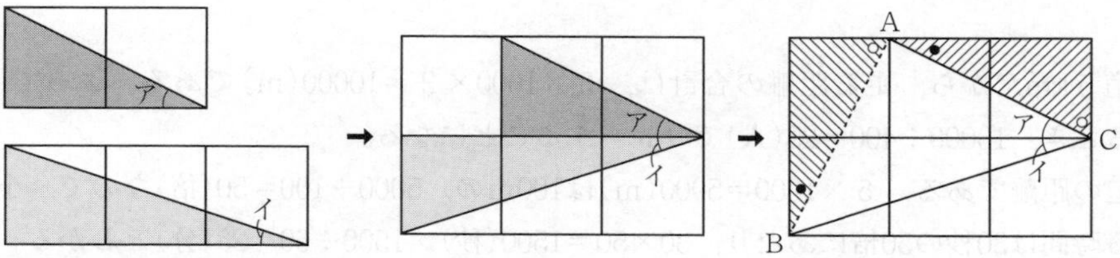

3 比の性質，整数の性質

⑴　右の図１で，定規全体の長さを１とすると，定規Ａの１目盛りの幅《はば》は，$1 \div 100 = \frac{1}{100}$，定規Ｂの１目盛りの幅は，$1 \div 75 = \frac{1}{75}$になる。よって，定規Ａと定規Ｂの１目盛りの幅の比は，$\frac{1}{100} : \frac{1}{75}$＝75：100＝３：４とわかる。

⑵　右の図２のように，定規Ａの１目盛りの幅を[3]，定規Ｂの１目盛りの幅を[4]とすると，定規全体の長さは，[3]×100＝[300]になる。また，３と４の最小公倍数は12だから，定規Ａと定規Ｂの目盛りどうしがぴったり合うのは，左端《ひだりはし》からの長さが12の倍数になる所である。300÷12＝25より，１から300までに12の倍数は25個あることがわかるので，右端を除くと，25－１＝24(か所)と求められる。

図１

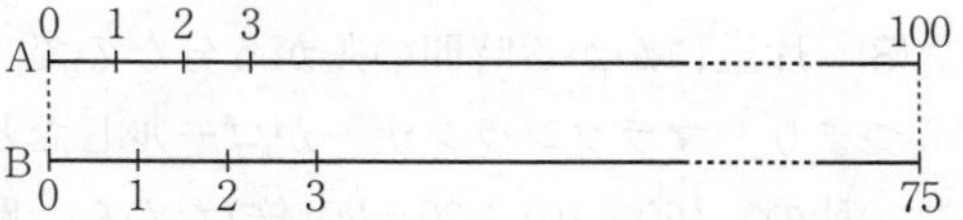

図２

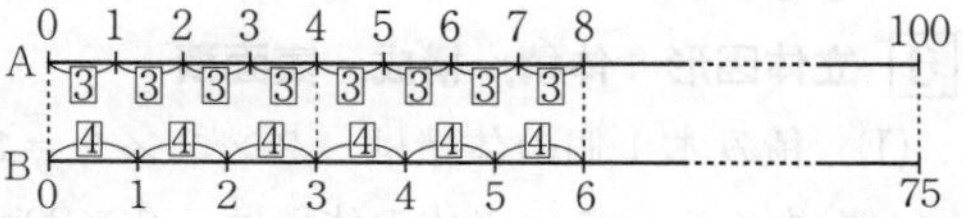

図３

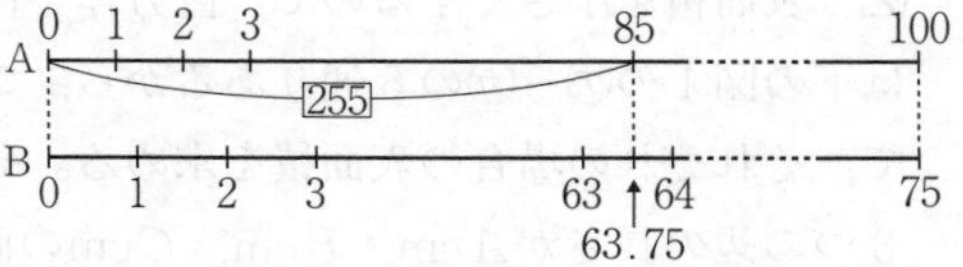

⑶　右上の図３のように，定規Ａの85の目盛りまでの長さは，[3]×85＝[255]である。255÷４＝63.75であり，これは63と64の平均よりも大きいから，定規Ａの85の目盛りに最も近いのは定規Ｂの64の目盛りとわかる。

4 平面図形―長さ，面積

⑴　右の図①の矢印のように辺を移動すると，この図形の周りの長さは正方形ABCDの周りの長さと等しくなる。□の長さは，12÷３＝４(cm)だから，正方形ABCDの１辺の長さは，12＋４×５＝32(cm)とわかる。よって，この図形の周りの長さは，32×４＝128(cm)と求められる。

図①

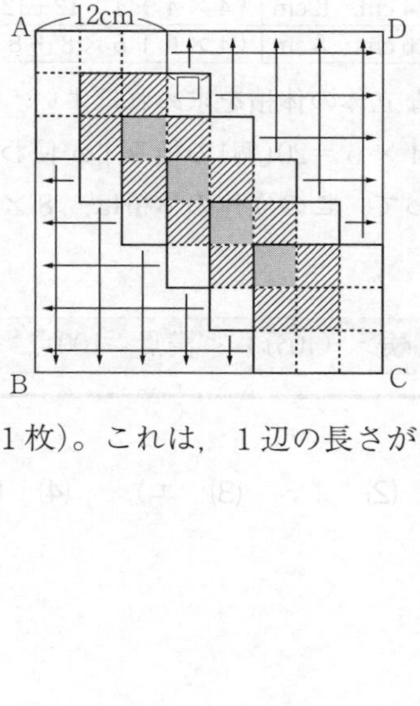

図②

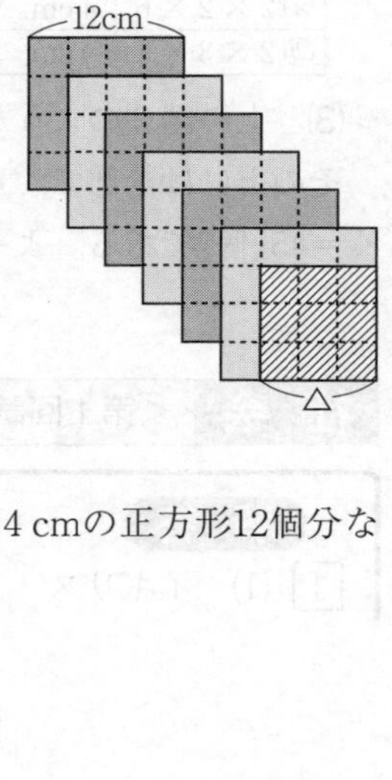

⑵　図①で，２枚重なっているのは斜線部分である(かげの部分は３枚，白い部分は１枚)。これは，１辺の長さが４cmの正方形12個分なので，$(4 \times 4) \times 12 = 192(cm^2)$となる。

(3)　上の図②のように，斜線部分とかげの部分に分けて求める。△の長さは，12÷４×３＝９(cm)だから，斜線部分の面積は，９×９＝81(cm^2)である。また，かげの部分１か所の面積は，12×12−81＝63(cm^2)なので，この図形の面積は，81＋63×６＝459(cm^2)と求められる。

5　速さ

(1)　片道５kmだから，走る距離《きょり》の合計は，５×1000×２＝10000(m)である。よって，１人400mずつ走るとき，10000÷400＝25(人)でリレーすることになる。

(2)　片道の距離である，５×1000＝5000(m)は100mの，5000÷100＝50(倍)なので，小学生が片道にかかる時間は30秒の50倍にあたり，30×50＝1500(秒)，1500÷60＝25(分)とわかる。一方，片道の距離は１kmの，５÷１＝５(倍)だから，マラソンランナーが片道にかかる時間は４分の５倍にあたり，４×５＝20(分)である。よって，片道にかかる時間の差は，25−20＝５(分)と求められる。

(3)　片道にかかる時間の差が５分なので，ゴールするまでの時間の差は，５×２＝10(分)である。つまり，マラソンランナーがゴールしたとき，小学生はゴールまであと10分の地点にいる。これは30秒の，(60×10)÷30＝20(倍)だから，距離に直すと，100×20＝2000(m)，2000÷1000＝２(km)となる。

6　立体図形―体積，構成，表面積

(1)　積み木１個の体積は，２×２×２＝８(cm^3)である。また，積み木の個数は，２×２×５＝20(個)だから，この立体の体積は，８×20＝160(cm^3)とわかる。

(2)　表面積を小さくするので，直方体を作る場合を考えればよい。24を３つの整数の積で表す方法は下の図１の㋐～㋕の６通りあるから，これらを直方体の３つの方向に積んだ積み木の個数と考えて，それぞれの場合の表面積を求める。それぞれの直方体の３つの辺の長さは図１のようになり，３つの辺の長さがAcm，Bcm，Ccmの直方体の表面積は，$(A \times B + B \times C + C \times A) \times 2$(cm^2)となるので，表面積はそれぞれ図１のように求められる。よって，最も小さい表面積は208cm^{2}である。

図１

	３つの辺の長さ	表面積
㋐１×１×24	２cm，２cm，48cm	(２×２＋２×48＋48×２)×２＝392(cm^2)
㋑１×２×12	２cm，４cm，24cm	(２×４＋４×24＋24×２)×２＝304(cm^2)
㋒１×３×８	２cm，６cm，16cm	(２×６＋６×16＋16×２)×２＝280(cm^2)
㋓１×４×６	２cm，８cm，12cm	(２×８＋８×12＋12×２)×２＝272(cm^2)
㋔２×２×６	４cm，４cm，12cm	(４×４＋４×12＋12×４)×２＝224(cm^2)
㋕２×３×４	４cm，６cm，８cm	(４×６＋６×８＋８×４)×２＝208(cm^2)

図２

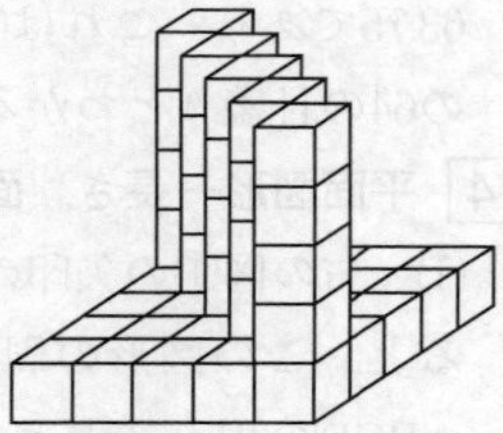

(3)　上の図２のような立体の体積を求めればよい。この立体は，１番下の段には，５×５＝25(個)，その上には全部で，４×５＝20(個)の積み木が使われているから，積み木の個数の合計は，25＋20＝45(個)である。よって，この立体の体積は，８×45＝360(cm^3)と求められる。

社　会　＜第１回試験＞（40分）＜満点：100点＞

解　答

1　(1)　イギリス　(2)　イ　(3)　エ　(4)　(例)　電気モーターの力で走る電気自動車に

は，走行時に地球温暖化の原因となる二酸化炭素などの温室効果ガスを排出せず，ガソリンを燃料としないので石油の消費量を減らせるという利点があるため。　⑸　（例）　新幹線や高速道路，空港などが整備されたことで人や物資の移動が便利になったことと，工業用地の地価が全国平均に比べて安く大きな工場を建てやすかったこと。　2　⑴　ロシア　⑵　ユーラシア大陸　⑶　三陸海岸　⑷　松山市　⑸　九州地方　⑹　黒潮　3　⑴　北海道　⑵　高齢　⑶　ウ　転作　エ　輸入　⑷　機械（農業機械）　⑸　高原野菜　4　⑴　ア）　⑵　エ）　⑶　エ）　5　⑴　正倉院　⑵　（例）　遣唐使らによってもたらされた文物に代表される国際色豊かな文化であることと，貴族と僧がおもなにない手となった仏教文化であること。　⑶　大仏　⑷　奈良県　6　⑴　てつはう　⑵　恩賞　⑶　ア）　7　⑴　北条政子　⑵　徳川家光　8　（例）　長い間，幕府によって外国との交流が厳しく制限されていたため，外国に関する情報がとぼしく，画家は少ない情報と想像をもとに描くしかなかったから。　9　⑴　1　平和　2　日本国憲法　3　自衛隊　⑵　沖縄県

解　説

1　日本と世界のようすについての問題

⑴　オーストラリアとニュージーランドは，いずれもイギリスに植民地として支配された歴史を持つ。独立後もイギリスと強い結びつきを保ち続けたことから，両国の国旗の左上には，「ユニオンジャック」とよばれるイギリスの国旗がデザインされている。

⑵　ア～エは北方領土とよばれる日本固有の領土で，アは国後《くなしり》島，イは択捉《えとろふ》島，ウは色丹《しこたん》島，エは歯舞《はぼまい》群島である。第二次世界大戦末期に日ソ中立条約を一方的に破棄《はき》して対日参戦したソビエト連邦（ソ連）によって占領《せんりょう》され，現在もロシアによる実効支配が続いている。

⑶　世界の地域別の人口では，人口が世界第１位の中国（約14億4000万人）と世界第２位のインド（約13億9000万人）をかかえるアジアが最も多い。なお，グラフ中の地域は下から順に，アフリカ，アジア，中・南アメリカ，北アメリカ，ヨーロッパがあてはまる。統計資料は『日本国勢図会』2022／23年版による（以下同じ）。

⑷　電気自動車は電気モーターの力によって走るため，従来のガソリンを燃料とする自動車と異なり，走行時に二酸化炭素などをふくむ排気ガスを出さない。二酸化炭素は，地球温暖化の原因となる温室効果ガスの１つで，地球温暖化防止のため，国際社会がその排出量の削減《さくげん》に取り組んでいる。電気自動車の開発と普及《ふきゅう》に力を入れることは，温室効果ガスや，大気汚染の原因となる物質の排出量を減らせるという環境の面や，石油の使用量をおさえることができるというエネルギーの面において，利点があるといえる。

⑸　資料１によると，1970年から2018年までの間に，東北地方のすべての県で新幹線と高速道路が開通し，空港がつくられた。また，高速道路沿いや空港の近くを中心に半導体工場が分布していることも読み取れる。資料２からは，東北６県の工業用地の地価が，いずれも全国平均よりも安いことがわかる。つまり，高速道路や新幹線，飛行機といった交通機関の発達によって人や物資の移動が便利になったことと，地価が安く大きな工場を建てやすかったことが，東北地方への工場進出をうながし，これによって東北６県の工業出荷額が増えていったのだと推測できる。

2　日本の周辺の国々，国土と自然，地方区分などについての問題

⑴，⑵　アのロシア（ロシア連邦）やイの中国（中華人民共和国）は，世界最大の大陸であるユーラシア大陸に位置している。ロシアはユーラシア大陸北部の大半を占《し》めており，国土面積が世界で最も大きい。

⑶　青森県南部から宮城県北部にかけての太平洋沿岸は三陸海岸とよばれ，三陸海岸南部は代表的なリアス海岸として知られている。「三陸」というよび名は，沿岸部がかつての陸前・陸中・陸奥《むつ》という３つの地域にまたがっていたことによる。

⑷　エの位置には，愛媛県がある。愛媛県の県庁所在地は松山市で，道後温泉があることでよく知られる。

⑸　日本は，北海道地方，東北地方，関東地方，中部地方，近畿地方，中国地方，四国地方，九州地方の８つに区分されることがある。オは鹿児島県の奄美《あまみ》諸島（奄美群島）と沖縄県の沖縄島がある地域にあたり，九州地方に属している。

⑹　黒潮（日本海流）は，日本列島の太平洋沿岸を南から北へと流れる暖流で，関東地方北部～東北地方南部の沖合で寒流の親潮（千島海流）とぶつかって潮目を形成する。「黒潮」の名は，遠目に海水が濃《こ》い藍色《あいいろ》に見えることからつけられた。

3　日本の農業と畜産業についての問題

⑴　北海道は日本で最も農業生産額が多く，乳用牛の飼養頭数は全国第１位，米の収穫量は新潟県についで全国第２位である。また，大豆や小麦のほか，にんじんやたまねぎの収穫量，肉用牛の飼養頭数なども，全国第１位となっている。

⑵　資料３から，日本では農業就業人口が減少するとともに，65歳以上の高齢者が農業就業人口に占める割合が多くなっていることがわかる。これは，もともと農業に従事していた人が高齢化する一方で，その後継《こうけい》者として農業を続けようという人や，新しく農業を始めようとする人が減っているためである。高齢化と後継者不足は，稲作をふくむ日本の農業全体が直面する大きな課題となっている。

⑶　**ウ**　1960代には，生産力の向上によって米の生産量が増える一方，国民の食生活が洋風化して米の消費量が減ったことで，米が余るようになった。そのため，政府は1970年ごろから米の生産調整（減反政策）を行うようになり，田を畑にかえて米以外の作物を栽培する転作や，米の栽培を休ませる休耕を農家に奨励《しょうれい》した。　**エ**　国内の稲作農家を保護するため，日本政府は長い間，米の輸入を認めてこなかった。しかし，アメリカを中心とする外国と日本との間で，日本の輸出超過《ちょうか》を原因とする貿易摩擦《まさつ》が大きな問題になると，米の輸入が強く求められるようになった。その結果，1995年から，関税を課すなど一定の条件をつけたうえで，米の輸入が自由化されていった。

⑷　稲作は長い間，田起こしに牛馬の力を利用したり，鋤《すき》や鍬《くわ》などの道具を用いたりすることはあるが，基本的には手作業で行う重労働であった。しかし，第二次世界大戦後には，トラクターや田植え機，コンバインなどの農業機械が普及していった。これにより，作業時間が短縮されるとともに，少ない人手でより多くの米を収穫できるようになった。また，機械での農作業がしやすいように，農地を直線的にする耕地整理なども行われた。一方で，高額な農業機械の購入は，農家にとって大きな負担になっている。

⑸　長野県や群馬県などの高冷地では，夏でもすずしい気候を利用して，レタスやキャベツなどの野菜を，ほかの産地と時期をずらして出荷する農業が行われている。抑制《よくせい》栽培ともよばれるこうし

た方法で生産される野菜は，その多くが高原で栽培されることから，一般に「高原野菜」といわれる。

4 歴史上のできごとが起こった順番についての問題

(1)　ア）は３世紀前半の239年，イ）は縄文時代の終わりの紀元前６世紀ごろ，ウ）は７世紀初めの607年，エ）は５世紀，オ）は今から約１万２千年前から１万年近く続いた縄文時代のできごとなので，古い順にオ）→イ）→ア）→エ）→ウ）となる。なお，エ）は日本最大の前方後円墳である大山(大仙)古墳について説明している。

(2)　ア）は593年，イ）は７世紀初め，ウ）は694年，エ）は645年，オ）は710年のできごとなので，古い順にア）→イ）→エ）→ウ）→オ）となる。なお，ア）とイ）について，聖徳太子は推古天皇を助ける摂政《せっしょう》という役職を務め，600年と607年に隋(中国)への使者として遣隋使を派遣した。

(3)　ア）は1560年，イ）は1543年，ウ）は1592～93年と1597～98年，エ）は1582年，オ）は1603年のできごとなので，古い順にイ）→ア）→エ）→ウ）→オ）となる。なお，ア）のできごとは桶狭間《おけはざま》の戦い，ウ）のできごとは文禄・慶長の役，エ）のできごとは本能寺の変とよばれる。

5 奈良時代の政治と文化についての問題

(1)　東大寺の宝物《ほうもつ》庫を正倉院といい，聖武天皇・光明皇后ゆかりの品々や，遣唐使らが持ち帰っためずらしいものが多くおさめられた。Aは「螺鈿紫檀五絃琵琶《らでんしたんのごげんびわ》」，Bは「瑠璃坏《るりのつき》」，Cは「漆胡瓶《しっこへい》」とよばれる宝物で，西アジアからシルクロードを通って唐(中国)に伝わった，あるいはそうした様式でつくられたものが，遣唐使らによって日本にもたらされたと考えられている。

(2)　奈良時代の文化は，聖武天皇のころの元号をとって，天平文化とよばれる。遣唐使らがアジアに由来するさまざまな文物をもたらしたことと，聖武天皇が仏教を重んじる政策を進めたことから，天平文化は国際色豊かな仏教文化であることが大きな特色となっている。また，貴族や僧が文化のおもなにない手であることも，特色といえる。

(3)　聖武天皇は仏教を厚く信仰し，貴族の争いやききん，伝染病などの社会不安があいつぐ世の中を，仏教の力で安らかにおさめようと願った。そこで，741年，地方の国ごとに国分寺と国分尼《に》寺を建てることを命じ，743年には大仏を建てることを命じた。大仏づくりは平城京の東大寺で行われ，752年に完成した。

(4)　710年，元明天皇は，現在の奈良県奈良市につくられた平城京へと都を移した。聖武天皇は724年に平城京で即位《そくい》したが，一時期，貴族の争いをきっかけとして都をたびたび移し，最終的に平城京にもどった。

6 元軍との戦いについての問題

(1)　元軍は日本の武士との戦いで，示された絵の中央上部に描かれている，「てつはう」とよばれる火薬兵器を用いたと伝えられている。

(2)　竹崎季長《すえなが》は肥後(熊本県)の御家人で，元軍との戦いにおけるみずからの活やくを示すために，絵師に命じて描かせたのが「蒙古襲来《もうこしゅうらい》絵巻(蒙古襲来絵詞《えことば》)」だといわれる。鎌倉時代の幕府と御家人は，御恩と奉公という，土地を仲立ちとした関係で結ばれており，幕府は戦で活やくするなど功績のあった御家人に，恩賞として先祖伝来の土地の領有を認めたり，新しい土地や役職をあたえたりした。そのため，元軍と命がけで戦った竹崎季長は，それに見合う恩賞を求めてわざわざ鎌倉幕府まで出向き，これによって地頭職を手に入れた。「蒙古襲来絵巻」のなかには，恩賞を求めて幕府の役人と話し合う竹崎季長の姿も描かれている。

⑶　元の大軍の襲来(元寇《げんこう》)は13世紀後半のできごとで，1274年の文永の役と1281年の弘安の役の２度にわたる。ア)は14世紀末から15世紀初め，イ)は11世紀初め，ウ)は12世紀後半の1185年，エ)は13世紀前半の1232年，オ)は13世紀後半の1268年のできごとである。北条時宗は，鎌倉幕府の第８代執権《しっけん》として元寇に対応した。

7　歴史上の人物の言葉についての問題

⑴　1221年，後鳥羽《ごとば》上皇は鎌倉幕府打倒を全国の武士によびかけ，承久《じょうきゅう》の乱を起こした。このとき，源頼朝の妻で，頼朝の死後，政治に深くかかわり，「尼《あま》将軍」ともよばれた北条政子は，朝廷を敵に回して戦うこととなり，動揺《どうよう》する御家人を前にして，資料の言葉をふくむ演説を行った。これによって結束を強めた幕府軍は，わずか１か月ほどで上皇の軍をやぶった。

⑵　江戸幕府の第３代将軍徳川家光は，将軍の地位についたさい，大名を前にして資料のような言葉を述べ，みずからの権力を示した。徳川家光は，大名やキリスト教徒などを厳しく統制し，江戸幕府の支配体制を確立した。

8　ペリーの似顔絵を題材とした問題

1853年，アメリカの東インド艦隊《かんたい》司令長官ペリーが，４せきの軍艦を率いて浦賀(神奈川県)に来航し，江戸幕府に開国を要求した。このできごとは人々の間で大きな話題となり，ペリーの似顔絵も描かれたが，資料のように，実際とは異なる姿で描かれたものばかりであった。その理由についてはさまざまな説があるが，それまで幕府が外国との交流を制限しており，多くの人が外国人を目にしたことがなかったため，数少ない情報と想像にもとづいて絵を描いたからだと考えられる。

9　平和主義と自衛隊などについての問題

⑴　**1**，**2**「外国との争いごとを武力で解決しない，そのための戦力を持たない」という考え方は，日本国憲法の第９条がかかげる平和主義の原則にあてはまる。第９条ではこのほか，国が戦争をすることを認めないことも定められている。　**3**　自衛隊は，国の平和と安全を守るために活動する組織で，国の平和を守る仕事のほか，災害時には被災地で復旧活動や救助活動なども行う。

⑵　第二次世界大戦末期の1945年３月末，アメリカ軍が沖縄県慶良間《けらま》列島に上陸し，４月には沖縄本島で激しい地上戦が行われた。その後，アメリカ軍によって占領され，日本が独立を回復したあともアメリカの統治下に置かれていたが，1971年，佐藤栄作首相のときに沖縄返還協定が調印され，翌72年，日本への返還が実現した。

理　科　＜第１回試験＞（40分）＜満点：100点＞

解　答

1　⑴　ウ　⑵　イ　⑶　ア　⑷　エ　⑸　ア　**2**　⑴　消化管　⑵　カエンタケ　⑶　**最も小さい倍率**…50倍　**最も大きい倍率**…300倍　⑷　下の図①　⑸　下の図②　**3**　⑴　ア　⑵　ウ　⑶　星座早見　⑷　夏の大三角　⑸　ベガ　⑹　ウ　**4**　⑴　ア　⑵　②～④　頭，胸，腹　⑤　胸　⑥　6　⑶　イ　⑷　ウ　⑸　解説を参照のこと。　**5**　⑴　(例)　ボールの大きさ　⑵　ア　⑶　(例)　**物質の名前**…

ひょう白ざい／**理由**…いろいろなものを真っ白にするから。　⑷　(例)　製氷皿に入れる水の量を同じにしてこおらせる。　⑸　解説を参照のこと。　6　⑴　○…ちっ素　■…酸素　⑵　②　下の図③　③　下の図④　⑶　(例)　白くにごった。

図①

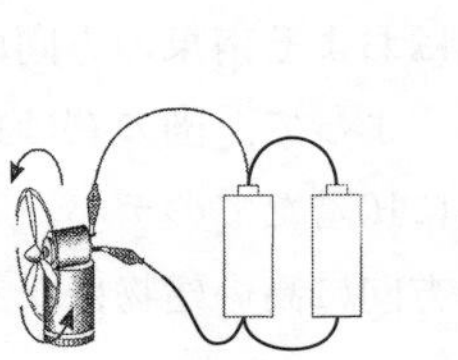

図②

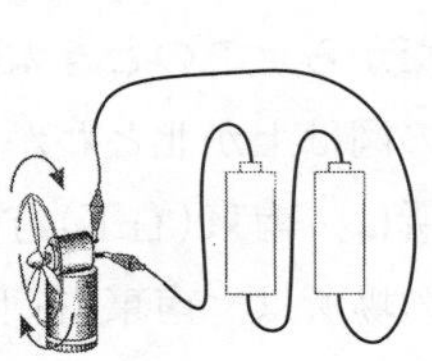

図③

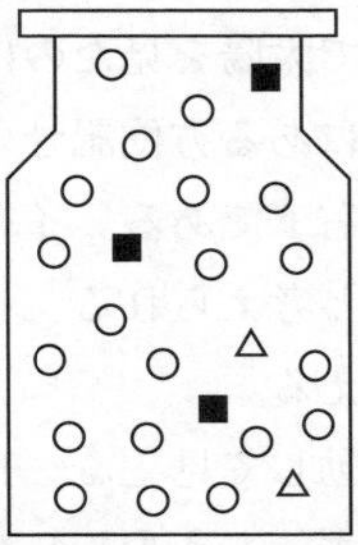

図④

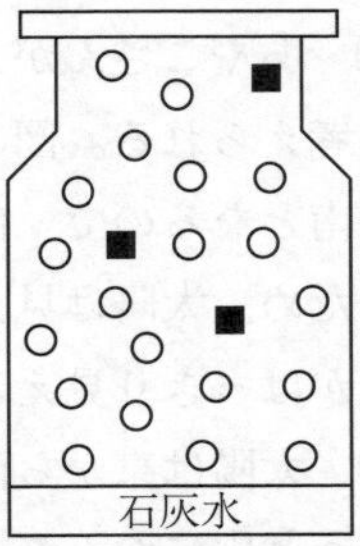

解　説

1　小問集合

⑴　お母さんの子宮の中にいるたい児(お母さんのおなかの中にいる赤ちゃん)は，へそのおと呼ばれる管とその先にあるたいばんというつくりを通して，お母さんから成長に必要な酸素や栄養分を血液中に受け取り，お母さんに血液中にある二酸化炭素やその他の不要物をわたしている。羊水はたい児がいる子宮の中を満たしている液体である。

⑵　ふりこが１往復する時間はふりこの長さによってのみ決まり，おもりの重さや材質，ふりこのふれはばには関係しない。

⑶　植物の種子の発芽には，水，空気，適当な温度の３つが必要である。ふつう，発芽のための養分は種子にふくまれているため，肥料は発芽に必要でない。

⑷　水が100℃に達すると，水の中でも水が水蒸気に変化して，水蒸気の大きなあわが次々と出てくるようになる。この状態をふっとうという。ふっとうしている間は，水が水蒸気に変化するのに熱が使われるため，水の温度は100℃のまま上がらない。また，水の気体である水蒸気は目で見ることはできない。

⑸　アメリカが進めたアポロ計画は，人類が月に降り立つことを目的とし，1969年７月，アポロ11号の宇宙飛行士が月面着陸に成功した。

2　小問集合

⑴　口から取り入れられた食べ物は，食道→胃→十二指腸→小腸→大腸→こう門の順に通っていく。これらの器官は１本の管のようにつながっていることから，まとめて消化管と呼ばれる。

⑵　カエンタケというキノコは，夏から秋にかけて広葉樹林の地上に生え，そのすがたは名前の通り火炎《かえん》に似ている。非常に毒性が強く，ごく少量でも食べれば命の危険があり，ふれるだけでも皮《ひ》膚《ふ》炎を起こす。

⑶　顕微《けんび》鏡の倍率は，(接眼レンズの倍率)×(対物レンズの倍率)で求められる。よって，この顕微鏡の最も小さい倍率は，10×５＝50(倍)，最も大きい倍率は，10×30＝300(倍)である。

⑷　２個の乾《かん》電池を並列につなぐと，それぞれの乾電池から同じ時間あたりに流れ出る電流は，乾電池１個だけのときと比べて半分になる。したがって，流れ出る電流が小さくなる分だけ，長い時間プロペラを回転させることができる。

⑸　プロペラの回転の向きを逆にするには，モーターに流れる電流の向きを逆にすればよい。また，２個の乾電池を直列につなぐと，乾電池１個だけのときと比べて同じ時間あたりに２倍の電流が流れ出るので，プロペラを速く回転させることができる。

3　天体観測についての問題

⑴　あやこさんがＡ公園で太陽を見たのは10：34だから，このとき太陽はおよそ南東の方向にあると考えられる。図の右上にある方位記号より，この図は上が北とわかる。よって，図の右は東，下は南となるので，南東は右下である。イやウの場所は，南東(右下)方向に10階だてのデパートがあるため，太陽は見えないと考えられる。一方，アの場所は，南東(右下)方向に高い建物はなく，太陽がはっきり見えるといえる。

⑵　太陽は東から西へ移動して見える。Ｂ温泉にいるめぐみさんは，太陽が南東にあるころにはちょうど山にかくれて見えず，もう少ししたら太陽が見えると言っている。これより，太陽が南の空まで動くと見えると考えられるから，南の方向を見たときに太陽がはっきり観察できる。

⑶　写真の道具を星座早見(星座早見ばん)という。星座がかかれた星座ばんと，窓のついた地平ばんが重ねられたつくりになっていて，星座ばんのふちにかかれた月日のめもりと，地平ばんのふちにかかれた時こくのめもりを観察する日時に合わせ，空にかざして使う。

⑷，⑸　観察結果(記録ノート)には，はくちょう座のデネブ，わし座のアルタイル，こと座のベガの３つの１等星を結んでできる夏の大三角がかかれている。

⑹　星座をつくる星は地球から非常に遠くはなれたところにあるため，観察する日時を変えても地球から見た星座の位置関係は変わらない。

4　こん虫の特ちょうについての問題

⑴　モンシロチョウは，キャベツやダイコンなどといったアブラナ科の植物の葉に，１mmほどの先のとがった卵を産みつける。

⑵　こん虫の体は頭・胸・腹(頭部・胸部・腹部)の３つに分かれていて，胸からは６本(３対)の足が生えている。

⑶　幼虫が成虫になる間にさなぎの時期がある成長のしかたを完全変態といい，さなぎの時期がない成長のしかたを不完全変態という。チョウ，クワガタ，ハチは完全変態をし，トンボは不完全変態をする。

⑷　セミやクワガタは樹液を吸ったりなめたりし，チョウは花のみつを吸う。テントウムシはアブラムシを食べる。

⑸　たとえば，「成虫が水中で生活するかしないか」で仲間分けする。成虫が水中で生活するこん虫として当てはまるものにはゲンゴロウ，タガメ，ミズカマキリなど，当てはまらないものにはチョウ，セミ，アリなどがいる。

5　自由研究の計画についての問題

⑴「ボールの転がり方」の実験では，ボールを転がす場所，ボールの種類の他に，ボールの大きさ，ボールの重さ，ボールを転がす速さなどを変えた実験が考えられる。

⑵　ミョウバンの結晶《けっしょう》は，アのように正三角形の面が８つある立体(正八面体)のような形をしている。

⑶　実際に10円玉をピカピカにするものとして，梅干しやレモン汁《じる》などを挙げてもよい。また，衣

服などのシミをとる（白くする）はたらきをするひょう白ざいで試すのもよい。他に，消しゴムやクレンザーなども考えられる。

⑷　製氷皿の区画ごとに同じ量の水を入れて冷やすなどの方法により，大きさや形がまったく同じで，温度も同じ氷を用意するとよい。

⑸　すでに挙げられている事がら以外で「自由研究したい事」を中央のマスにかき，それに関連することを周りのマスにかく。たとえば，右の図のような例が考えられる。

卵の大きさ	ゆでるときの湯の温度	ゆでる時間
できたゆで卵のかたさ	ゆで卵	ゆで始めの卵の温度
半熟卵ができる条件	からのむきやすさ	ゆでるときに転がす

6　気体の性質についての問題

⑴　空気の約78％はちっ素，約21％は酸素がしめている。よって，モデルの○はちっ素，■は酸素である。

⑵　②　①が終わったときのモデルを見ると，○のちっ素は20個，■の酸素は４個，△の二酸化炭素は１個ある。ここで，集気びんの中でろうそくを燃やすと，酸素が使われて二酸化炭素が発生するが，このとき酸素はすべて使われるわけではなく，約21％だったのが16％ほどになった時点でろうそくの火が消える。また，ちっ素はろうそくの燃焼に関係しない。したがって，②が終わったときのモデルは，○のちっ素は20個で変わらず，■の酸素は１個減って３個になり，△の二酸化炭素は１個増えて２個になると考えられる。　③　集気びんの中に石灰水を入れてふると，二酸化炭素が石灰水と反応して，気体からのぞかれる。よって，③が終わったときのモデルは，○のちっ素が20個，■の酸素が３個となる。

⑶　石灰水には，二酸化炭素と反応して白くにごる性質がある。

国語　＜第１回試験＞（40分）＜満点：100点＞

解答

一　①　ばんしゅう　②　だんご　③　いんしょう　④　へ　二　下記を参照のこと。
三　**問１**　和　**問２**　エ　**問３**　ウ　**問４**　エ　**問５**　（例）　亡　**問６**　イ　**問７**　ア　**問８**　ア　**問９**　ても　**問10**　エ　**問11**　ウ　**問12**　イ　四　**問１**　言葉そのものより，言葉以外のものからずっと多くを受け取って，コミュニケーションをとっている（から。）　**問２**　イ　**問３**　ウ　**問４**　イ　**問５**　ア　**問６**　（例）　自分という存在が認められたような気分になれるから。　**問７**　⑴　SNSという道具に振り回されてしまう（社会。）　⑵　声をかけ合う，気遣い合う，助け合うこと　**問８**　（例）　お互いに相手に興味を持つことで，親しく話ができるようになり，その結果，自分の考え方や常識があたりまえではないと気づき視野が広がっていくこと。　**問９**　（例）　いろんな個性や考え方を持つ人たちが，それぞれ認め合いながら一緒に生きていくこと。　**問10**　エ　五　**工夫**…（例）　冷蔵庫やたなのおくを調べ，置きわすれていた食品を使う。／冷蔵庫やたなのおくには，置きわすれられている食品がありがちなので，それを使って料理する日を定期的にもうけるのがいい。そうすれば，同じものを買うむだが減り，古くなった食品を捨てなくてすむからだ。

●漢字の書き取り

三 ① 電池　② 築城　③ 革新　④ 貸す

解説

一 漢字の読み

①　秋の終わりごろ。　②　穀類の粉を水でこねて小さく丸め，蒸《む》したりゆでたりしたもの。　③　ものごとにじかに接して心に残ったこと。　④　音読みは「ケイ」「キョウ」で，「経験」「写経」などの熟語がある。

二 漢字の書き取り

①　物質の化学反応または物理反応によって放出されるエネルギーを，電気エネルギーに変換《へんかん》する装置。　②　城を築くこと。　③　旧来のものに新しい考え方や技術を取り入れ，改めること。

④　音読みは「タイ」で，「賃貸」などの熟語がある。

三 漢字のパズル，漢字のしりとり，漢字の筆順，複数の意味を持つ漢字，熟語の完成，複数の音読みを持つ漢字，ことわざの知識，文学作品の知識，副詞の呼応，外来語の知識，助数詞の知識，年中行事の知識

問１　「和」を入れると，上から時計回りに「調和」「和解」「和音」「温和」という熟語ができる。

問２　上から順に，屋上→上品→品質→質問とするとうまくつながる。よって，エの「室」を使わないことになる。

問３　「右」は左払《ひだりはら》いを書いてから横の一を書き，「左」は横の一を書いてから左払いを書くことに注意する。「布」「有」は左払いを書いてから横の一を書く。

問４　エの「下車」は，“乗り物からおりる”という意味。ほかの「下」は，空間的に低い位置を表す。

問５　「興」と反対の意味を持つ漢字には，「亡」「廃《はい》」「敗」がある。「興亡」は，新しく生じたものの勢いが盛《さか》んになることと，滅《ほろ》びてなくなってしまうこと。「興廃」は，勢いが強くなることと弱くなること。「興敗」は，おこることとやぶれること。

問６　ア　「作業」は，一定の手順をふんで行う仕事。　イ　「豊作」は，作物の出来がよく収《しゅう》穫《かく》が多いこと。　ウ　「作用」は，他のものに影響《えいきょう》を与《あた》えること。　エ　「操作」は，機械などを動かして使うこと。自分に都合よく利用すること。

問７　アの「犬も歩けば棒にあたる」は，積極的に行動すれば災難にあうことも多いということのたとえ。“出歩くと思わぬ幸運に出会う”という意味もある。イ～エは，その道の名人でさえときには失敗することがあるということのたとえ。

問８　『枕草子《まくらのそうし》』は平安時代の随筆《ずいひつ》で，作者は清少納言《せいしょうなごん》。「春はあけぼの。やうやう白くなりゆく山ぎは，少し明かりて，紫《むらさき》だちたる雲のほそくたなびきたる」と始まり，夏・秋・冬の面白《おもしろ》さが続く。現代語に訳すと「春はほのぼのと夜が明け始めるころがよい。日が昇《のぼ》るにつれてだんだんと白《しら》んでいく山ぎわが少し明るくなって，紫がかった雲が細くたなびいているようすがよい」となる。

問９　逆接の仮定条件を示す「ても」「とも」「としても」などが，副詞の「たとえ」と呼応する。字数は「ても」「とも」両方合うが，動詞・形容詞の連用形につく「ても」が入る。「降っても」は

「降りても」の促音便《そくおんびん》化したもの。動詞の終止形・形容詞の連用形につく「とも」は「降っ」に続かない。

問10　「ウィット」は機知。「メリット」は利点。「モダン」は現代的。「モラル」は道徳。

問11　ア　「頭」は，ふつう象や牛など大型の動物を数えるときに使う。　イ　「首」は，和歌・短歌を数えるときに使う。　エ　「足」は，靴《くつ》や靴下など，足に履《は》く左右ひとそろいのものに使う。

問12　一月の鏡開き，二月の節分，五月の端午《たんご》の節句，七月の七夕の順である。鏡開きは，正月の鏡餅《かがみもち》(お供《そな》え餅)を下げ，その年の健康を願って食べる行事。関東では一月十一日，関西では一月十五日か二十日に行うことが多い。節分は，現在では特に「立春(二月四日ごろ)」の前日を指し，邪気《じゃき》払いに豆まきなどを行う。端午の節句は，五月五日。邪気払いの菖蒲《しょうぶ》や蓬《よもぎ》を軒先《のきさき》に挿《さ》し，子孫繁栄《はんえい》や無病息災を祈《いの》って柏《かしわ》餅や粽《ちまき》を食べる。日本では近世以降，男の子のいる家では鯉幟《こいのぼり》を立てたり武者人形を飾《かざ》ったりして祝うようになった。現在は，「こどもの日」として国民の祝日になっている。七夕は，七月七日か，その前夜に行う星祭り。今は陽暦《ようれき》七月七日に行う地域が多いが，東北など月遅《つきおく》れの八月七日に行う地域もある。彦星《ひこぼし》と織姫《おりひめ》星(織女《しゅくじょ》星)の伝説がよく知られ，習い事が上達するようにという願いを短冊《たんざく》に書いて竹に結ぶ風習も広く定着している。

四　**出典は鎌田實《かまたみのる》の『相手の身になる練習』による**。コミュニケーションとは何か，SNSなどオンラインのコミュニケーションツールを使いこなすためには何が重要なのかなどを説明していく。

問１　ぼう線①の直後に「～のは，そのためなのです」と続いており，指示語「その」の指す前文が理由にあたる。横柄《おうへい》な態度でいい話をしても信用されないのは，我々が「言葉そのものより，言葉以外のものからずっと多くを受け取って，コミュニケーションをとっている」からである。

問２　続く部分に，文字から細かなニュアンスを読み取るのは難しく，発信者の気持ちとは「まったく逆の受け取り方をしてしまうこともある」とあるのだから，イが合う。

問３　Ａ　前にはオンラインでのやりとりはコロナ後も続くと予想されるとあり，後ろでは，オンラインでの発信力を持った人が有利になると述べられている。順接の関係なので「だから」「すると」が合う。　Ｂ　前ではコミュニケーションをキャッチボールにたとえ，相手がキャッチできるボールを投げなければならないと述べている。これを「相手の身になって，相手に伝わるように話すことが必要」と言いかえているので，言いかえを導く「つまり」が入る。　Ｃ　コンビニやネット環境《かんきょう》があれば「一人で～生きていくことも可能」だが，それだけでは幸せに生きられないという文脈なので，逆接の「しかし」が適する。

問４　「ないがしろにする」は，“軽んじる”という意味。

問５　問３でもみたが，コミュニケーションがキャッチボールにたとえられており，「ボール」は相手に向かって発信する言葉にあたる。ぼう線④の直前に「不特定の相手に発信する」とあるので，SNSでは言葉の受け取り手がわからないのである。アが，この内容に合う。

問６　ぼう線⑤をふくむ段落のはじめに，自分の発した言葉に誰《だれ》かが「いいね」を返してくれたら「自分という存在も認められたような気分になります」とある。これをもとにまとめる。

問７　⑴　ぼう線⑥の直前に「そんな」とあり，直前の二つの文の内容を指す。「生きづらい」のは，ネットやSNSの言葉の暴力で，24時間常にターゲットにされかねない社会だからである。こういう社会の状況《じょうきょう》を次の段落で「SNSという道具に振《ふ》り回されてしまう」と言っている。　⑵

最後から三つ目の段落で，「声をかけ合う，気遣《きづか》い合う，助け合うこと」で，「生きづらさ」は「ずいぶん解消される」と述べられている。

問８　すぐ続いて，相手の身になるとは「相手に興味をもつ」ことだと言いかえている。それによって「相手もこちらに興味をもってくれ～お互《たが》いに話ができたり，わかり合えたり」するようになる。さらに，「自分とは違《ちが》う考え方，知らなかったこと」と出会い，「視野が広がり，自分が思っている『あたりまえ』があたりまえではないことにも気づ」けるのである。これを整理してまとめればよい。

問９　次の文にあるように，多様性とは「いろんな個性，いろんな考え方をもった人たちが，それぞれ認め合いながら一緒《いっしょ》に生きていくこと」である。これを整理する。

問10　ア　会話では「必ず相手の目を見て」話すべきだとは言っていない。　イ　「自慢《じまん》」したいことを「積極的に発信」すべきとは述べられていない。　ウ　いまは，ネットやSNSの言葉の暴力に常時さらされ，誰もが「生きづらい社会」だと述べられている。「のびのびと生きていける」社会とは逆である。　エ　第三段落の「やはり直接会って話をするのとは違って，相槌《あいづち》がぶつかったり，間合いが取れなかったり，何となく話がかみ合わないような感じがします」に合う。

五　条件作文

「食品ロス」とは，食べられるのに捨てられてしまう食品である。国内の「食品ロス」は年間522万tで，食品関連事業者から出る事業系食品ロス量が275万t，一般《いっぱん》家庭から出る家庭系食品ロス量が247万tなので，食品ロスを減らすには，事業者だけでなく家庭での取り組みも重要だとわかる。家庭系食品ロスの要因は，食べ残し，野菜の茎《くき》や皮などの過《か》剰《じょう》除去，未開封《かいふう》・未使用のまま捨てる直接廃棄《はいき》などで，削減《さくげん》には，計画的に買う，使い切る，食べ残しを出さない工夫《くふう》が必要になる。主に事業系食品ロスに対する対策として，最近よく聞く取り組みにフードバンクがある。包装の破損，印字ミス，賞味期限などの理由から，品質には問題がないのに廃棄される食品や食材を引き取って，必要とする福祉《ふくし》施設《しせつ》や団体，生活困《こん》窮《きゅう》者へ無《む》償《しょう》で提供している。また，ITを活用した在庫管理で，過剰な発注をなくすことなどは，今後の導入増加が期待されている。こうした食品ロスの基本的な知識をふまえて，どう工夫するか，その理由を具体的に書けばよい。

Dr.福井の 入試に勝つ！脳とからだのウルトラ科学

意外！　こんなに役立つ“替え歌勉強法”

病気やケガで脳の左側（左脳）にダメージを受けると，字を読むことも書くことも，話すこともできなくなる。言葉を使うときには左脳が必要だからだ。ところが，ふしぎなことに，左脳にダメージを受けた人でも，歌を歌う（つまり言葉を使う）ことができる。それは，歌のメロディーが右脳に記憶されると同時に，歌詞も右脳に記憶されるからだ。ただし，歌詞は言葉としてではなく，音として右脳に記憶される。

そこで，右脳が左脳の10倍以上も記憶できるという特長を利用して，暗記することがらを歌にして右脳で覚える“替え歌勉強法”にトライしてみよう！

歌のメロディーには，自分がよく知っている曲を選ぶとよい。キミが好きな歌手の曲でもいいし，学校で習うようなものでもいい。あとは，覚えたいことがらをメロディーに乗せて替え歌をつくり，覚えるだけだ。メロディーにあった歌詞をつくるのは少し面倒かもしれないが，つくる楽しみもあって，スムーズに暗記できるはずだ。

替え歌をICレコーダーなどに録音し，それを何度もくり返し聞くようにすると，さらに効果的に覚えることができる。

音楽が苦手だったりして替え歌がうまくつくれない人は，かわりに俳句（川柳）をつくってみよう。五七五のリズムに乗って覚えてしまうわけだ。たとえば，「サソリ君，一番まっ赤は，あんたです」（さそり座の１等星アンタレスは赤色──イメージとしては，運動会の競走でまっ赤な顔をして走ったサソリ君が一番でゴールした場面）というように。

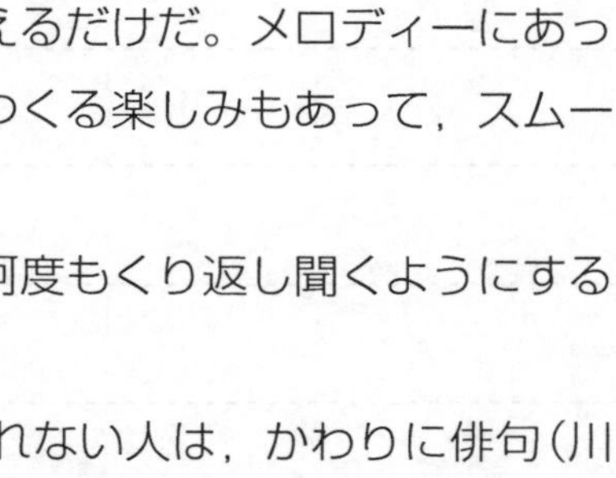

Dr.福井（福井《ふくい》一成《かずしげ》）…医学博士。開成中・高から東大・文Ⅱに入学後，再受験して翌年東大・理Ⅲに合格。同大医学部卒。さまざまな勉強法や脳科学に関する著書多数。

Memo

2022年度　作新学院中等部

〔電　話〕　(028)647－４５７１
〔所在地〕　〒320－8525　栃木県宇都宮市一の沢１－１－41
〔交　通〕　JR「宇都宮駅」よりバス20分，「東武宇都宮駅」よりバス10分

【算　数】〈第１回試験〉（40分）〈満点：100点〉

1　次の計算をしなさい。

(1)　$1+2\times3\times4\times5\times0$

(2)　$12+(34-9)\div5$

(3)　$3\times\left(\dfrac{1}{2}+\dfrac{7}{6}\right)$

(4)　$\dfrac{5}{12}+\dfrac{7}{18}\times\dfrac{9}{14}$

(5)　$5.25\times3.36\div2.52$

2　次の □ にあてはまる数を答えなさい。

(1)　200から300までの整数をすべて足すと □ になります。

(2)　今年りょうたさんは12才で，お父さんの年齢《れい》は，りょうたさんの年齢の３倍です。お父さんの年齢が，りょうたさんの年齢の２倍になるのは □ 年後です。

(3)　１辺の長さが20 cmの立方体の箱の中に，１辺の長さが５cmの立方体の積み木を入れると，積み木は最大で □ 個入ります。

(4)　ビーカーＡには８％の食塩水が500ｇ，ビーカーＢには［　　］％の食塩水が400ｇ入っています。ビーカーＡからビーカーＢに200ｇの食塩水を移し，よく混ぜ，ビーカーＡに100ｇもどしたところ，ビーカーＡの食塩水は７％になりました。

(5)　右の図で，かげのついた部分の面積は［　　］cm^2 です。

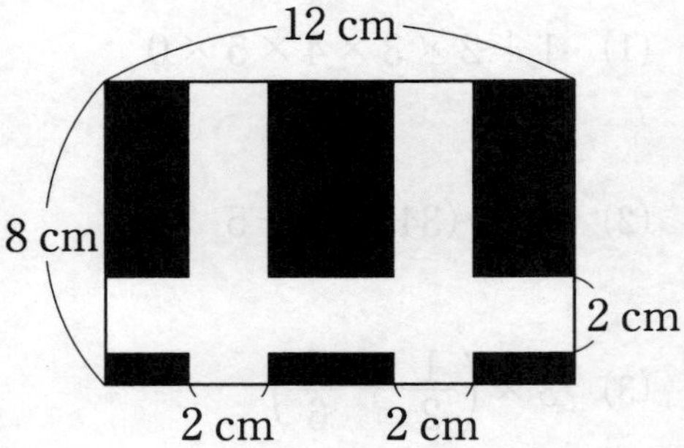

3　下の図のように，３本のペットボトルに入ったお茶があります。Ａは350 mL入るもので，１本100円で売っています。Ｂは600 mL入るもので，１本150円で売っています。Ｃは1.5 L入るもので，１本200円で売っています。このとき，次の問いに答えなさい。ただし，消費税《しょうひぜい》は考えないものとします。

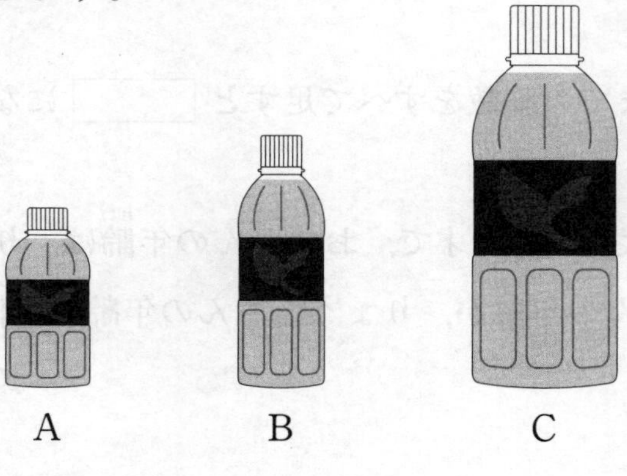

(1)　Ａを５本，Ｂを３本，Ｃを２本買うと全部で何Ｌのお茶を買うことができますか。

⑵　1500円でできるだけ多くのお茶を買うとき，何Ｌのお茶を買うことができますか。

⑶　2000円でＣを買えるだけ買いました。次の日に同じ量のお茶を買いに行きましたが，Ｂしか売っていなかったのでＢを買いました。前日よりお茶の代金は何円多くかかりましたか。

4　下の図はある規則にしたがって数が並んでいます。１番目の数は２で，３番目の数は８です。このとき，次の問いに答えなさい。

2　　□　　8　　□　　・・・・・

⑴　４番目の数が16のとき，２番目に入る数は何ですか。

⑵　２番目の数が５のとき，８番目に入る数は何ですか。

⑶　10番目の数が92のとき，４番目に入る数は何ですか。

5 こうじさんは，まいさんにプレゼントを贈《おく》るために，さまざまな箱とリボンを用意し，リボンの巻き方を考えました。リボンはどの巻き方においてもたるみなく巻くものとします。このとき，次の問いに答えなさい。ただし，結び目には 15 cm かかるものとし，円周率は 3.14 とします。

(1) 図１のように立方体の箱にリボンを巻くとき，リボンは何 cm 必要ですか。

図１

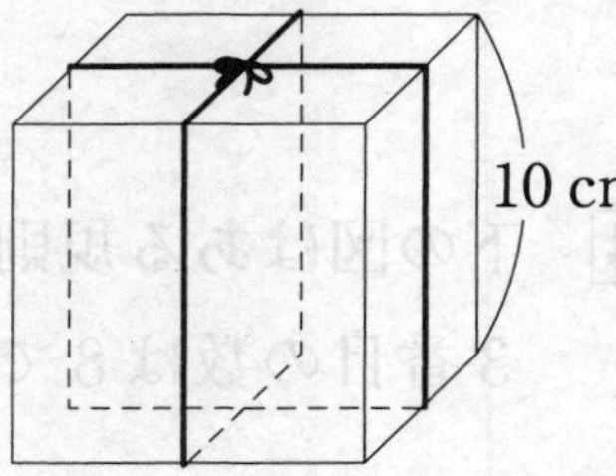

(2) 図２のように円柱の箱を３つにまとめてリボンを巻くとき，リボンは何 cm 必要ですか。

図２

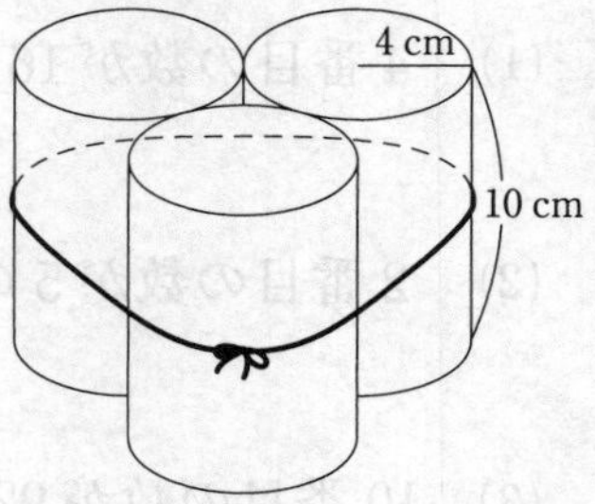

(3) 図３のように高さが 20 cm の円柱の箱にリボンを巻いたところ，リボンの長さは 116.68 cm になりました。この円柱の底面の半径は何 cm ですか。

図３

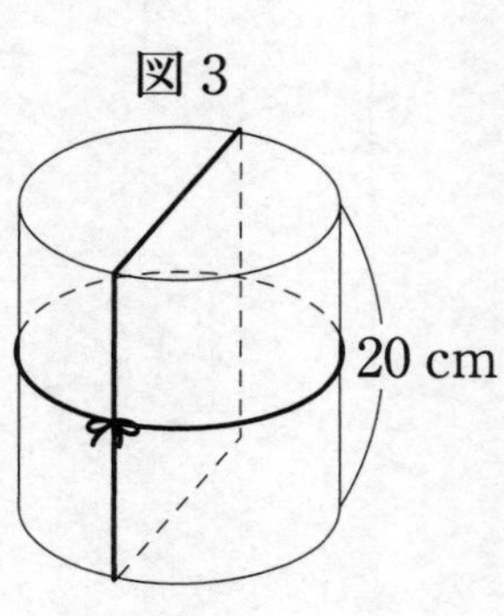

6 下の図のようなジョギングコースを，さきさんは時速９km で走り，たかしさんとさおりさんはそれぞれ分速100 m，分速70 m で歩きます。さきさんは反時計回りに，たかしさんとさおりさんは時計回りに，同じ場所から午前10時30分に出発します。さきさんとたかしさんが初めて出会ったとき，たかしさんの360 m 後ろにさおりさんがいました。このとき，次の問いに答えなさい。

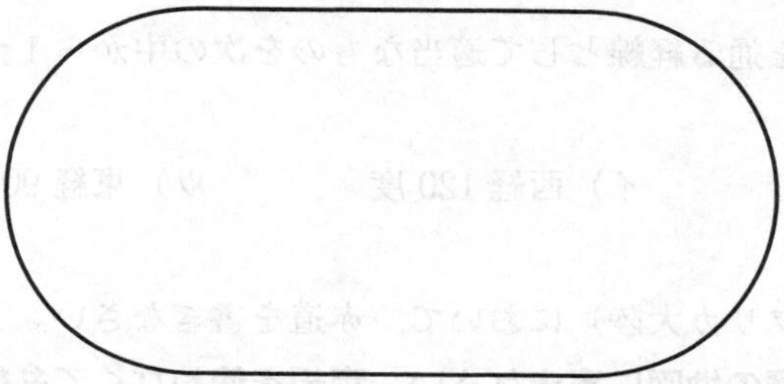

(1) ジョギングコースの１周の長さは何 m ですか。

(2) さきさんとたかしさんが初めて出会った後について，次の問いに答えなさい。

① さきさんはその場で８分休けいをして，同じ速さで同じ方向に進み始めたとします。さきさんとたかしさんが２回目に出会うのは，午前何時何分何秒ですか。

② さきさんは休けいをせずに，同じ速さで反対の方向に進み始めたとします。さきさんとさおりさんが初めて出会うのは午前何時何分ですか。

【社　会】〈第１回試験〉（40分）〈満点：100点〉

1 次の各問いに答えなさい。

（1） 世界で一番面積の大きい国はどこか，答えなさい。

（2） 2016年にリオデジャネイロオリンピックが開かれた国はどこか，答えなさい。

（3） ６つの大陸のうち，南緯と東経だけで表される大陸はどこか，答えなさい。

（4） 兵庫県明石市を通る経線として適当なものを次の中から１つ選び，記号で答えなさい。

ア）東経135度　　イ）西経120度　　ウ）東経90度　　エ）西経60度

（5） 次の地図（アフリカ大陸）において，赤道を書きなさい。
（答えは解答欄の地図に書きなさい。定規を使わなくても構いません。）

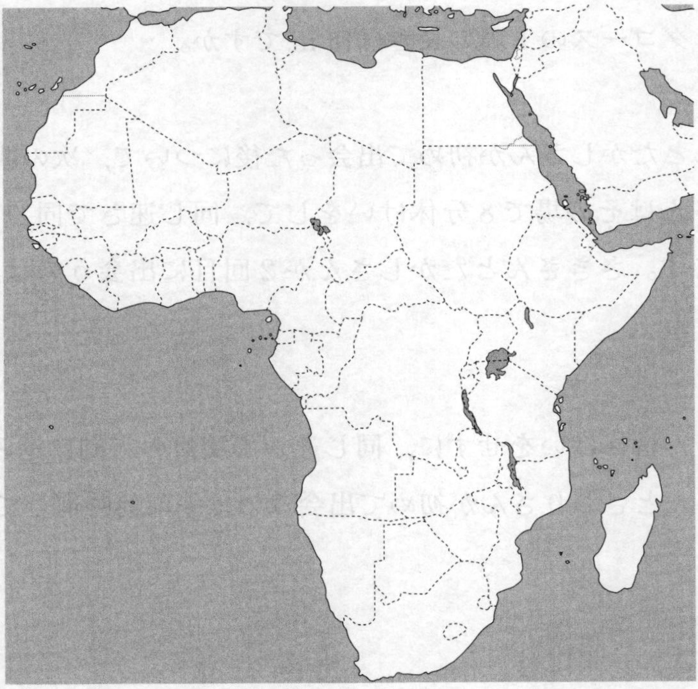

2 次の地図（北陸新幹線の路線図）を見て，各問いに答えなさい。

（１） 東京から金沢に北陸新幹線で行く際に，全部でいくつの都県を通過するか，答えなさい。
（注）東京都と石川県も数に含みます。

（２） 高崎駅のある群馬県において，キャベツの生産が全国的に有名な村はどこか，答えなさい。

（３） 軽井沢駅の気温と降水量の図として適当なものを次の中から１つ選び，記号で答えなさい。

ア）

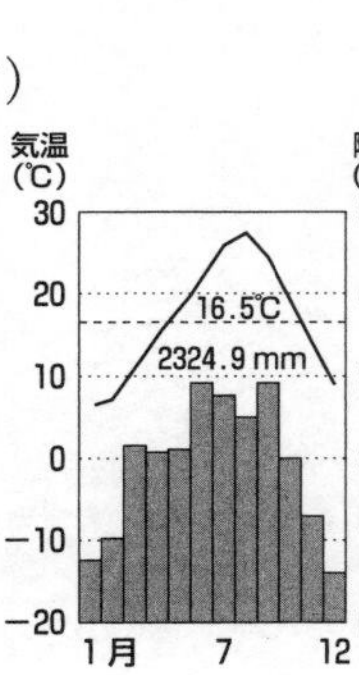

イ）

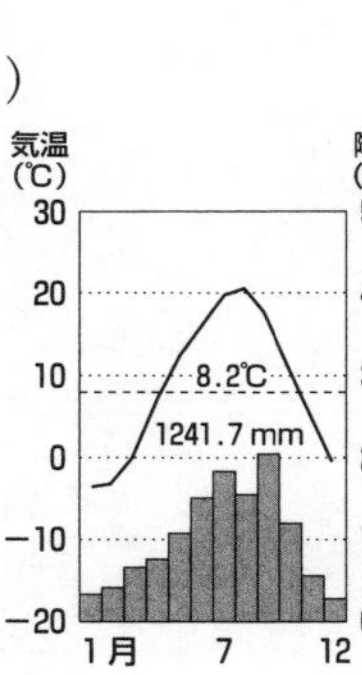

ウ）

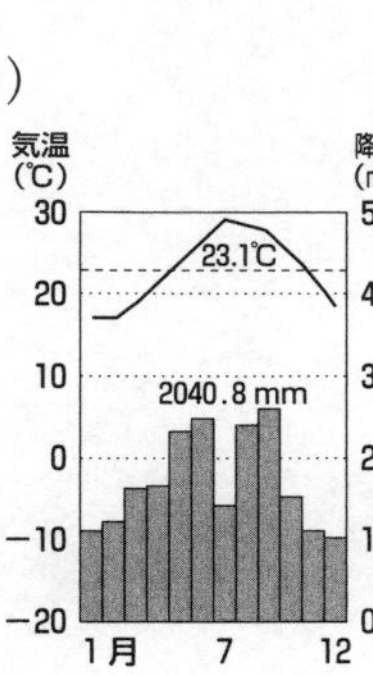

エ）

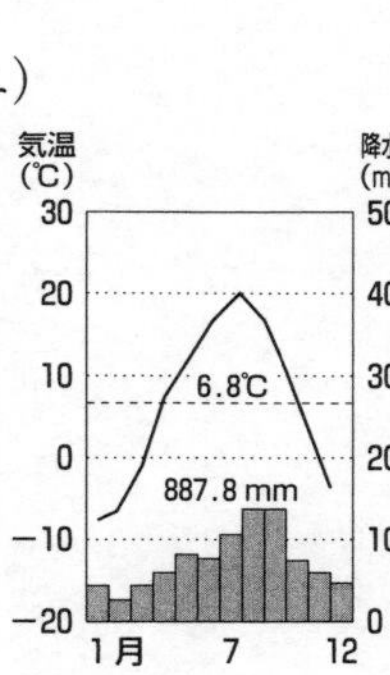

（４）　上越妙高駅のある新潟県を流れる，日本でもっとも長い河川を**漢字で答えなさい。**

（５）　まだ完成していませんが，北陸新幹線は福井県も通る予定です。福井県鯖江《さばえ》市は，昔からめがねの生産がさかんですが，それはなぜですか。その理由をのべた次の説明の空欄にあてはまる文を答えなさい。

> **今から100年以上前，福井県では冬は［　　　　　　　　］ため，男の人が都会に働きに出てしまうので困っていました。そこで，増永五左衛門が大阪からめがね職人を連れてきて，めがね作りの技術を学んだのが始まりです。**

（６）　まだ着工されていませんが，北陸新幹線の終点予定地は大阪です。2025年に大阪府で開催されることが予定されている国際的イベントを答えなさい。

3　次の会話文を読んで，各問いに答えなさい。

さくたくん「ぼくたちの住むａ）長崎県は水産業がとてもさかんだよね。」
さくみさん「10トン以上の船を使って数日がかりで行うｂ）沖合漁業がさかんだよね。」
さくたくん「ｃ）魚をとった人から私たちに届けられるまで，さまざまな人の働きがあるんだ。」
さくみさん「私のお父さんはふぐが大好きなんだ。長崎県は，とらふぐが大きくなるまでいけすなどで育ててから取る（　ア　）漁業がさかんだよね。」
さくたくん「長崎県の海には暖流の（　イ　）海流が流れていて，魚が多くいるんだね。」

（１）　空欄（　ア　）（　イ　）にあてはまる語句を答えなさい。

（２） 下線部ａ）について，この県は九州地方でもっとも海岸線の長い県です。それはなぜか，地図を参考にして，空欄にあてはまる語句を**漢字１文字で答えなさい**。

> **海岸線が複雑で出入りが多く，（　　　）も多いから。**

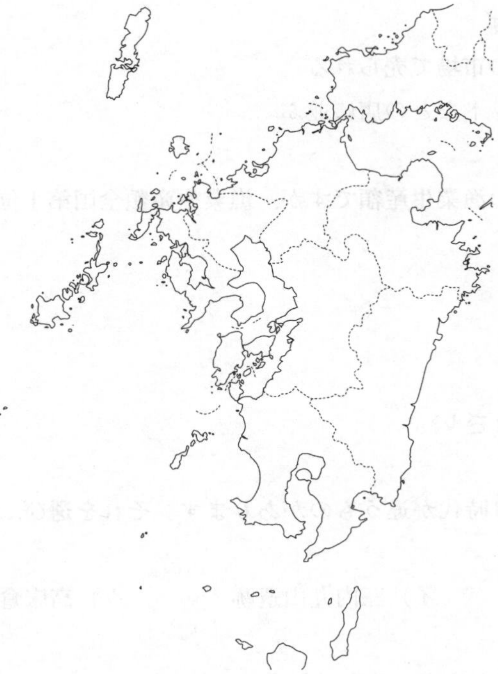

（３） 下線部ｂ）について，この漁業の生産量の変化を示すのは，次の**Ａ～Ｃ**のどれか，記号で答えなさい。

漁業形態別漁獲量の推移

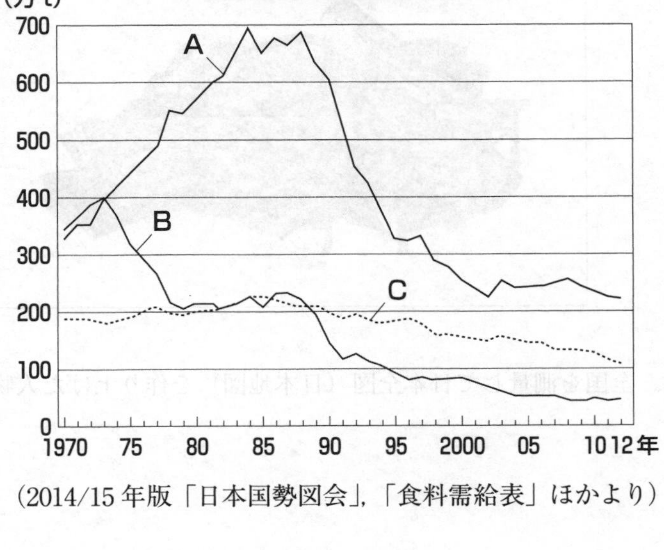

(2014/15 年版「日本国勢図会」,「食料需給表」ほかより)

（4） 下線部**c**）について，次のア）～エ）の文は，水あげされた魚が私たちの手もとに届くまでの流れをあらわしたものです。水あげされてから２番目にくるものを選び，記号で答えなさい。

ア）せりにかけられる
イ）とった魚の水あげ
ウ）出荷された地域の市場で売られる
エ）スーパーマーケットなどの店に並ぶ

（5） 長崎県は日本有数の漁業生産額ですが，漁業生産額全国第１位の都道府県はどこか，**漢字で答えなさい。**

4 次の各問いに答えなさい。

（1） 次の中には１つだけ時代が違うものがあります。それを選び，記号で答えなさい。

ア）吉野ケ里遺跡　　イ）三内丸山遺跡　　ウ）高床倉庫　　エ）邪馬台国

（2） 次の資料にある，平安時代の貴族（女性）が身に付けていた服装を何というか，答えなさい。

資料

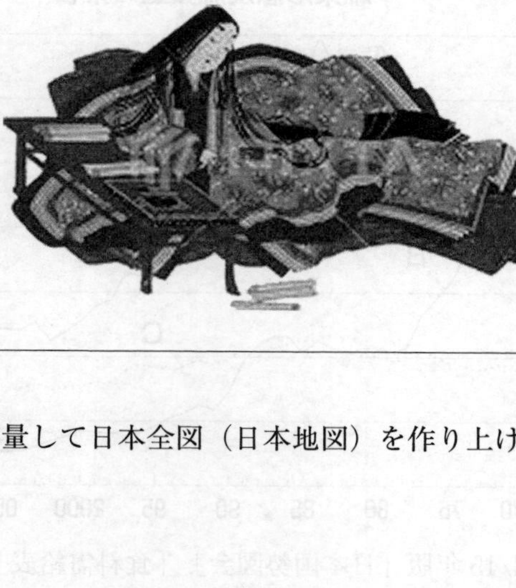

（3） 江戸時代，全国を測量して日本全図（日本地図）を作り上げた人物名を**漢字で答えなさい。**

5 次の年表や資料を見て，各問いに答えなさい。

年代	主なできごと
607	法隆寺を建てる…（ア）
	↕ A
701	大宝律令がつくられる
743	大仏づくりの宣言が出る…（イ）
	↕ B
794	都を平安京に移す
	↕ C
1016	藤原道長が摂政になる
	↕ D
1185	壇ノ浦の戦いがおこる
1467	X）応仁の乱がおこる
	↕ ウ
1590	Y）豊臣秀吉が全国を統一する
1603	徳川家康が幕府を開く…（エ）
1641	鎖国の体制が固まる
1782	天明のききんがおこる…（オ）
1853	ペリーがZ）浦賀に来航

（１） 年表中の（ア）の頃，小野妹子が使節として中国に派遣されました。この使節の名前を何というか，答えなさい。

（２） 年表中の（イ）の時に天皇だった人物名を答えなさい。

（３） 年表中の ウ の頃，ある人物により，次の写真にあるような，墨でえがく絵が大成されました。この人物名を答えなさい。

（４） 年表中の（エ）の頃，幕府は外国との貿易を盛んにしようと，大名や商人に貿易の許可状を与え，保護しました。この許可状を何というか，答えなさい。

（５） 年表中の（オ）のできごとにより，都市の人々は米問屋などを襲い，米を奪っていきました。これを何というか，答えなさい。

（６） 平清盛は武士として初めて太政大臣になりました。この人物がその役職に就任した時期として，最も適当なものを，年表中の A ～ D の中から１つ選び，答えなさい。

（7） 年表中の下線部**X**）の時の将軍名を，**漢字で答えなさい。**

（8） 年表中の下線部**Y**）について，この人物が次の資料にあるような法令を出した理由を答えなさい。

> **資料**
> **諸国の百姓が，刀，やり，鉄砲などの武器を持つことを，かたく禁止する。武器をたくわえ，年貢を出ししぶり，一揆をくわだてて領主に反抗する者は，きびしく処罰される。**

（9） 年表中の下線部**Z**）について，この場所がある都道府県名を，**漢字で答えなさい。**

6 次の文を読み，各問いに答えなさい。

> **ア）日本国憲法には，私たち一人ひとりがイ）政治に参加することを認める権利など，さまざまなウ）人権が認められています。その一方で，憲法にはエ）日本国民が果たさなくてはならない義務についても記されています。**

（１） 上の文中の下線部**ア**）について，日本国憲法にある３つの基本原則のうち，国を治める最終的な決定権が国民にあることを何というか，答えなさい。

（２） 上の文中の下線部**イ**）について，私たちの考えを政治に反映させていく方法にはさまざまな方法があります。中でもテレビや新聞などの影響を受けながら，政治や社会の多様な問題について，多くの国民がもっている意見を何というか，**漢字で答えなさい。**

（３） 上の文中の下線部**イ**）について，右の資料は，選挙における有権者数の推移を表しています。2015年の法改正で有権者数がさらに増加した理由を簡単に答えなさい。

資料

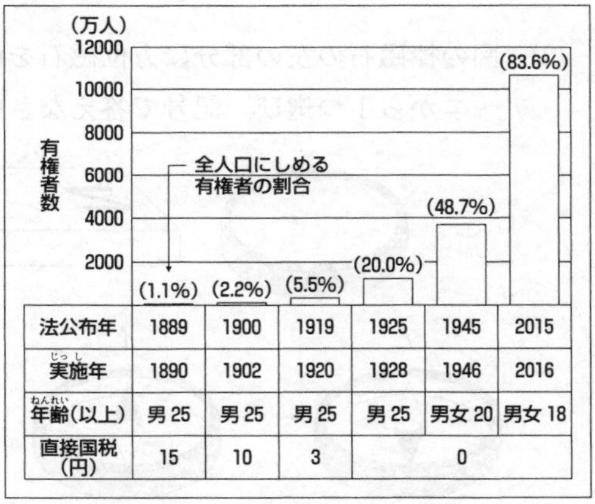

法公布年	1889	1900	1919	1925	1945	2015
実施年《じっし》	1890	1902	1920	1928	1946	2016
年齢《ねんれい》(以上)	男 25	男 25	男 25	男 25	男女 20	男女 18
直接国税(円)	15	10	3	0		

有権者数の推移（総務省資料）

（４） 上の文中の下線部**ウ**）について，おもに次にあげるものをまとめて何というか，**漢字５文字で答えなさい。**

「男女平等」
「学問の自由」
「教育を受ける権利」
「被選挙権」
「裁判を受ける権利」

（５） 上の文中の下線部**エ**）について，この義務は３つあります。それは「普通教育を受けさせる義務」と「勤労の義務」，あと１つは何か，答えなさい。

【理　科】〈第１回試験〉(40分)〈満点：100点〉

1 次の各問いに答えなさい。

(1) 一日の気温の変化を調べたとき，気温の変化が最も大きいのは，どの天気の日か。次のア～エから１つ選び，記号で答えなさい。

ア　晴れの日　　イ　くもりの日　　ウ　雨の日　　エ　雪の日

(2) 右の図は，７月から10月に日本付近に発生した台風の主な進路を示したものである。このうち，７月の進路を示したものはどれか。図のア～エから１つ選び，記号で答えなさい。

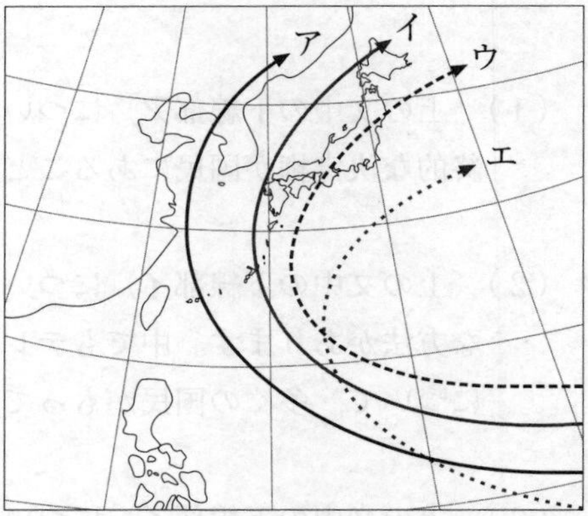

(3) 図の棒磁石の左の部分に方位磁石を置いたとき，方位磁石はどのような向きを示すか。次のア～エから１つ選び，記号で答えなさい。この方位磁石は黒い部分がＮ極になっている。

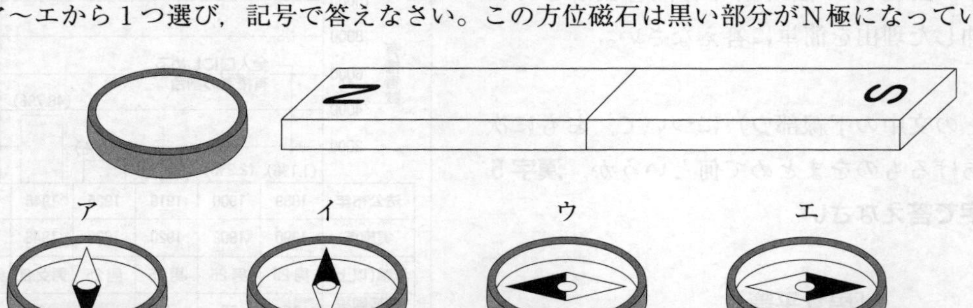

(4) 地球上の水の約97.5％は海水で，淡《たん》水（海水ではない水）は約2.5％である。この淡水のうち，最も割合が多いのはどこの水か。次のア～エから１つ選び，記号で答えなさい。

ア　大気中の水蒸気　　イ　陸上の川や湖

ウ　大陸の地下水　　エ　南極や北極の氷

(5) 2021年はアメリカ合衆国のNASAのマリナー計画の探査機であるマリナー９号がある惑《わく》星の軌道《きどう》に乗ってから50年である。この惑星は地球のすぐ外側をまわる天体で，2021年２月18日にマーズ2020計画の探査機であるパーサヴィアランスが着陸に成功し，生命が存在したあとを探している。この天体は何か。次のア～エから１つ選び，記号で答えなさい。

ア　水星　　イ　金星　　ウ　火星　　エ　木星

2 次の各問いに答えなさい。

(1) 冬の大三角をつくる明るい星は，プロキオン・ベテルギウスとあと１つは何か。星の名前を答えなさい。

(2) 空全体を10としたとき，雲の量が８だった場合，天気は何か答えなさい。ただし，雨や雪などは降っていないものとする。

(3) 温度計で気温を測定したら，右の図の値を示した。このときの気温は何℃か答えなさい。

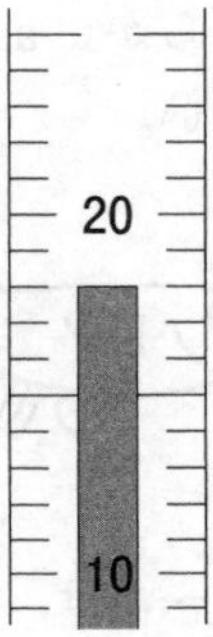

(4) 豆電球にソケットを用いず，乾電池１つで明かりをつけたい。どのように導線をつなげばよいか。図の中に導線をかき答えなさい。

(5) 豆電球にソケットを用いて，乾電池を２つ使い，なるべく長時間点灯することができるように導線をつなぎたい。どのように導線をつなげばよいか。図の中に導線をかき答えなさい。

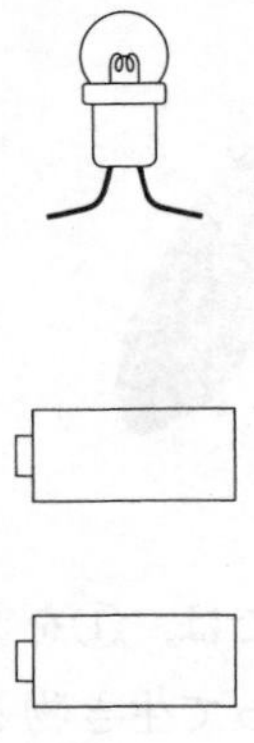

3 ようすけさんは，メダカや水中の小さな生き物について調べた。次の各問いに答えなさい。

(1) 次の文章中の空欄 [A] ， [B] ， [C] に当てはまる語句を答えなさい。

めすが生んだ [A] が，おすが出した [B] と結びつくことを [C] という。

(2) 下の図ａ・ｂは，ようすけさんがメダカのおすとめすをスケッチしたものである。おすのメダカはどちらか。ａ・ｂから１つ選んで，記号で答えなさい。また，その答えを選んだ理由を説明しなさい。

a

b

(3) 下の図ア～エは，メダカが受精卵から少しずつ育っていく様子をようすけさんがスケッチしたものである。ア～エを正しい順番に並べかえ答えなさい。

ア

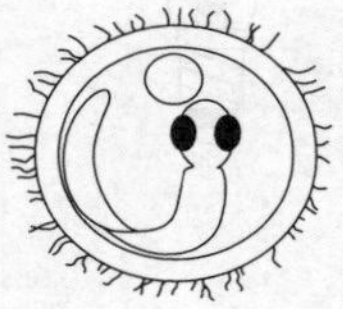

イ

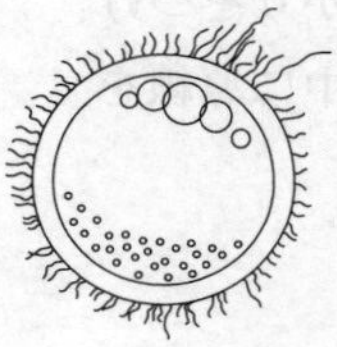

ウ

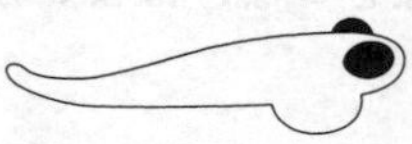

エ

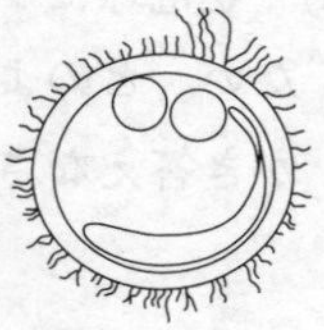

(4) メダカがすんでいる池の水の中から，次の①②のような小さな生き物が見つかった。それぞれ何という生き物か答えなさい。

①

②

(5) 池の中では，①を②が食べ，②をメダカが食べる，のように「食べる・食べられる」という関係によって生き物どうしがつながっている。では，メダカの成魚（＝大人になった魚）を食べる生き物にはどんなものがあるか１つ答えなさい。

4 みさきさんは総合的な学習の時間にSDGsのことについて，調べ学習をグループでおこなった。みさきさん達が作成したレポートを見て，次に示す(1)～(5)の各問いに答えなさい。

◎ SDGs レポート　　　　　　　　　　　　　　２班

テーマ　評価が低い目標を理科の力で解決する！

始めに　SDGsは2015年に国連サミットにて決まった2030年までに（　①　）でよりよい世界を目指す国際目標です。具体的に17個の目標が示されています。

（　①　）とは，何かをし続けられる，ということです。私たちみんなが，ひとつしかないこの地球で暮らし続けられる「（　①　）な世界」を実現するために進むべき道を示した，つまり，ナビのようなものです。

日本のSDGsインデックス＆ダッシュボードによるSDGs達成度ランキングは2020年162か国中17位でした。17個の目標ごとの評価を見てみると，高い評価のものが３つと低い評価のものが５つありました。低い評価の５つの目標のうち３つは学校で勉強した「理科」の視点から，少しでも高い評価にできるのではと考え，まとめたいと思います。

まとめ

高い評価を目指せる目標	日本のダメなところ	高い評価にするためにできること
目標13 「気候変動に具体的な対策を」 →天気の勉強をしているから気候変動及びその影響《えいきょう》を軽減するための緊《きん》急対策《さく》を講じよう。	（　②　）の排出量の多いエネルギーを主に使用していること。	・地球温暖化を防ぐために（　②　）の排出量を減らすエコカーの開発をしている企業が増えています。大人になって車を買う時はエコカーにします。 ・地球温暖化を防ぐために今できることは，（　③　）です。
目標14 「海の豊かさを守ろう」 →海の生物について考えられそうだから（　①　）な開発のために海洋資源を保全し，（　①　）な形で利用しよう。	魚を捕りすぎていること。	・ポイ捨てされたプラスチックゴミが海の魚の命をうばうとわかりました。ゴミ拾いをしたり，（　④　）をしたいです。
目標15 「陸の豊かさも守ろう」 →陸の生物について考えられそうだから陸上の生態系や森林の保護・回復と（　①　）な利用を推進し，砂漠化と土地の劣《れっ》化に対処し，生物の多様性の損失を阻《そ》止しよう。	絶滅《めつ》危惧《ぐ》種が多いこと。 ※絶滅《めつ》危惧《ぐ》種：絶滅《めつ》のおそれが生じている野生動物のこと。	・わりばしなどを使わずに，マイハシを持ち歩いて使います。 ・植樹などの活動に参加します。

(1) SDGsを日本語に直すと「（ ① ）な開発目標」となり，（ ① ）はレポートの中にもたびたび登場する大切な言葉である。（ ① ）に当てはまる言葉を答えなさい。

(2) レポート中の目標13（ ② ）に入る，地球温暖化の原因になっている気体は何か。気体の名前を答えなさい。

(3) レポートの中の目標15の生態系とは，生き物たちとそれらが生きる自然環境をあわせたかかわりのことをいう。日本の問題点として，絶滅《めつ》危惧《ぐ》種が多いと心配されているが，絶滅《めつ》危惧《ぐ》種が多くなった原因は何か答えなさい。

(4) レポートの中にある「地球温暖化を防ぐために今できることは，（ ③ ）です。」の（ ③ ）に当てはまることは何か。自分が家庭で実際に行っていることを答えなさい。何も行っていない人はこれからやってみたいことを答えなさい。

(5) レポートの中にある（ ④ ）に当てはまる，プラスチックゴミが海の魚の命をうばわないようにするためには，国として何をすると効果的ですか。自分の考えを答えなさい。

5 ゆうたさんは学校で物が水にとける様子を調べる実験をした。その結果をもとに夏休みの自由研究で家にあるものを利用して，くわしく実験をした。次に示す(1)～(8)の各問いに答えなさい。

学校の実験で分かったこと

・食塩は，水にとけて見えなくなっても，なくなっていない。
・物は，水にとけても，重さはかわらない。
・食塩やさとうを水に入れると，粒が見えなくなり，液がすき通って見えるようになる。
　→食塩やさとうが「水にとける」という。

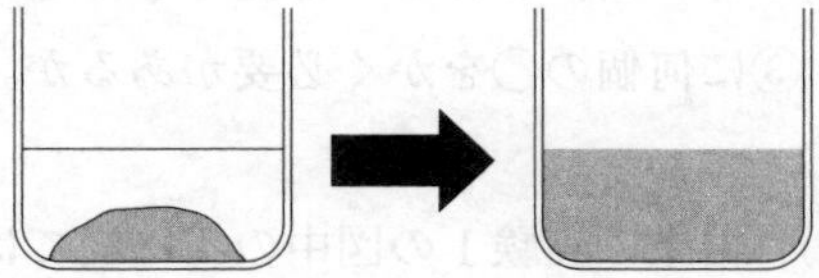

・物が水にとけたとき，とけた物は，液全体に（　①　）広がっている。
・物が水にとけた液のことを（　②　）という。
・決まった量の水にとける物の量には，限りがある。
・物によって，水にとける量にはちがいがある。

自由研究で実験したいこと

実験１　家にあるものを水にとけるか調べる。
実験２　水の量をふやすととける量がどのようになるか調べる。

結　果

実験１　決められた水の量に，同じさじですりきり１はいずつ入れてかき混ぜて確認した。

とけた物	コーヒーシュガー	20はい
	食塩	4はい
	ミョウバン	1はい

1はい入れて	かたくり粉
とけなかった物	小麦粉

とけた様子をすりきり１はいを○５個であらわすと

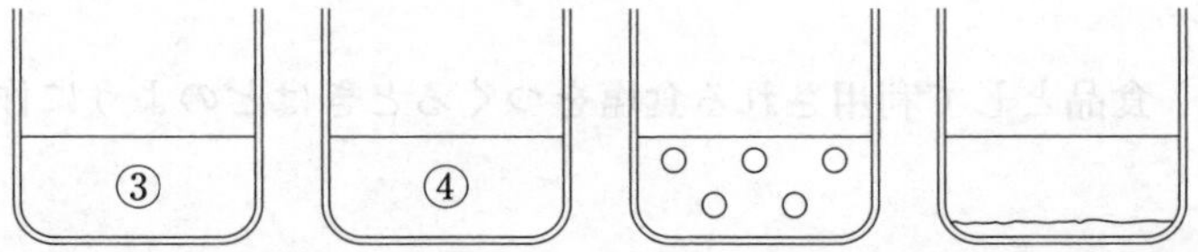

実験２　コーヒーシュガーはたくさんとけるので，食塩とミョウバンだけで実験した。

水の量	目もり　1	目もり　2	目もり　3
食塩	4はい	8はい	⑤　はい
ミョウバン	1はい	⑥　はい	⑦　はい

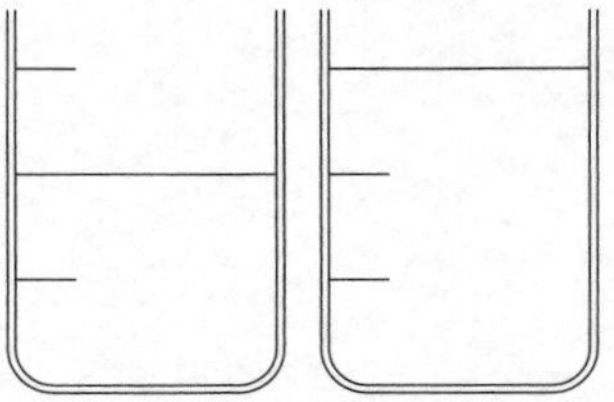

分かったこと

実験１　学校の実験でも分かった通り，物によって，水にとける量にはちがいがある。家にあるものの中には，かき混ぜてもすき通って見えず，とけない物もあった。

実験２　（　⑧　）

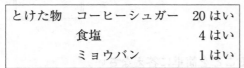

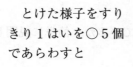

(1)　文章中の「物が水にとけたとき，とけた物は，液全体に（　①　）広がっている。」の①に当てはまる言葉は何か。当てはまる言葉を答えなさい。

(2)　物が水にとけた液のことを何というか。（　②　）に当てはまる言葉を答えなさい。

(3)　コーヒーシュガーはたくさんとけるので，図にかくことができなかった。実際にかく場合，③に何個の○をかく必要があるか。数字で答えなさい。

(4)　結果　実験１の図中の④に当てはまる図を，ミョウバンを例にしてかきなさい。

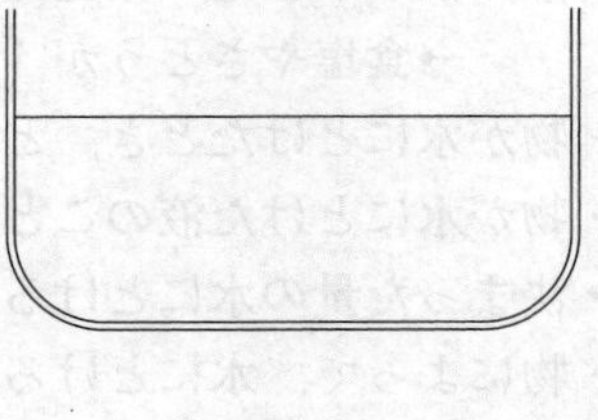

(5)　結果　実験２の⑤～⑦に当てはまる数字をそれぞれ答えなさい。

(6)　結果　実験２の⑥を(4)のように図にするとどのようにかくことができるか。かきなさい。

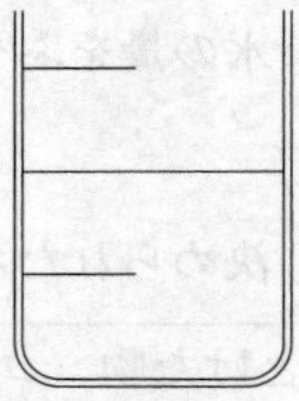

(7)　分かったことの（　⑧　）に当てはまることを簡単に答えなさい。

(8)　食品として利用される食塩をつくるときはどのように作っているか。簡単に説明しなさい。

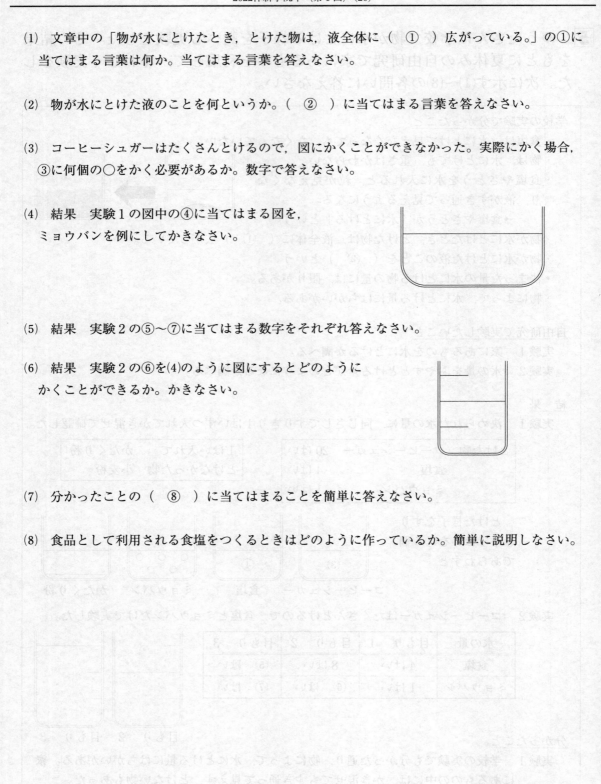

6 物を冷やしたり温めたりした時の変化について，次の各問いに答えなさい。

ア　空気は冷やされると体積が ① なる
イ　空気は温められると体積が ② なる
ウ　温められた空気は上へ上っていく
エ　水が冷やされて液体から固体になると，体積が ③ なる
オ　$_{\text{a}}$水が温められて液体から気体になると，体積が ④ なる
カ　温められた水は，上へ上っていき，全体に広がっていく
キ　金属は冷やされると体積が ⑤ なる
ク　金属は温められると体積が ⑥ なる

(1)　①～⑥の空欄のうち，「大きく」が当てはまるものは○，「小さく」が当てはまるものは×で答えなさい。

(2)　下線部ａが起こるのは水がおよそ何℃になったときか答えなさい。

(3)　次のＡ～Ｃの内容と関わりが深いものを，上記ア～クよりそれぞれ全て選び，記号で答えなさい。

Ａ　熱気球は，大きなバーナーを使って飛ぶことができる
Ｂ　冬の寒い日の朝，家の水道管が破裂《れつ》していた
Ｃ　夏の暑い日に備えて，線路のつなぎ目は少し空けて作られている

(4)　カについて，ビーカーに水を入れ，さらにその中にみそを少し入れて，下図のように温めた。みそはどのように広がっていくか。矢印をかいて答えなさい。

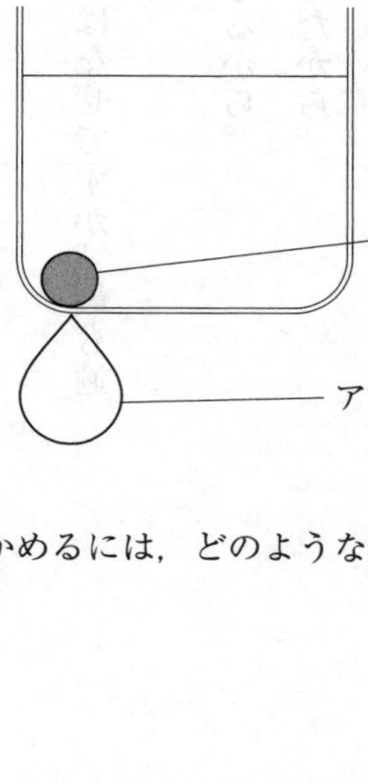

(5)　アが正しいことを確かめるには，どのような実験をしたらよいか。方法と結果を図と文章で説明しなさい。

イ　好きなものを増やしていくことで人生が豊かになり、更《さら》に充実した生活が送れるよう、生きることに貪《どん》欲になること。

ウ　好きなものを増やしていくことで多くの人とのコミュニケーションの機会に恵まれ、更に好きなものを増やせること。

エ　好きなものを増やしていくことで得られる幸福感によって、人とコミュニケーションをとることに積極的になること。

問九　――部⑧「たくさん友だちがいる必要はないんです。」とありますが、それはなぜですか。最も適切なものを次から一つ選び、記号で答えなさい。

ア　友だちが一人いれば、いろいろなことを知って、世界を広げることができるから。

イ　好きなものが同じでなくても、互いに語り合える友だちが数人いれば十分だから。

ウ　インターネットなどの普及《ふきゅう》により、一人でも生きていくことが可能になったから。

エ　多くの友だちがいると、さまざまな情報を得られるが、間違ったものもあるから。

問十　本文の表現上の特徴《ちょう》として最も適切なものを次から一つ選び、記号で答えなさい。

ア　具体例を多く用いることで、言いたいことを分かりやすくしている。

イ　文末をあえて不統一にすることで、話にリズム感を持たせている。

ウ　段落をこまめに変えることで、内容を区切りやすくしている。

エ　話し言葉で書き進めることで、会話を生き生きとしたものにしている。

五

あなたが世界に発信したいと考える日本の文化を八十字以上百字以内で紹介《しょうかい》しなさい。ただし、原稿《こう》用紙の使い方に従って、一段落で書きなさい。

ウ　A　しかし　　B　なぜなら　　C　たとえば
エ　A　たしかに　B　やはり　　C　ゆえに

問二　――部①「自分で自分にブレーキをかけて」とはどういうことですか。二十五字以上三十字以内で書きなさい。

問三　――部②「その回路」とはどういう回路ですか。本文中から十五字でぬき出しなさい。

問四　――部③「どちらも」が示している内容を具体的に三十五字以上四十字以内で書きなさい。

問五　――部④「基本的にすべて『いいね！』のスタンスで受け入れるんです。」とありますが、それはなぜですか。四十五字以上五十字以内で書きなさい。

問六　――部⑤「食わずぎらいにならないことが大事です。」を言いかえている一文を本文中からぬき出しなさい。

問七　――部⑥「知らないことを教えてもらったときこそ、おもしろいんです。」とありますが、それはなぜですか。本文中から二文でぬき出し、初めと終わりの六字を書きなさい（ただし句点は除きます）。

問八　――部⑦「生きる力」とは何ですか。最も適切なものを次から一つ選び、記号で答えなさい。
ア　好きなものを増やしていくことで趣味が多くなり、興味・関心が広がっていくので人生が楽しくなるということ。

らこその深みです。

⑥「これだけ」とひとつのものしか食べていない人の知っている世界とは奥《おく》行きが違います。知らないことを教えてもらったときこそ、おもしろいんです。

（中略）

中学生、高校生のときに、「この世界って、広くて深い、そしておもしろいものに満ちている」と思えるのは、⑦生きる力という意味でとても大事なことです。

好きなもののことは、人に話したくなります。

口ベタで人づきあいが苦手な人でも、自分の好きなもののことなら、みんな語れます。ぼくは、友だちとは、好きなものについて楽しく語り合える人のことだと思っているんですね。同じものが好きだと意気投合しやすい。でも、好きなものが同じでなくても、お互《たが》いに好きなものについて語り合うことで、共感したり、刺《し》激を受けたり、感じ方の違いを知ったりできる。そういう友だちがひとりでもふたりでもいたら十分。⑧たくさん友だちがいる必要はないんです。

もし身近なところにそういう相手がいなくても、いまはネットを通して、共通の趣味をもっている、共感し合えそうな人と分かち合うこともできますしね。

好きなものがあれば、ひとりぼっちじゃない。コミュニケーションがとれます。

好きなものがひとつだけでなくて、いくつもあったら、話せる相手がもっと増える。

好きなものを増やしていくことは、話の合う人を増やすことにもつながるんです。

（齋藤　孝『本当の「頭のよさ」ってなんだろう？』による）

問一　A ～ C に入る語の組み合わせとして最も適切なものを次から一つ選び、記号で答えなさい。

ア　A　また　B　つまり　C　さらに

イ　A　そして　B　むしろ　C　なるほど

好きなことを増やしていくには、好奇心を全開にして、「ちょっとおもしろそう」と思ったことにはどんどんチャレンジしてみることです。

[C]、お兄さん、お姉さんがいると、同年代の子たちよりも新しいことに接するのが早い。

同級生の友だちはまだ知らないような洋楽をお兄さんやお姉さんが聴《き》いていて、その影響《えいきょう》で自分もファンになったとか、同級生たちが読んでいないような本をひと足先に読んでいるとか。まわりのみんなよりも先取りできていることが、ハマるきっかけになったりもします。

何かを取り入れるのが早い友だちがいると、新しい世界を開いてくれやすい。

ほかの人が「いい」とか「おもしろい」と言っているものは、④基本的にすべて「いいね！」のスタンスで受け入れるんです。

「そのミュージシャン知らなかった。聴いてみるね」と前向きにとらえる。

⑤食わずぎらいにならないことが大事です。自分がいままで聴いていないものこそ、「どんなものなんだろう？」「これにはどんなよさがあるんだろう？」と興味をもつ。

知らなかったところに、何か自分の興味をパーンと開いてくれるようなものがあることもあります。そういう出合いのきっかけを作ってもらえた、自分が出合う機会のなかったものを教えてもらえたわけだから、ありがたいことなんです。

ひとつのものしか知らなくて、「これだけがいい」と思いこんでいるのは、世界が狭《せま》い。食べ物でいえば偏《へん》食です。

いろいろ知って「これもいいな」「あれもいいな」「こっちもいいな」というのがどんどんわかってくることのほうが、世界を広げられるし、じつは深めていくこともできるんです。

いろいろなものを食べてみることで、いろいろなおいしさがあることもわかるし、そんななかでも自分は「とくにこれが好きだなあ」というものがわかってくる。それは、いろいろなものを知っているか

何年間か夢中になって打ちこんできたこと、熱中してきたことが、没頭体験としてこれから先の自分の生き方にあらわれます。

[B]、「好きになり方」を知っているから。

「情熱」をどうやって注いでいったらいいかを知っているから。

そこにある充実感、幸せな感じを知っているから。

没頭感覚を体感してきている人は、たとえ何かに失敗したり行き詰《づ》まったりしても、ほかのことにまた熱心に取り組むことができて、そこでもまた充実した時間を過ごすことができるのです。

だから、とにかく好きなことに熱くなれるということが大事。

好奇心、探究心のわくことを、「掘っていく」気持ちでやってみることです。

それが将来の仕事にできるかどうかは、また別問題です。

自分が「これをやっているときがいちばん自分らしいと思える」と思うことと、仕事としてうまくやっていけることとは違《ちが》います。

夢中になれることと、得意なことは微《び》妙《みょう》に違う。

自分が得意でも、もっともっとうまくできる人がいたら、太刀《たち》打《う》ちできない。プロとしてやっていくのはむずかしい。

夢中になれることを仕事にすることが幸せな場合もありますし、仕事は仕事として別のことをやり、趣《しゅ》味としてやるほうが幸せな場合もあります。

でも、夢中になれる力は、これから先いろいろなところに向けていけるんです。

自分の新たな可能性はどんなところにあるのか。

それを知るためには、「好きなこと」をどんどん増やしていったほうがいい。

いろいろなところに興味を広げていったほうがいいのです。

「〇〇ばかりやっていて……。宿題はやったの？」

などと言われて、自分が興味をもったことが親から評価してもらえることではない場合、いい回路になっていないわけです。

そのうちに、①自分で自分にブレーキをかけて、何かをおもしろがる気持ちが消極的になっていってしまう。

好奇《き》心をもっていない人間はいません。

没頭感覚をもっていない人もいないんです。

何かに熱中したことがない、没頭するほど打ちこんだことがない人は、自分のなかで何かに没頭することの快感の回路を眠《ねむ》らせてしまっているのだと思います。

没頭することの「幸せ」に気づけていないんです。

中学生、高校生のうちに、②その回路を自分のなかで目覚めさせておきましょう。

そうすると、躍《やく》動感のある人になります。

ものごとを積極的に楽しんでいく構えができるんです。

没頭感覚というものを意識しているのといないのとでは、一生が大きく変わってきます。

小学生のころから野球一筋で甲子《こうし》園を目指してがんばっていたけれど、夢破れたといったとき、「自分から野球をとったら、もう何もない」と燃えかすみたいになってしまうこともあります。

あるいは、ずっとダンスに打ちこんできた。プロになれたらいいなと思っていたけれど、それはとても無理だという現実がわかってきた。「将来そっちに進めないんだったら、どんなに熱中しても意味がない」と思ってしまうこともあります。

③どちらも、それで終わりなんかじゃないんです。

問十二　芥川龍之介の作品でないものを次から選び、記号で答えなさい。

ア　『河童《かっぱ》』　イ　『山椒魚《さんしょううお》』　ウ　『羅生門《らしょうもん》』　エ　『杜子春《とししゅん》』

四　次の文章を読んで、後の問いに答えなさい。

だれでもみんな、小さいころには何かに夢中になったことがあるはずです。

砂遊びが好きで、砂山を作ったりトンネルを掘《ほ》ったり、壊《こわ》してはまた作るということをずっとやっていられたとか。

何かのマネをする「ごっこ」遊びにハマったとか。

何かを一生懸《けん》命集めていたとか。それが石ころの場合もあれば、ポケモンカードだったという場合もあるでしょう。

子どもは、何かしら熱中するものをもっています。

自分が興味をもったものに夢中になることが、充《じゅう》実感や自信のタネになっていると、その後も好きなことに積極的にチャレンジしていけるんです。

[A]、夢中になった先にある楽しさや達成感などの心地よさを味わう経験につながっていないと、没《ぼっ》頭感覚が閉じていってしまうのです。

夢中になれたものが、勉強に関係することや、スポーツや習いごとのようなものだと、親から応援《えん》してもらえますが、「くだらないこと」「危険なこと」と見なされると、制止されてしまいます。

「いつまでそんなことやってるの？　いいかげんにしなさい」

「危ないからやっちゃダメって言ったでしょ」

ア

佐藤和子
令和三年十一月六日
鈴木洋子様

イ

鈴木洋子様
佐藤和子
令和三年十一月六日

ウ

令和三年十一月六日
佐藤和子
鈴木洋子様

エ

令和三年十一月六日
鈴木洋子様
佐藤和子

問十一　正しい組み合わせのものを次から一つ選び、記号で答えなさい。

ア　アドバンテージ ―― 有利　　イ　エポック ―― 過程

ウ　トピック ―― 会話　　エ　プロセス ―― 約束

問四　「寒暖」と同じ構成のものを次から一つ選び、記号で答えなさい。

ア　閉店　イ　往復　ウ　入試　エ　幸福

問五　「男」の漢字の成り立ちを次から一つ選び、記号で答えなさい。

ア　会意文字　イ　形声文字　ウ　指事文字　エ　象形文字

問六　次の□に漢字を入れて、四字熟語を完成させなさい。

□耕□読

問七　次の□に入る故事成語を後から一つ選び、記号で答えなさい。

あの人は□に話し始めた。

ア　蛇足《だそく》　イ　温故知新　ウ　四面楚歌《そか》　エ　間髪《かんはつ》をいれず

問八　次の□に人の体を表す言葉が入るものを一つ選び、記号で答えなさい。

ア　□に泥《どろ》をぬる。　イ　□に釘《くぎ》。

ウ　ない□は振《ふ》れない。　エ　身から出た□。

問九　次の□に共通して入る漢字一字を書きなさい。

□目玉を食う。　□船に乗ったような気持ち。　一家の□黒柱。

問十　手紙の「後付」の表記の仕方として正しいものを次から一つ選び、記号で答えなさい。ただし「佐藤」さんから「鈴木」さんに宛《あ》てたものとします。

二〇二二年度 作新学院中等部

【国　語】〈第一回試験〉（四〇分）〈満点：一〇〇点〉

○字数指定がある場合は、「、」や「。」などの記号も一字で数えます。

一　次の――部の漢字の読みをひらがなで答えなさい。

①　時代の潮流に乗る。
②　土筆が出た。
③　雑穀を食べる。
④　愛校心を育む。

二　次の――部を漢字に直しなさい。必要な場合は送りがなも書きなさい。

①　きん張しながら大会にのぞむ。
②　ずぼしを指される。
③　五百円ちょきんをする。
④　じゅうおうに走る道路。

三　次のそれぞれの問いに答えなさい。

問一　次の漢字の太い部分は何画目に書きますか。算用数字で答えなさい。

可

問二　「問」の部首を書きなさい。

問三　漢字の部首になっていないものを次から一つ選び、記号で答えなさい。

ア　ウシ　　イ　サカナ　　ウ　サル　　エ　ヒツジ

2022年度

作新学院中等部　▶解説と解答

算　数　＜第１回試験＞（40分）＜満点：100点＞

解　答

1 (1)　1　(2)　17　(3)　5　(4)　$\frac{2}{3}$　(5)　7　**2** (1)　25250　(2)　12年後　(3)　64個　(4)　２％　(5)　48cm^2　**3** (1)　6.55Ｌ　(2)　10.85Ｌ　(3)　1750円　**4** (1)　4　(2)　23　(3)　14　**5** (1)　95cm　(2)　64.12cm　(3)　６cm　**6** (1)　3000ｍ　(2)　①　午前10時58分48秒　②　午前11時15分

解　説

1 **四則計算**

(1)　$1+2\times3\times4\times5\times0=1+0=1$

(2)　$12+(34-9)\div5=12+25\div5=12+5=17$

(3)　$3\times\left(\frac{1}{2}+\frac{7}{6}\right)=3\times\left(\frac{3}{6}+\frac{7}{6}\right)=3\times\frac{10}{6}=5$

(4)　$\frac{5}{12}+\frac{7}{18}\times\frac{9}{14}=\frac{5}{12}+\frac{1}{4}=\frac{5}{12}+\frac{3}{12}=\frac{8}{12}=\frac{2}{3}$

(5)　$5.25\times3.36\div2.52=17.64\div2.52=7$

2 **数列，年齢《ねんれい》算，構成，濃度《のうど》，面積**

(1)　一定の数ずつ増える数の和は，｛(はじめの数)＋(終わりの数)｝×(個数)÷２で求めることができる。また，200から300までの整数の個数は，300－200＋１＝101(個)だから，200＋201＋202＋…＋300＝(200＋300)×101÷２＝25250となる。

(2)　今年のお父さんの年齢は，12×３＝36(才)なので，お父さんの年齢がりょうたさんの年齢の２倍になるのが□年後として図に表すと，右の図１のようになる。図１で，②－①＝①にあたる年齢が，36－12＝24(才)だから，□＝24－12＝12(才)とわかる。よって，このようになるのは12年後である。

図１

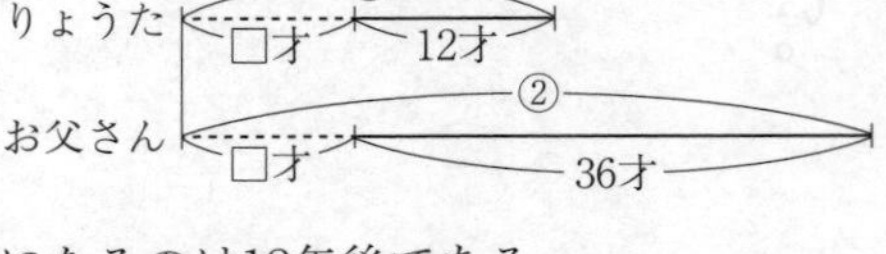

(3)　たて，横，高さの方向に，20÷５＝４(個)ずつ入れることができるので，積み木は最大で，４×４×４＝64(個)入る。

(4)　はじめのＢの濃度をア％，ＡからＢに200ｇ移した後のＢの濃度をイ％とする。また，(食塩の重さ)＝(食塩水の重さ)×(濃度)だから，やりとりのようすを図に表すと，下の図２のようになる(かっこ内は食塩の重さを表す)。図２より，２回目のやりとりでＢからＡに移した100ｇの食塩水には，28－24＝４(ｇ)の食塩がふくまれていたことがわかるので，イ＝４÷100×100＝４(％)と求められる。よって，ＡからＢに移した後にＢにふくまれていた食塩の重さは，600×0.04＝24(ｇ)となる。さらに，１回目のやりとりでＡからＢに移した200ｇの食塩水にふくまれていた食塩の重さは，200×0.08＝16(ｇ)だから，はじめにＢにふくまれていた食塩の重さは，24－16＝８(ｇ)とわかる。したがって，はじめのＢの濃度は，ア＝８÷400×100＝２(％)である。

図２

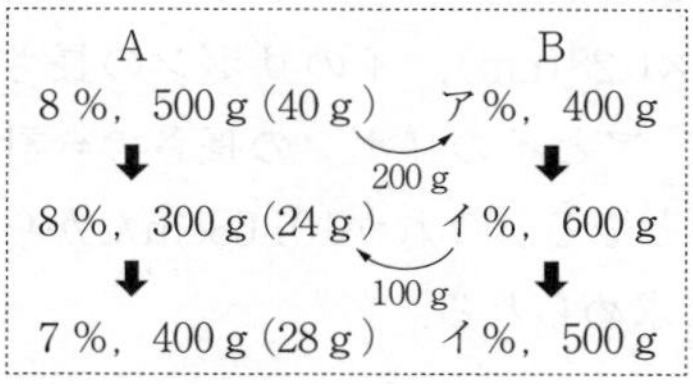

A
B
8％，500ｇ(40ｇ)
ア％，400ｇ
200ｇ
8％，300ｇ(24ｇ)
イ％，600ｇ
100ｇ
7％，400ｇ(28ｇ)
イ％，500ｇ

図３

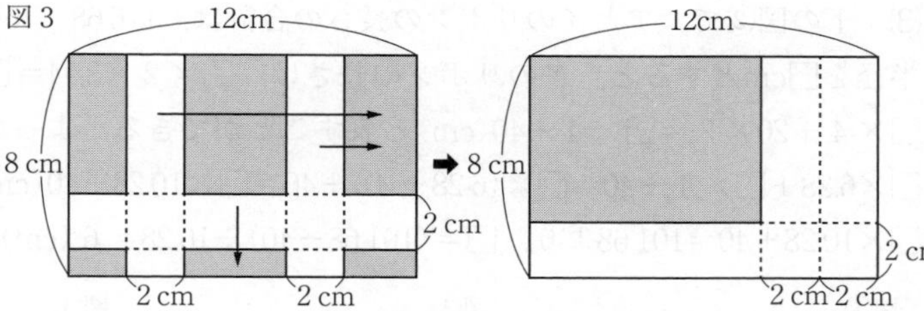

⑸　上の図３のように，白い部分をはしに移動しても，白い部分の面積は変わらない。よって，かげのついた部分の面積も変わらないので，かげのついた部分の面積は，たての長さが，８－２＝６(cm)，横の長さが，12－２×２＝８(cm)の長方形の面積と等しくなる。したがって，かげのついた部分の面積は，６×８＝48(cm²)である。

3　単位の計算，条件の整理

⑴　Ａは，350÷1000＝0.35(Ｌ)，Ｂは，600÷1000＝0.6(Ｌ)，Ｃは1.5Ｌ入るから，Ａ５本，Ｂ３本，Ｃ２本では，全部で，0.35×５＋0.6×３＋1.5×２＝6.55(Ｌ)となる。

⑵　１円あたりの量を計算すると，Ａは，350÷100＝3.5(mL)，Ｂは，600÷150＝４(mL)，Ｃは，1.5×1000÷200＝7.5(mL)となるので，同じ金額でできるだけ多くのお茶を買うには，Ｃ→Ｂ→Ａの順に買えばよいことになる。1500÷200＝７余り100より，Ｃを７本買うと100円余ることがわかり，余りの100円でＡを１本買うことができる。よって，買うことができるお茶の量は，1.5×７＋0.35×１＝10.85(Ｌ)となる。

⑶　2000円でＣだけを買うと，2000÷200＝10(本)買うことができるから，前日に買ったお茶の量は，1.5×10＝15(Ｌ)である。この量をＢだけで買うと，15÷0.6＝25(本)買うことになるので，必要な代金は，150×25＝3750(円)となる。よって，前日より，3750－2000＝1750(円)多くかかる。

4　数列

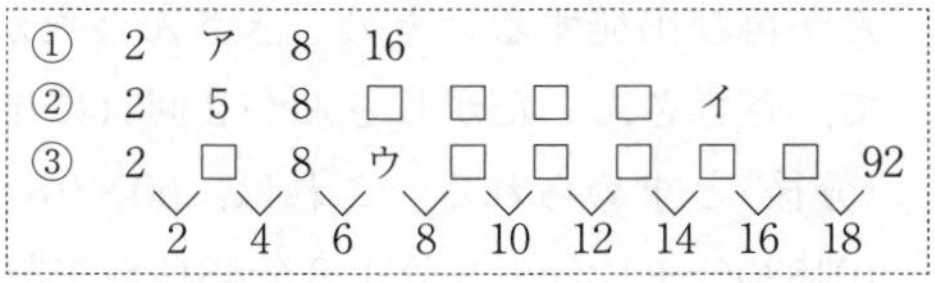

① 2 ア 8 16
② 2 5 8 □ □ □ □ イ
③ 2 □ 8 ウ □ □ □ □ □ 92
2 4 6 8 10 12 14 16 18

⑴　右の図の①で，アに入る数を求めればよい。①は，前の数に２をかけた数が並んでいると考えることができるから，ア＝２×２＝４となる。

⑵　図の②で，イに入る数を求めればよい。②は，前の数に３をたした数が並んでいると考えることができる。８番目の数までに３をたす回数は，８－１＝７(回)なので，イ＝２＋３×７＝23と求められる。

⑶　図の③で，ウに入る数を求めればよい。③は，図のように，たす数が｛２，４，６，…｝のように増えると考えると，２＋(２＋４＋６＋８＋10＋12＋14＋16＋18)＝２＋(２＋18)×９÷２＝92となり，条件に合う。よって，ウ＝８＋６＝14とわかる。

5　立体図形―長さ

⑴　１周巻くのに10cmのリボンが４本分必要になるから，２周巻くのに必要なリボンの長さは，10×４×２＝80(cm)である。これに結び目の長さを加えると，80＋15＝95(cm)となる。

⑵　真上から見ると下の図①のようになる(太線部分がリボン)。直線部分の長さの合計は，４×２×３＝24(cm)である。また，かげの部分を集めると半径４cmの円になるので，曲線部分の長さの合計は，４×２×3.14＝25.12(cm)とわかる。これらの合計に結び目の長さを加えると，24＋25.12

＋15＝64.12(cm)と求められる。

⑶　下の図②で，アとイのリボンの長さの合計は，116.68－15＝101.68(cm)である。また，底面の半径を□cmとすると，アのリボンの長さは，□×２×3.14＝□×6.28(cm)，イのリボンの長さは，□×４＋20×２＝□×４＋40(cm)と表すことができる。よって，アとイのリボンの長さの合計は，□×6.28＋□×４＋40＝□×(6.28＋４)＋40＝□×10.28＋40(cm)となる。これが101.68cmだから，□×10.28＋40＝101.68より，□＝(101.68－40)÷10.28＝６(cm)と求められる。

図①

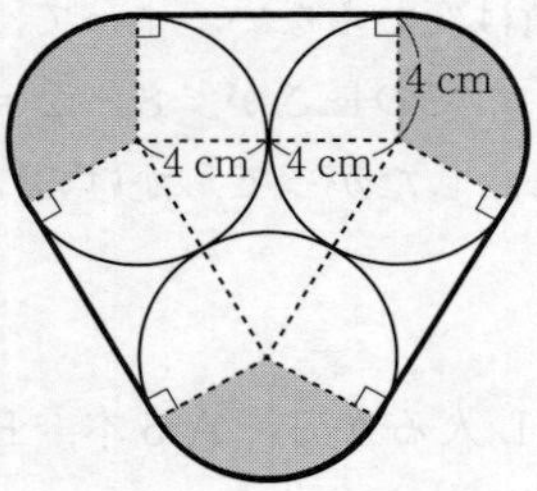

図②

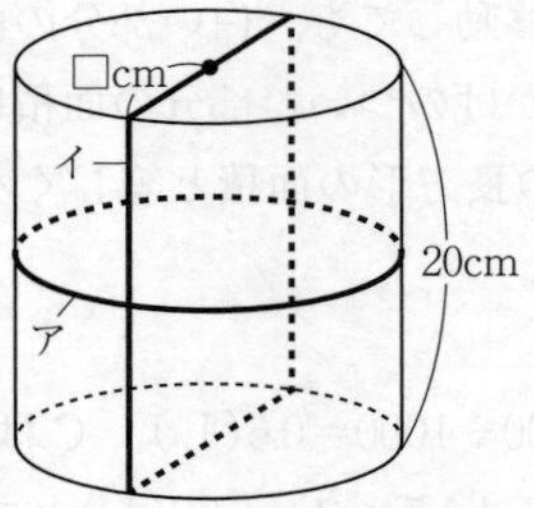

図③

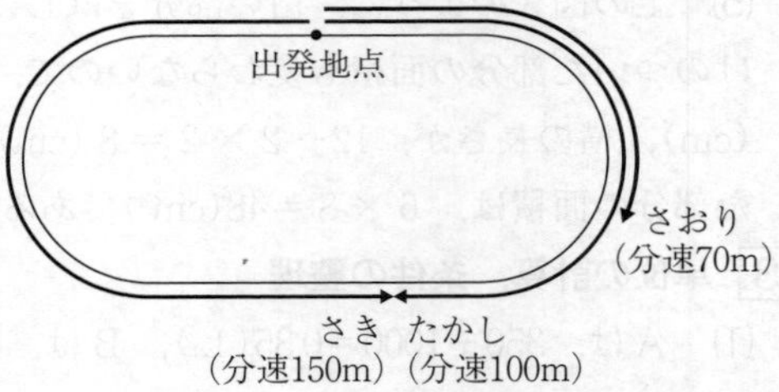

6 旅人算

⑴　さきさんの速さを分速に直すと，９×1000÷60＝150(m)である。出発してからさきさんとたかしさんが初めて出会うまでのようすを図に表すと，上の図③のようになる。このとき，さおりさんはたかしさんの360m後ろにいるから，このようになるまでにたかしさんとさおりさんが進んだ距離《きょり》の差は360mである。また，たかしさんとさおりさんが１分間に進む距離の差は，100－70＝30(m)なので，このようになるのは出発してから，360÷30＝12(分後)とわかる。さらに，さきさんとたかしさんが１分間に進む距離の和は，150＋100＝250(m)だから，さきさんとたかしさんが12分で進んだ距離の和，つまり１周の長さは，250×12＝3000(m)と求められる。

⑵　①　さきさんが８分休けいしている間に，たかしさんは，100×８＝800(m)進むので，さきさんが再び出発するときのさきさんとたかしさんの間の距離は，3000－800＝2200(m)となる。よって，さきさんとたかしさんが２回目に出会うのは，さきさんが再び出発してから，2200÷250＝8.8(分後)と求められる。これは，60×0.8＝48(秒)より，８分48秒後となるから，その時刻は，午前10時30分＋12分＋８分＋８分48秒＝午前10時58分48秒である。　②　さきさんが反対の方向に進むと，さきさんの，3000－360＝2640(m)前にさおりさんがいることになる。また，さきさんとさおりさんの間の距離は１分間に，150－70＝80(m)の割合で縮まるので，さきさんがさおりさんに初めて追いつくのは，さきさんが向きを変えてから，2640÷80＝33(分後)とわかる。したがって，その時刻は，午前10時30分＋12分＋33分＝午前11時15分となる。

社　会　＜第１回試験＞（40分）＜満点：100点＞

解　答

1　⑴　ロシア(連邦)　⑵　ブラジル　⑶　オーストラリア大陸　⑷　ア）　⑸　下の図　**2**　⑴　７(つ)　⑵　嬬恋村　⑶　イ）　⑷　信濃川　⑸　(例)　雪が積もっ

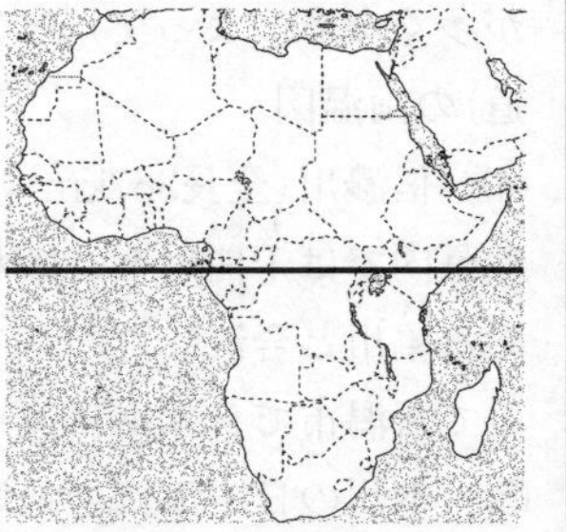

て農業ができない　(6)　万国博覧会(万博)　［3］(1)　ア　養殖　イ　対馬　(2)　島　(3)　A　(4)　ア）　(5)　北海道
［4］(1)　イ）　(2)　十二単　(3)　伊能忠敬　［5］(1)　遣隋使　(2)　聖武天皇　(3)　雪舟　(4)　朱印状　(5)　打ちこわし　(6)　［D］　(7)　足利義政　(8)　(例)　一揆の防止と，農業に専念させることにより，年貢を安定して得るため。(一揆の防止と，武士と百姓・町人の身分の違いをはっきりさせるため。)　(9)　神奈川県　［6］(1)　国民主権　(2)　世論　(3)　(例)　18歳以上の男女に選挙権が認められたため。　(4)　基本的人権　(5)　納税の義務

解　説

［1］ 世界地理についての問題

(1)　ロシア連邦(首都モスクワ)はアジア州とヨーロッパ州にまたがる国で，国土面積約1710万km^2は世界で最も大きい。これは，日本の国土面積約38万km^2のおよそ45倍にあたる。統計資料は『日本国勢図会』2021／22年版および『データでみる県勢』2021年版による(以下同じ)。

(2)　ブラジル(首都ブラジリア)は南アメリカ大陸の北東部を占《し》める国で，国土面積約852万km^2は世界第５位，人口約２億1256万人は世界第６位となっている。リオデジャネイロはブラジル南東部に位置する大都市で，2016年には南アメリカ大陸初となる夏季オリンピックが開かれた。

(3)　世界には，ユーラシア大陸・アフリカ大陸・北アメリカ大陸・南アメリカ大陸・オーストラリア大陸・南極大陸の６つの大陸がある。このうち，すべてが南半球に位置し，南緯のみで表されるのはオーストラリア大陸と南極大陸だが，南極大陸は南極を中心に広がっているため，東経と西経にまたがっている。よって，南緯と東経だけで表されるのはオーストラリア大陸だけとなる。

(4)　日本は，東経135度の経線を標準時子午線と定めている。この経線は京都府北部の丹後《たんご》半島や兵庫県，和歌山県の友ヶ島などを通っているが，中でも兵庫県南部の明石《あかし》市は「子午線のまち」として知られている。

(5)　０度の緯線である赤道は，アフリカ大陸では横はばの広い北部と，下に向かって細くなる南部の境目付近を通っている。これは，地形あるいは国名では，ギニア湾，ガボン，コンゴ，ビクトリア湖の北岸，ケニアなどにあたる。

［2］ 北陸新幹線の通過する都道府県とその農業，気候についての問題

(1)　地図に示された路線図では，東京駅・上野駅が東京都，大宮駅～本庄早稲田《ほんじょうわせだ》駅が埼玉県，高崎駅・安中榛名《あんなかはるな》駅が群馬県，軽井沢駅～飯山駅が長野県，上越妙高《じょうえつみょうこう》駅・糸魚川《いといがわ》駅が新潟県，黒部《くろべ》宇奈月《うなづき》温泉駅～新高岡駅が富山県，金沢駅が石川県にあり，合わせて７つの都県を通る。

(2)　群馬県北西部の嬬恋《つまごい》村は，夏でも涼《すず》しい高地の気候を利用した野菜の抑制《よくせい》栽培がさかんで，キャベツの生産量が多いことで知られる。嬬恋村のキャベツはおもに夏から秋にかけて出荷され，群馬県のキャベツの生産量は全国第１位である。

(3)　軽井沢駅のある長野県は中央高地の気候に属しており，夏と冬の寒暖差が大きいことや，年間降水量が少ないことが特徴《とくちょう》である。この特徴を示す雨温図はイ)とエ)だが，軽井沢は１月の平均気温がマイナス５度を下回るほどには寒くならず，また，梅雨の影響《えいきょう》を受ける６・７月は降水量

が多くなる。よって，イ)となる。なお，ア)は静岡市，ウ)は那覇市(沖縄県)，エ)は帯広市(北海道)の雨温図。

⑷　信濃川(全長367km)は日本で最も長い河川で，関東山地の甲武信ヶ岳《こぶしがたけ》を水源とする本流は，長野県内では千曲《ちくま》川とよばれる。千曲川は長野県内を南東部から北部へ流れ，長野市で最大の支流である犀《さい》川と合流したのち，北東へと流れて新潟県に入る。ここで信濃川と名を変え，越後平野を通って新潟市で日本海に注ぐ。

⑸　本州の日本海側の地域のうち，特に東北地方や，福井県をふくむ北陸地方は冬の積雪量が多く，田畑が雪におおわれて農作業ができないことが当たり前であった。そのため，こうした地域では冬の間に副業として伝統的工芸品をつくったり，都市部へ出稼《でかせ》ぎに出たりすることが多かった。こうした中，増永《ますなが》五左衛門《ござえもん》は地元の経済を活性化させようと大阪からめがね職人をよび寄せ，1905年からめがね枠《わく》の生産を始めた。現在，鯖江市はめがね枠の生産地として知られ，生産額は全国の９割以上を占めている。

⑹　万国博覧会(万博)は国際博覧会ともよばれ，世界各国が科学技術や産業，文化の成果を展示する博覧会である。大阪は1970年に日本で初めて万博が開かれた場所で，2025年には「大阪・関西万博」が開かれることになっている。

３　長崎県の地形や漁業についての問題

⑴　**ア**　魚介《ぎょかい》類を，卵や稚魚《ちぎょ》の段階から大きくなるまでいけすなどで育てる漁業を養殖漁業(養殖業)という。漁業資源を守る目的から，栽培漁業とともに「育てる漁業」として重要度が増している。　**イ**　対馬《つしま》海流は沖縄付近で日本海流(黒潮)から分かれ，東シナ海や日本海を北上する海流で，冬はこの上を吹《ふ》き渡る北西の季節風とともに，日本海側の地域の気候に大きな影響をおよぼす。

⑵　地図からもわかるように，長崎県は大村湾西岸のリアス海岸をはじめとして出入りの多い複雑な海岸線が多い。また，島の数が全国で最も多いことから，長崎県の海岸線の長さは北海道について全国第２位となっている。

⑶　沖合漁業は1970年代なかばに日本の漁業の中心となったのち，漁獲量《ぎょかくりょう》をのばし，1980年代も高い水準で推移したが，1990年代には漁業資源の減少などによって急激に漁獲量が減った。それでもなお，漁業形態別漁獲量は最も多い。なお，Ｂは遠洋漁業，Ｃは沿岸漁業。

⑷　一般に，水あげされた魚は市場(卸売《おろしうり》市場)でせりにかけられ，値段がつけられたり売り先を決められたりしたのち，出荷される。これらの魚は消費地に近い地域の市場に運ばれ，ここでスーパーマーケットや小売店などに売られる。そして，店に並んだこれらの魚を買うことで，魚は私たちの手もとに届く。よって，順番はイ)→ア)→ウ)→エ)となる。

⑸　2018年の漁業生産額(漁業・養殖業の合計)は，北海道が全国の約19％を占めて最も多く，ついで約７％の長崎県，約６％の愛媛県の順となっている。

４　各時代の歴史的なことがらについての問題

⑴　弥生時代になって本格的に稲作が始まると，収穫した稲などは高床倉庫に保存された。このころには収穫物や土地，水などをめぐって集落どうしの争いが起こるようになったため，集落の周りを濠《ほり》や柵《さく》で囲んだ環濠《かんごう》集落が現れるようになった。佐賀県にある吉野ケ里遺跡は，その代表的なものとして知られている。また，中国の歴史書『魏志《ぎし》』倭人《わじん》伝には，弥生時代後期にあたる３世紀，日本には邪馬台国《やまたいこく》という小国があり，女王の卑弥呼《ひみこ》がまじないによって国を治めていたことなどが

記されている。一方，青森県にある三内丸山遺跡は，縄文時代の大規模集落の跡である。

⑵　平安時代の貴族(女性)の正装は，袿《うちき》とよばれる服を何枚も重ねて着た上に，唐衣《からぎぬ》という上着をはおることなどを特徴としていた。このよそおいは，たくさんの服を重ねて着ることから，のちに十二単《ひとえ》とよばれるようになった。

⑶　伊能忠敬《ただたか》は50歳を過ぎてから江戸に出て測量術などを学び，その力を認められると，幕府の命令で1800年から1816年まで全国の沿岸を歩いて測量し，正確な地図をつくった。その業績は伊能忠敬の死後，弟子たちが「大日本沿海輿地《よち》全図」として完成させた。

5　各時代の歴史的なことがらについての問題

⑴　飛鳥時代の607年，聖徳太子はそれまでとは異なる外交関係を結び，隋(中国)の進んだ政治制度や文化を学ぶため，小野妹子を遣隋使として隋に派遣した。618年に隋が滅《ほろ》んで唐が成立したあとも，使節の派遣は遣唐使として引き続き行われた。

⑵　聖武天皇は奈良時代前半の724年に即位《そくい》すると，みずからが厚く信仰していた仏教を重んじた政治を行った。この時代にはききんや貴族どうしの争い，伝染病などの社会不安があいついでいたことから，仏教の力で国を安らかに治めようと願った聖武天皇は，741年，地方の国ごとに国分寺・国分尼《に》寺を建てるよう命令を出した。また，743年には大仏をつくるよう命令を出し，東大寺に大仏がつくられた。

⑶　雪舟《せっしゅう》は京都相国寺《しょうこくじ》の画僧で，応仁の乱が始まった1467年に明(中国)に渡り，絵を学んで帰国した。その後は山口を拠点《きょてん》として活動し，日本風の水墨画《すいぼくが》(墨《すみ》の濃淡《のうたん》で対象を描く絵画)を大成した。示された絵は，「秋冬山水図」という雪舟の代表作の１つである。

⑷　江戸時代初め，徳川家康は大名や商人に朱印状とよばれる海外渡航許可証を与えた。朱印状を持って外国と貿易を行った船は朱印船とよばれ，特に東南アジアへ多く進出したことから，東南アジア各地に日本人居留地である日本町がいくつも形成された。

⑸　江戸時代には，おもに都市で，打ちこわしとよばれる民衆の暴動が起こるようになった。江戸時代中期以降，打ちこわしはあいつぐききんにともなってひんぱんに発生し，米問屋や裕福な商人の家が襲《おそ》われて家財道具がこわされるなどした。

⑹　平清盛は1159年の平治の乱に勝利して権力を強化すると，1167年に武士として初めて太政《だいじょう》大臣になり，政治の実権をにぎった。

⑺　足利義政は室町幕府の第８代将軍で，その後継者《こうけいしゃ》争いに有力守護大名の勢力争いが結びついたことで，応仁の乱(1467～77年)が起こった。のちに京都東山に山荘を築き，その中に銀閣を建てた。この時代の文化は東山山荘に象徴されることから，東山文化とよばれる。

⑻　資料は，豊臣秀吉が1588年に出した刀狩《かたながり》令の一部である。豊臣秀吉は，大仏づくりの材料にするという名目で農民(百姓《ひゃくしょう》)から刀ややりなどの武器を取り上げた。これは，一揆《いっき》を防いで農民を耕作に専念させ，年貢をきちんと納めさせることが目的であった。また，これにより，農民と武士の身分がはっきりと区別される兵農分離がすすんだ。

⑼　浦賀は神奈川県南東部にのびる三浦半島の東の端に位置し，現在は横須賀《よこすか》市に属する。東京湾の入り口にあたることから江戸時代に港町として発展し，1853年にはアメリカ合衆国使節のペリーがここに来航して幕府に開国を求めた。

6　日本国憲法と国民の政治参加についての問題

(1)　国の政治のあり方を最終的に決定する権限を主権といい，日本国憲法は前文と第１条で主権が国民にあることを明記している。この「国民主権」と「基本的人権の尊重」「平和主義」が，日本国憲法の３つの基本原則とされている。

(2)　政治や社会問題について多くの国民が持っている意見や考えを世論といい，世論の形成には新聞やテレビなどのマスコミ（マスメディア）が大きな影響力を持っている。世論は，たとえば内閣支持率のような形で示され，内閣のすすめる政治に影響を与えることがある。

(3)　資料からわかるように，2015年には選挙権が認められる年齢が，それまでの満20歳以上から満18歳以上へと引き下げられた。これによって満18歳と満19歳の人たちが有権者に加えられたため，有権者数が増えたのである。

(4)　基本的人権とは，人間が生まれながらにして持っている最も基本的な権利のことで，日本国憲法第11条はこれを「侵《おか》すことのできない永久の権利」として国民に保障している。基本的人権は，「男女平等」などを定めた平等権，「学問の自由」などを定めた自由権，「教育を受ける権利」などを定めた社会権や，「被選挙権」をふくむ参政権，「裁判を受ける権利」をふくむ請求権などに分けられる。

(5)　日本国憲法は国民の義務として，「保護する子女に普通教育を受けさせる義務」（第26条），「勤労の義務」（第27条），「納税の義務」（第30条）の３つを定めている。

理　科　＜第１回試験＞（40分）＜満点：100点＞

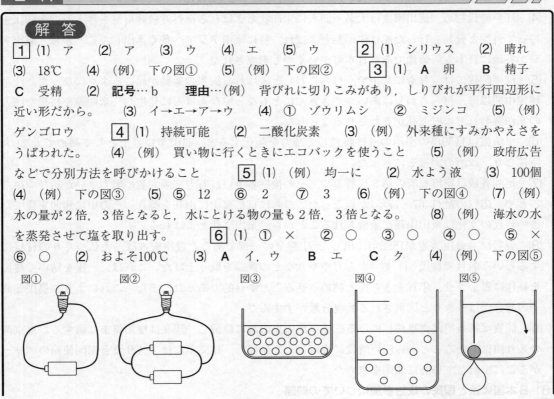

解　答

1 (1)　ア　(2)　ア　(3)　ウ　(4)　エ　(5)　ウ　**2** (1)　シリウス　(2)　晴れ　(3)　18℃　(4)　(例)　下の図①　(5)　(例)　下の図②　**3** (1)　**A**　卵　**B**　精子　**C**　受精　(2)　**記号**…b　**理由**…(例)　背びれに切りこみがあり，しりびれが平行四辺形に近い形だから。　(3)　イ→エ→ア→ウ　(4)　①　ゾウリムシ　②　ミジンコ　(5)　(例)　ゲンゴロウ　**4** (1)　持続可能　(2)　二酸化炭素　(3)　(例)　外来種にすみかやえさをうばわれた。　(4)　(例)　買い物に行くときにエコバックを使うこと　(5)　(例)　政府広告などで分別方法を呼びかけること　**5** (1)　(例)　均一に　(2)　水よう液　(3)　100個　(4)　(例)　下の図③　(5)　⑤　12　⑥　2　⑦　3　(6)　(例)　下の図④　(7)　(例)　水の量が２倍，３倍となると，水にとける物の量も２倍，３倍となる。　(8)　(例)　海水の水を蒸発させて塩を取り出す。　**6** (1)　①　×　②　○　③　○　④　○　⑤　×　⑥　○　(2)　およそ100℃　(3)　**A**　イ，ウ　**B**　エ　**C**　ク　(4)　(例)　下の図⑤

図①

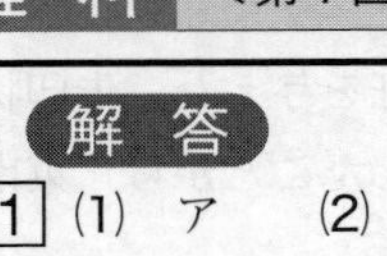

図②

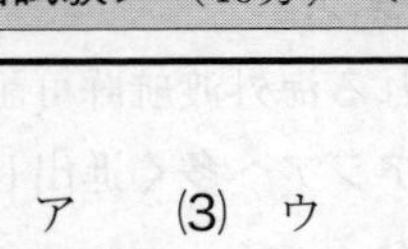

図③

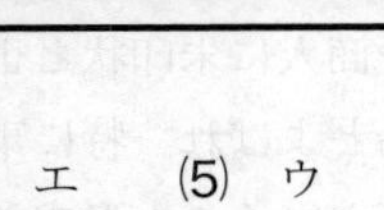

図④

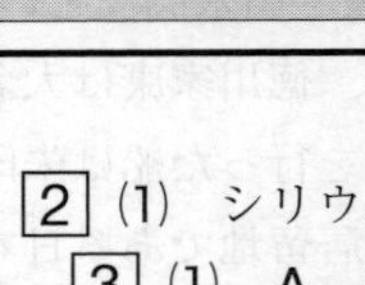

図⑤

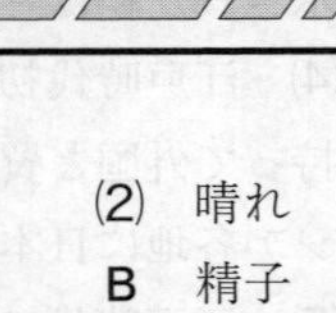

⑸ （例） 解説を参照のこと。

解　説

1 小問集合

⑴ 晴れの日は，昼は太陽が地面をあたため，地面の熱が気温を上げるので，気温が上がり，午後１～２時ごろに最高になる。一方，夜は，地面から空に熱がにげていくので明け方まで気温がぐんぐん下がる。そのため，一日の気温の変化が大きくなる。

⑵ 台風は，太平洋高気圧のへりにそって進むことが多いので，太平洋高気圧の勢いが強くて日本付近をおおっている７月ごろは，台風がアのように日本の西側を進むことが多い。しかし，秋になると，太平洋高気圧の勢いがおとろえて，そのへりが日本の東に位置するようになるため，台風が日本をおそいやすくなる。

⑶ 図のように棒磁石のＮ極のそばに方位磁針を置くと，方位磁針のＳ極が棒磁石のＮ極に引かれて，ウのようになる。

⑷ 地球上の淡水《たんすい》の約７割は南極や北極などにある氷として存在している。

⑸ この惑星《わくせい》は，地球のすぐ外側をまわっているので，火星とわかる。アメリカのNASAが1971年に打ち上げたマリナー９号は，火星のまわりを周回することに世界で初めて成功し，火星の表面のようすを細かく観察した。

2 小問集合

⑴ 冬の夜空に見ることのできる冬の大三角は，こいぬ座のプロキオン，オリオン座のベテルギウス，おおいぬ座のシリウスの３つの星を結んでできる三角形のことである。

⑵ 雨や雪などが降っていない場合について，空全体を10としたとき，空にしめる雲の割合が８以下のときは「晴れ」，９～10のときは「くもり」としている。なお，０～１のときを特に「快晴」という。

⑶ 図の温度計では１目もりが１℃なので，18℃とわかる。

⑷ 図で，豆電球のフィラメント（ガラスの中にある光る部分）は，一方が一番下の出っ張りに，もう一方がねじのみぞがあるところにそれぞれつながっている。よって，乾《かん》電池の一方の極と出っ張り，もう一方の極とねじのみぞがあるところを導線でつなぐと，明かりがつく。

⑸ 乾電池を並列につなぐと，１個の乾電池から流れ出る電流の大きさが小さくなるので，乾電池が長持ちする。

3 メダカについての問題

⑴ めすが生んだ卵が，おすが出した精子と結びつくことを受精という。卵は受精してはじめて生命として成長を始める。

⑵ メダカのおすとめすは，背びれとしりびれの形で見分ける。おすは，背びれに切れこみがあり，しりびれが平行四辺形に近い形をしていて大きい。一方，めすは，背びれに切れこみがなく，しりびれは三角形に近い形をしていて小さい。

⑶ 受精して間もない卵は，イのように小さな油のつぶが見られ，体らしいものは観察できない。しかし，数日たつとエのように体のもとができてきて，やがてアのように目がはっきりしてくる。そして，受精して約10日たつと（水温25℃のとき），ウのような子メダカが卵から出てくる。

⑷　①はゾウリムシ，②はミジンコである。どちらも動物プランクトンであり，ゾウリムシはけんび鏡でないと見ることができないが，ミジンコは肉眼でも確認することができる。

⑸　メダカを食べる生き物には，こん虫ではヤゴ(トンボの幼虫)やゲンゴロウ，タガメなど，鳥ではカラスやカワセミなどがいて，ほかにカエルなどもあげられる。

4　SDGsについての問題

⑴　SDGsは，日本語では「持続可能な開発目標」という。貧困《ひんこん》，教育，エネルギー，不平等，気候変動，平和などといったさまざまな問題の解決を目指す国際的な目標である。

⑵　化石燃料(石油など)の大量消費などにより大気中に二酸化炭素が増えていて，これが地球温暖化の主な原因の一つとなっている。そのため，エコカーの開発など，二酸化炭素の排出《はいしゅつ》量を減らすさまざまな取り組みが行われている。

⑶　絶滅《ぜつめつ》危惧《きぐ》種が多くなった原因には，解答例のほか，密猟《みつりょう》や乱獲《らんかく》によって数多く捕《と》られてしまったこと，開発によりすみかとなる自然がこわされたこと，地球温暖化などで自然環境《かんきょう》が変化していることなどがあげられる。

⑷　地球温暖化の主な原因の一つが化石燃料の大量消費なので，化石燃料の消費量を減らすことが地球温暖化を防ぐことにつながる。解答例のほかに，冷暖房《ぼう》器具の設定温度をひかえめにする，公共交通機関を利用する(自家用車の利用をひかえる)，節電に努めるなどが考えられる。

⑸　ここでは「国として」とある点に注意する。プラスチックゴミが発生しにくい社会づくりとして，さらに分別回収がすすむようにしくみを整えたり，国民に呼びかけたりすることや，海のプラスチックゴミの回収をすすめることなどが考えられる。

5　物のとけ方についての問題

⑴　物が水にとけたとき，水の中では物のつぶが全体に均一(一様)に広がっている。とけた物は見えなくなってしまうが，消えてなくなってしまったわけではない。

⑵　物が水にとけたとき，その液を水よう液という。水よう液はとう明である。

⑶　コーヒーシュガーは20はいとけている。１はいを○５個であらわすので，図にかくと，○は，５×20＝100(個)になる。

⑷　食塩は４はいとけたので，○を，５×４＝20(個)かくことになる。なお，水にとけた物のつぶは均一に広がっているので，20個の○が均一に散らばるように図にかく。

⑸　結果の実験２の表で，水の量が２倍になると，とけた食塩の量も２倍になっていることから，水にとける量は水の量に比例すると考えられる。よって，⑤は，４×３＝12(はい)，⑥は，１×２＝２(はい)，⑦は，１×３＝３(はい)となる。

⑹　とけた量が２はいなので，５×２＝10(個)の○を均一に散らばるようにかく。

⑺　⑸で述べたように，実験２からは，水にとける量が水の量に比例することがわかる。

⑻　食品として利用される食塩のつくり方にはさまざまな方法があるが，日本では工場において，くみ上げた海水から水を蒸発させて取り出すのが一般《いっぱん》的である。なお，海外ではほり出した岩塩を利用するところもある。

6　温度変化にともなう物の変化についての問題

⑴　①，②　空気は温度が上がるほど体積が増える。つまり，冷やされると体積が小さくなり，温められると体積が大きくなる。　③　水が冷やされて液体から固体になる(水が氷になる)と，体

積が約1.1倍に大きくなる。　④　水が温められて液体から気体になる（水が水蒸気になる）と，体積が非常に大きくなる。　⑤，⑥　金属も空気と同じで，冷やされると体積が小さくなり，温められると体積が大きくなる。

⑵　水が温められて100℃になると，さかんにあわが発生してふっとうする。これは液体の水がさかんに気体の水蒸気へと変化しているようすで，発生したのは水蒸気のあわである。

⑶　**A**　空気は温められると体積が大きくなり，同じ体積あたりの重さが軽くなるため，上へと上っていく。熱気球は気球の中に入れた温かい空気がまわりの空気よりも軽く，上へと上っていく性質を利用した乗り物である。　**B**　冬の寒さがきびしいと，水道管の中の水がこおり，それによって体積が大きくなって水道管を破裂《はれつ》させることがある。　**C**　鉄でできたレールは夏の暑いときにはのびるため，レールどうしをぴったりつないでいると，レールがゆがんでしまうおそれがある。これを防ぐため，レールのつなぎ目にはすき間を設けている。

⑷　炎《ほのお》で熱せられた部分の水は上に上っていき，水面付近まで上ると今度は横方向に広がっていく。このような水の流れに乗ってみそのつぶも動いていく。

⑸　たとえば，温かい空気をペットボトル（水やお茶が入っていた，弱い力でも変形する物を使う）に入れ，しっかりキャップをする（密閉《みっぺい》する）。そして，右の図のようにペットボトルを氷水で冷やす。すると，中の空気が冷やされて体積が小さくなるので，ペットボトルがへこむ。なお，ビニール袋《ぶくろ》や風船などを使って同じような実験を行ってもよい。

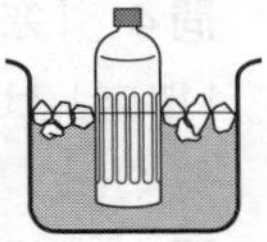

国語　＜第１回試験＞（40分）＜満点：100点＞

解答

一　①　ちょうりゅう　②　つくし　③　ざっこく　④　はぐく（む）　二　下記を参照のこと。　三　**問１**　４（画）　**問２**　ロ　**問３**　ウ　**問４**　イ　**問５**　ア　**問６**　晴（耕）雨（読）　**問７**　エ　**問８**　ア　**問９**　大　**問10**　ウ　**問11**　ア　**問12**　イ　四　**問１**　ウ　**問２**　（例）　親から認められないようなことは，やらないようにすること。　**問３**　何かに没頭することの快感の回路　**問４**　（例）　野球一筋でがんばっていた人と，ダンスに打ちこんできた人の夢が破れてしまったこと。　**問５**　（例）　知らなかったものを知るきっかけとなり，自分の世界を広げたり，理解を深めたりすることにつながるから。　**問６**　いろいろなところに興味を広げていったほうがいいのです。　**問７**　知らなかった～ことなんです　**問８**　エ　**問９**　イ　**問10**　ア　五　（例）　私が世界に発信したい日本の文化は「茶道」です。単にまっ茶をいただくだけではない，一期一会の出会いを大切にする気がまえはおもてなしの精神にも通じ，一つ一つの所作も落ち着いていて美しいと思います。

●漢字の書き取り

二　①　臨む　②　図星　③　貯金　④　縦横

解説

一　**漢字の読み**

①　世の中のなりゆき。　②　春の初め，すぎなの地下茎《けい》からのびるくきで，筆の形をしたもの。　③　あわ・ひえ・豆などの，米や麦以外の穀物。　④　音読みは「イク」で，「育成」などの熟語がある。訓読みにはほかに「そだ(てる)」がある。

二　漢字の書き取り

①　音読みは「リン」で，「臨海」などの熟語がある。　②　目当てのところ。「図星を指す」で，“ぴったりとあてる”という意味。　③　お金をためること。　④　あらゆる方向。

三　漢字の筆順，漢字の部首，熟語の構成，漢字の成り立ち，四字熟語の完成，故事成語の知識，慣用句の完成，手紙の書き方，外来語の知識，文学作品と作者

問１　上から下，左から右に書く原則にしたがい，一画目に横棒を書いた後，「口」を書く。よって，太い部分は四画目になる。

問２　「問」の部首は，「口」。ほかに，「味」「呼」「唱」などがある。「もんがまえ」とまちがいやすいが，部首はその漢字の意味を表すことが多い点に注意する。

問３　「ウシ」を部首に持つ漢字には「物」「牧」「特」など，「サカナ」を部首に持つ漢字には「鮮」「鮎」「鯨」など，「ヒツジ」を部首に持つ漢字には「羊」「美」「着」などがある。

問４　「寒暖」は，反対の意味を持つ漢字を重ねた組み立て。よって，イの「往復」が同じ。なお，「閉店」は，下の漢字が上の漢字の目的や対象になっている組み立て。「入試」は，「入学試験」を短くした言葉。「幸福」は，似た意味の漢字を重ねた組み立て。

問５　「男」は，「田」で「力」を出す者という意味からできた漢字なので，「会意文字」にあたる。

問６　「晴耕雨読」は，晴れの日には畑を耕し，雨の日には本を読むといった，ゆうゆうとした生活ぶりを表す言葉。

問７　エの「間髪をいれず」をあてはめると，あの人は少しも時間をおかず，直ちに話し始めた，という文脈になる。なお，「蛇足《だそく》」は，よけいなつけたし。「温故知新」は，昔のことを学び，そこから新しい知見を得ること。「四面楚歌《そか》」は，周りをすべて敵に囲まれること。

問８　アの「顔に泥《どろ》をぬる」は，“恥《はじ》をかかせる”という意味。なお，イの「ぬかに釘《くぎ》」は，手ごたえがないようす。ウの「ない袖《そで》は振《ふ》れない」は，“持っていないものは出せない”という意味。エの「身から出た錆《さび》」は，自分がしたことが原因で苦しむこと。

問９　「大目玉を食う」は，“ひどくしかられる”という意味。「大船に乗ったよう」は，たよれるものに任せて，安心するようす。「大黒柱」は，一家を支える中心的な人物。

問10　「後付」は，手紙の最後の部分を指す。まず，行頭から一字ほど下げて日付を書き，次の行に差出人の名前を行の最後にそろえる形で書く。あて名は行を変え，行頭にそろえて書く。

問11　イの「エポック」は時代，ウの「トピック」は話題，エの「プロセス」は過程を意味する。

問12　イの『山椒魚《さんしょううお》』は井伏鱒二《いぶせますじ》の小説。ほかに，『黒い雨』『屋根の上のサワン』などがある。

四　出典は齋藤孝《さいとうたかし》の『本当の「頭のよさ」ってなんだろう？―勉強と人生に役立つ，一生使えるものの考え方』による。何かに夢中になること，興味を広げていくことの大切さを説いている。

問１　A　興味を持ったものに夢中になることが充実《じゅうじつ》感や自信につながると，その後も好きなことに積極的にチャレンジできるが，何かに夢中になっても楽しさや達成感などにつながらないと，没頭《ぼっとう》感覚が閉じる，という文脈である。よって，前のことがらを受けて，それに反する内容を述べるときに用いる「しかし」がよい。　B　後に「から」が続くので，これと呼応して理由を導く

「なぜなら」が合う。　C　「ちょっとおもしろそう」と好奇《こうき》心をそそられたものにはどんどんチャレンジするのがよいと述べた後，その例として，兄や姉の影響《えいきょう》で洋楽などが好きになることをあげているので，具体的な例をあげるときに用いる「たとえば」が入る。

問２　興味を持ち，夢中になれるものが見つかったとしても，親から評価されず制止され続けていると，次第《しだい》に「自分で自分にブレーキをかけ」はじめると述べられている。つまり，親から認められないことをしないようになり，「何かをおもしろがる気持ちが消極的になっていってしまう」のである。

問３　「その」とあるので，前の部分に注目する。「何かに没頭することの快感の回路」を自分のなかで目覚めさせておけば，ものごとを積極的に楽しんでいく構えができると筆者は述べている。

問４　「どちらも」とは，直前の二つの段落で述べられた，本人が「終わり」だと思ってしまうような例を指す。それは，野球一筋でがんばっていた人と，ダンスに打ちこんできた人の夢が破れてしまったことである。

問５　続く部分で筆者は，他者が好きなもの，興味を持っているものを取り入れることが，知らなかったものを知るきっかけとなり，自分の世界を広げ，深めていくことにもなると述べている。だから，「基本的にすべて『いいね！』のスタンスで受け入れる」のがよいのである。

問６　「食わずぎらい」は，ここでは試す前からきらいだと決めこむこと。つまり，ぼう線部⑤は“何にでも興味を持つようにすることが大切だ”という意味になる。よって，少し前にある「いろいろなところに興味を広げていったほうがいいのです」という一文がぬき出せる。

問７　ぼう線部⑤の次の段落の「知らなかったところに～ありがたいことなんです」という二文で，自分の興味をひくものとの出合いのきっかけをつくってもらえるのはありがたいと述べられている。

問８　続く部分に「自分の好きなもののことなら，みんな語れ」るとあるとおり，好きなものがあればコミュニケーションがとれ，好きなものがいくつもあれば話の合う人も増えると述べられている。また，空らんＢの少し後で，「没頭感覚を体験してきている人は，たとえ何かに失敗したり行き詰《づ》まったりしても，ほかのことにまた熱心に取り組むことができ」ると説明されている。よって，エがふさわしい。

問９　すぐ前で，好きなものが同じでなくても，互《たが》いに語り合うことで「共感したり，刺激《しげき》を受けたり，感じ方の違《ちが》いを知ったり」でき，そういう友だちが数人いれば十分だと書かれている。よって，イが選べる。

問10　小さいころに夢中になったもの，夢中になれたものを親に制止される場合，野球やダンスに夢中になったが，夢が破れた場合，兄や姉の影響で，同年代の子たちより新しいことに早く接する場合など，具体例を多くあげることで理解しやすくなるよう工夫《くふう》しているので，アがふさわしい。

五　条件作文

世界にほこれる日本の文化といえば，「和食」「和服」「日本建築」「マンガ・アニメ」「茶道」「歌《か》舞伎《ぶき》」「能」などいろいろ考えられる。選んだのがどういうもので，どういう良さがあるかを説明すればよいだろう。「原稿《げんこう》用紙の使い方」にしたがって，「一段落」で書くという条件があるので，最初の一マスは空けるようにする。ほかにも，主語・述語の対応やことばのかかり受け，文脈のねじれ等に注意して書く。

Dr.福井の 入試に勝つ！ 脳とからだのウルトラ科学

記憶に残る“ウロ覚え勉強法”とは？

人間の脳には，ミスしたところが記憶に残りやすい性質がある。順調にいっているときの記憶はあまり残らないが，まちがえて「しまった！」と思うと，その部分がよく記憶されるんだ（これは，脳のヘントウタイという部分の働きによる）。その証拠に，おそらくキミたちも「あの問題を解けたから点数がよかった」ことよりも，「あの問題をまちがえたから点数が悪かった」ことのほうをよく覚えているんじゃないかな？

この脳のしくみを利用したのが“ウロ覚え勉強法”だ。もっと細かく紹介すると，テキストの内容を一生懸命覚え，知識を万全にしてから問題に取り組むのではなく，テキストにざっと目を通した程度（つまりウロ覚えの状態）で問題に取りかかる。もちろんかなりまちがえると思うが，それを気にすることはない。まちがえた部分はよく記憶に残るのだから……。言いかえると，まちがえながら知識量を増やしていくのが“ウロ覚え勉強法”なのである。

ここで，ポイントが２つある。１つは，ヘントウタイを働かせて記憶力を上げるために，まちがえたときは「あ〜っ！」とわざとらしく驚くこと。オーバーすぎるかな……と思うぐらいでちょうどよい。

もう１つのポイントは，まちがえたところをそのままにせず，ここできちんと見直すこと（残念ながら，驚くだけでは覚えられない）。問題の解説を読んで理解するのはもちろんだが，必ずテキストから見直すようにする。そうすれば，記憶力が上がったところで足りない知識をしっかり身につけられるし，さらにその部分がどのように出題されるかもわかってくる。頭の中の知識を実戦で役立てられるようにするわけだ。

Dr.福井（福井《ふくい》一成《かずしげ》）…医学博士。開成中・高から東大・文Ⅱに入学後，再受験して翌年東大・理Ⅲに合格。同大医学部卒。さまざまな勉強法や脳科学に関する著書多数。

Memo

Memo

2021年度　作新学院中等部

〔電　話〕　(028)647－４５７１
〔所在地〕　〒320－8525　栃木県宇都宮市一の沢１－１－41
〔交　通〕　JR「宇都宮駅」よりバス20分，「東武宇都宮駅」よりバス10分

【算　数】〈第１回試験〉（40分）〈満点：100点〉

1　次の計算をしなさい。

(1)　$5+8\times4-2$

(2)　$52\times(5+32)+8\times37$

(3)　$\frac{3}{5}-\frac{1}{3}+\frac{5}{6}-\frac{1}{10}$

(4)　$0.75\times2\frac{3}{4}\div1.1$

(5)　$314\times0.18+31.4\times3.5+0.314\times470$

2　次の□にあてはまる数を答えなさい。

(1)　Ａさん，Ｂさん，Ｃさんのテストの平均点は72点です。Ｄさんは80点でした。このとき，４人の平均点は□点です。

(2)　170ｇの水に30ｇの食塩をすべてとかすと，□％の食塩水ができます。

(3)　りんご３個とみかん５個を買おうとしたら，間違《ちが》えてりんご５個とみかん３個を買ってしまったため，予定より150円多くかかりました。りんご１個の値段はみかん１個の値段より□円高いです。ただし，消費税《しょうひぜい》は考えないものとします。

(4)　長さ 200 m の列車が，時速 72 km の速さで走っています。この列車が長さ 4.8 km のトンネルに入り始めてから出終わるまでにかかる時間は □ 秒です。

(5)　右の図で，三角形の面積は □ cm^2 です。

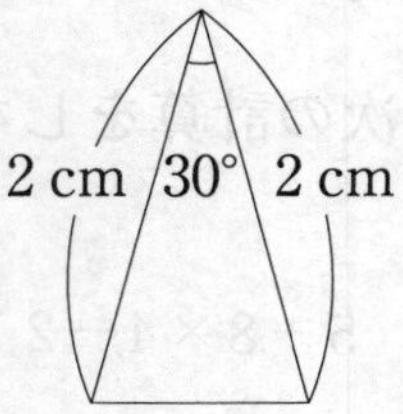

3　下の図のように，１辺が２cm の正方形を並べていきます。このとき，次の問いに答えなさい。

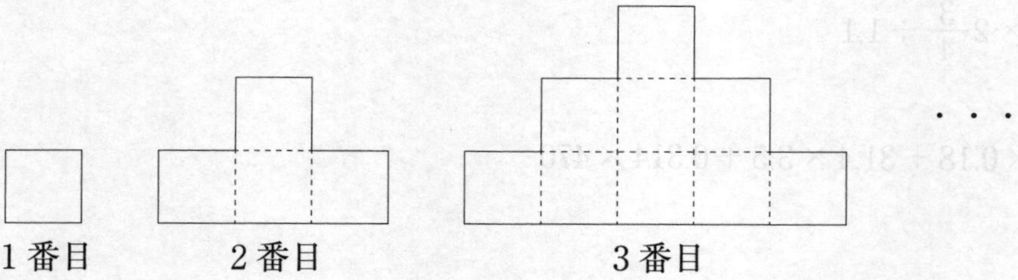

(1)　５番目の図形には１辺が２cm の正方形は何個必要ですか。

(2)　図形の周りの長さがはじめて１m を超えるのは何番目のときですか。

(3)　１辺が２cm の正方形を 324 個使ったとき，図形の周りの長さは何 m 何 cm ですか。

4 下の図のように，たて 18 cm，横 24 cm の長方形ＡＢＣＤの中に，半径 3 cm の円が 12 個ぴったり入っています。このとき，次の問いに答えなさい。ただし，円周率は 3.14 を使うこととします。

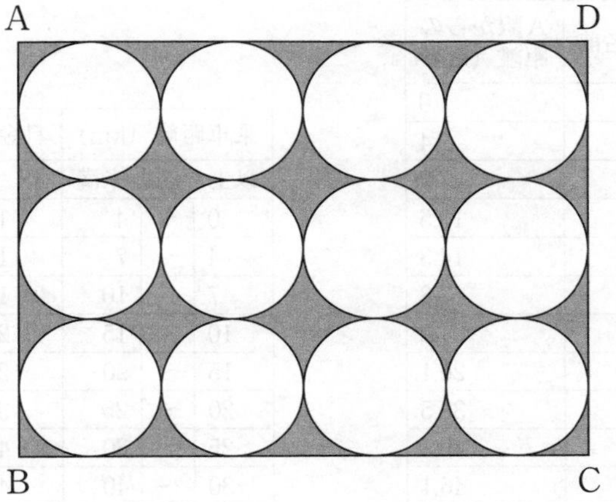

(1) 色がついている部分の面積は何 cm^2 ですか。

(2) 長方形の頂点Ａから頂点Ｃまで，できるだけ長方形の辺を通らないようにして通ったとき，最短の長さは何 cm ですか。

(3) 頂点Ａを出発して，同じ線を２回通らないようにして頂点Ａにもどってきたとき，最長の長さは何 cm ですか。

5 下の表は，ある電車に乗ったときの乗車距離《きょり》と料金です。例えば，Ａ駅からＮ駅まで乗ると，距離が 62.5 km なので料金は 830 円になります。このとき，次の問いに答えなさい。

駅の名前	Ａ駅からの距離（km）
A	0
B	2.4
C	7.2
D	10.5
E	14.3
F	17.8
G	21.3
H	26.1
I	33.5
J	40.3
K	46.1
L	50.1
M	58.3
N	62.5

乗車距離（km）			料金（円）
以上		未満	
0	〜	4	120
4	〜	7	150
7	〜	10	190
10	〜	15	230
15	〜	20	280
20	〜	25	350
25	〜	30	410
30	〜	40	490
40	〜	50	580
50	〜	60	700
60	〜	80	830

(1)　Ｃ駅からＫ駅まで乗ったとき，料金はいくらになりますか。

(2)　たかしさんは，Ｇ駅の近くに用事があったため，Ａ駅から途《と》中のＧ駅で１回降りてからＮ駅まで行きました。このときの料金の合計はＡ駅から直接Ｎ駅まで乗ったときの料金よりいくら高いですか。

(3)　たかしさんのように，Ａ駅からＮ駅に行くときに途中の駅で１回降りた場合，Ａ駅から直接Ｎ駅まで乗ったときの料金と比べて安くなるのは，どの駅で降りた場合ですか。

6 太郎《たろう》さんと花子《はなこ》さんは２人で山頂までハイキングに行きました。公園からハイキングコース入り口までの道のりは1400 m で，ハイキングコース入り口から山頂までは一本道です。また２人とも公園からハイキングコース入り口までの速さは時速 4.2 km で，ハイキングコース入り口から山頂までの登りの速さは下りの速さの $\frac{2}{3}$ 倍です。このとき，次の問いに答えなさい。

(1) 公園からハイキングコース入り口まで何分かかりますか。

(2) 太郎さんと花子さんはハイキングコースを１時間 30 分で往復しました。このとき，登りにかかった時間は何分ですか。ただし，２人は山頂で休けいをしないで往復したとします。

(3) 太郎さんと花子さんは午前 10 時に公園を出て，山頂で 25 分休けいし，また同じ道を通って午後１時 20 分に公園にもどってきました。下りの速さが分速 60 m のとき，公園から山頂までの道のりは何 m ですか。

【社　会】〈第１回試験〉（40分）〈満点：100点〉

1 次の各問いに答えなさい。

（１）　国と国との間で行われる貿易において，輸出額と輸入額に著しい差が出たときに起こる問題を何というか答えなさい。

（２）　洪水や津波など，自然災害について予想される被害や発生地域，避難場所や避難経路を示した地図を何というか答えなさい。

（３）　平面の地図では正確に表せない距離や方位，面積など，すべてを正確に表現した地球の模型を何というか。**漢字で書きなさい。**

2 次の地図や資料を見て，各問いに答えなさい。

（１）　地図中の**A**の県では，夏でも涼しい気候を活かして，ある農産物の生産が盛んです。この農産物として適当なものを次のア）～エ）の中から１つ選び，記号で答えなさい。

ア）ミカン
イ）レタス
ウ）サトウキビ
エ）じゃがいも

（２）　地図中の**B**の県の県庁所在地名を**漢字で書きなさい。**

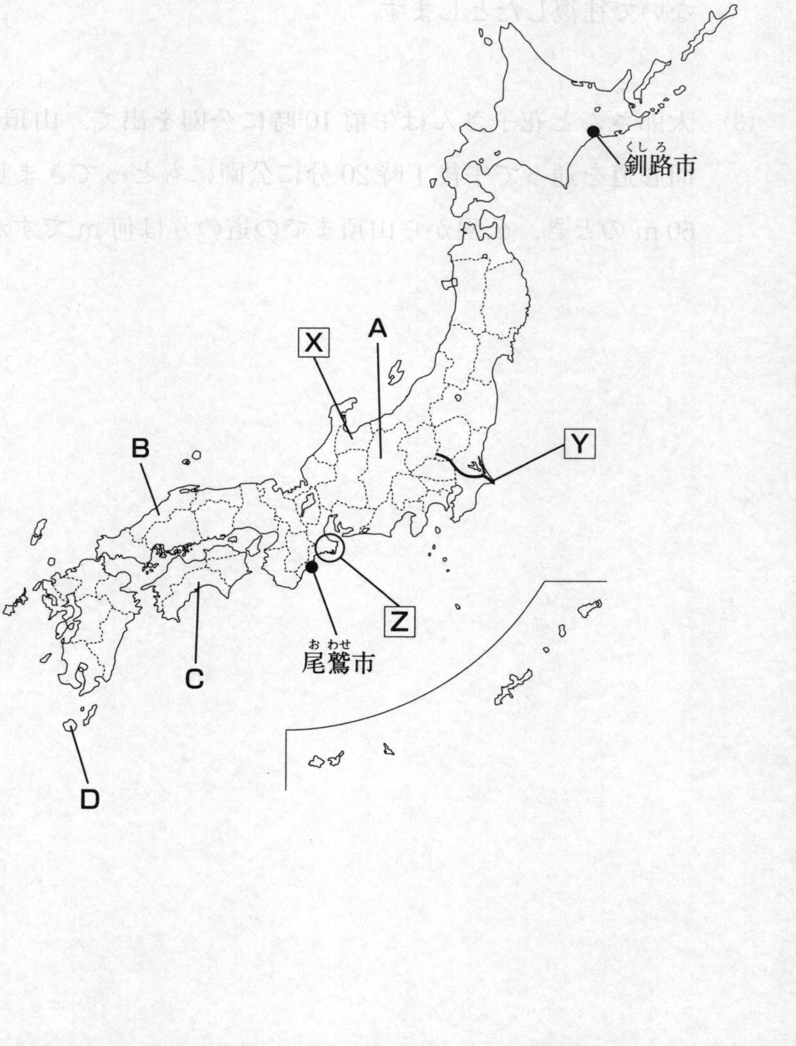

（３）　地図中のＣの県の気候は冬でも暖かいという特徴があります。その理由を，海との関わりから簡単に答えなさい。

（４）　鹿児島県に属する地図中のＤの島には，樹齢1000年以上とされる屋久杉をはじめ，貴重な自然が残されています。そのため1993年にその保護を目的として国際機関からある登録を受けました。何に登録されたのかを**漢字６文字で書きなさい**。

（５）　右の**資料１**は，北海道の釧路《くしろ》市と三重県の尾鷲《おわせ》市の年間降水量と気温の変化を表したグラフです。この資料を参考に，北海道の年間降水量が少ない理由を簡単に答えなさい。

資料１

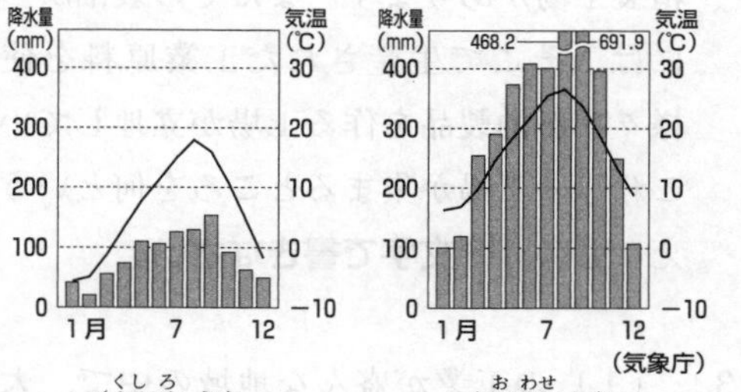

（釧路《くしろ》市）　（尾鷲《おわせ》市）

（６）　地図中の X の県を流れる神通川流域では，かつて発生したカドミウム中毒による公害病が発生しました。この公害病の名前を答えなさい。

（７）　地図中の Y の川は，関東地方を流れる日本三大河川の一つで，流域面積が日本最大です。この河川の名前を答えなさい。

（８）　地図中の Z の地域の海沿いには，右の**資料２**にあるような複雑に入り組んだ海岸線が見られます。このような海岸を何というか答えなさい。

資料２

（９）　右の**資料３**は沖縄県の伝統的な家屋で，屋根が低く家の周りが石垣で囲まれています。沖縄の家屋がこうした特徴を持つ理由を簡単に答えなさい。

資料３

3 次の資料を見て，各問いに答えなさい。

（１）　右の**資料１**中の A の部分には，工業が盛んな地域が帯状に続いています。太平洋沿岸に広がるこの地域を何というか答えなさい。

資料１

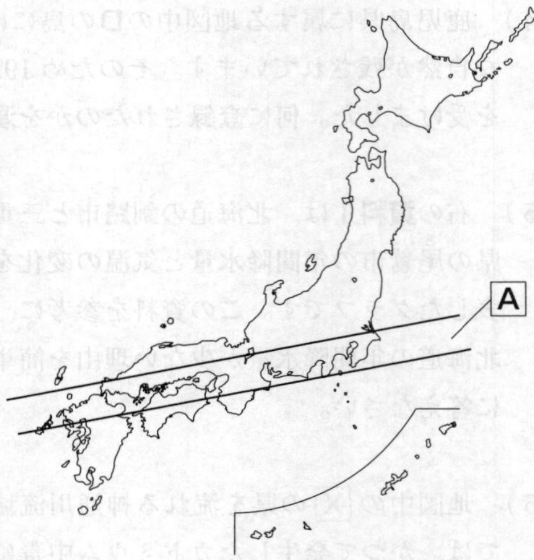

（２）（１）の多くの地域には，右下の**資料２**にあるような石油から工業原料を作り出す石油精製工場があります。またその製油所の周りには，そこで生産された工業原料を使って様々な石油製品を作る工場が立地しています。これらの工場が集まるところを何というか答えなさい。**６文字で書きなさい**。

（３）（１）の工業が盛んな地域の中で，大阪市から神戸市周辺の沿岸部に広がる工業地帯の名前を**漢字で書きなさい**。

（４）　山形県や熊本県では，コンピューターやテレビ，自動車などの工業製品に使用される電子部品の生産が盛んです。この部品とは何か。アルファベット**２文字で書きなさい**。

（５）　日本は工業原料を外国から輸入し，それらを用いて工業製品を作り海外に輸出してきました。こうした貿易のあり方を何というか答えなさい。

資料２

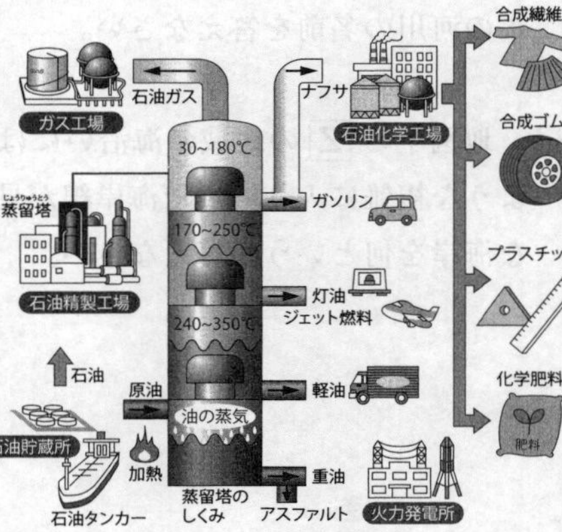

4 次の年表を見て，各問いに答えなさい。

年代	主なできごと
794	京都（平安京）に都が移る
	X
1016	A）藤原道長が摂政になる
	Y
1221	B）承久の乱が起こる
1338	（　C　）が京都に幕府を開く
	Z
1404	D）中国（明）との貿易が始まる

（１） 年表中の下線部A）について，この人物のむすめに教育係として仕え，『源氏物語』を書いた女性の名前を答えなさい。

（２） 年表中の下線部A）について，この人物の先祖で，中大兄皇子と大化の改新を行った人物の名前を**漢字で書きなさい**。

（３） 年表中の下線部B）について，この出来事が起きたころ，北条氏は何という地位について実権をにぎっていましたか。**漢字で書きなさい**。

（４） 年表中の空欄（　C　）にあてはまる人物名を答えなさい。

（５） 年表中の下線部D）について，この貿易が始まったころのできごととして適当なものを次のア）～エ）の中から１つ選び，記号で答えなさい。

ア）銀閣が建てられる。
イ）南北の朝廷が一つになる。
ウ）壇ノ浦《だんのうら》の戦いで平氏がほろびる。
エ）武家諸法度が定められる。

（６） 中尊寺金色堂が建てられた時期として適当なものを年表中 X ～ Z の中から１つ選び，記号で答えなさい。

5 次のカードは，作新太郎さんが調べ学習で作成したものです。これらを読んで，各問いに答えなさい。

シャクシャイン

17世紀半ば蝦夷地では，シャクシャインに率いられた（　A　）の人々が，不正な取り引きを行った松前藩や商人たちと戦いました。

（シャクシャイン像）

天草四郎

17世紀前半，九州地方で，（　B　）教信者を中心に３万数千人もの人々が重い年貢に反対して一揆を起こしました。この一揆のかしらが天草四郎です。

（島原・天草一揆の絵図）

（　C　）

19世紀前半の天保のききんの時，幕府の元役人だったこの人物は町の人々を救おうとしない役人たちを批判して，X）大阪で反乱を起こしました。

（　C　）の肖像《しょうぞう》画《が》

（１）　カード中の空欄（　A　）～（　C　）にあてはまる語句を答えなさい。

（２）　カード中の下線部X）について，当時の大阪は，経済の中心地だったことから何とよばれましたか。

（３）　島原・天草一揆の後，出島で江戸幕府と貿易を行ったヨーロッパの国はどこか答えなさい。

（４）　カード中の（　C　）の人物が乱を起こしたころの様子として正しいものを次のア）～エ）の中から１つ選び，記号で答えなさい。

ア）イギリス，アメリカの船が日本のすぐそばに現れるようになった。
イ）中国を征服《せいふく》しようと，２度にわたって朝鮮に大軍が送られた。
ウ）日本の伝統芸能である能が，将軍の保護を受けて大成された。
エ）国を平和に治めるための法律（律令）が完成した。

6 次の文章において，空欄には「国会」「内閣」「裁判所」のいずれかが入ります。それぞれの空欄にあてはまる語句を**すべて漢字で答えなさい。**

国会・内閣・裁判所は，それぞれ立法・行政・司法とよばれ，国の政治の大事な仕事を分担して進めています。また，それぞれの機関が独立し，お互いの仕事を監視することで，権力が一つの機関に集中しないようなしくみになっています。例えば，（　A　）は（　B　）に対して，政治が憲法に違反していないかを調べます。また，（　C　）に対しては，法律が憲法に違反していないかを調べます。

7 次の写真を見て，各問いに答えなさい。

（1）　右の写真は，入浴の際，髪を洗うためのシャンプーなどです。写真中の左側のシャンプーのみ，容器の側面（○で囲んだところ。）にギザギザ状の突起物がついていますが，その理由を簡単に答えなさい。

（2）　右の写真にあるように，すべての人にとって使いやすい形や機能を考えたデザインを何といいますか。

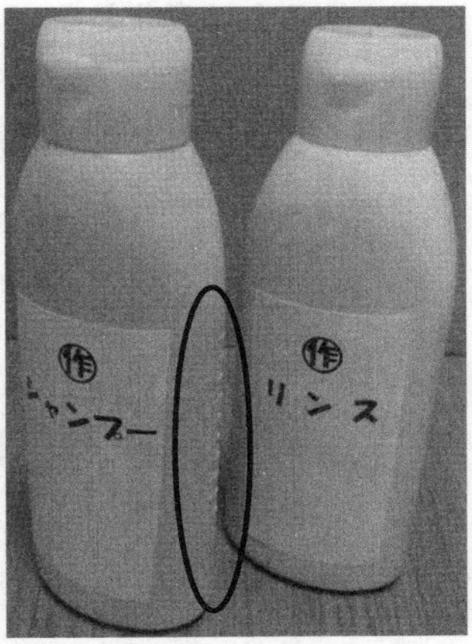

【理　科】〈第１回試験〉（40分）〈満点：100点〉

1　次の各問いに答えなさい。

(1)　天気の良い日に外で，鏡の実験をした。鏡を使って壁《かべ》に太陽の光を反射させた。鏡が１枚のときに比べて３枚の鏡を使って同じ場所に太陽の光を集めたとき，壁の表面はどのようになるか。次のア～オから１つ選び，記号で答えなさい。

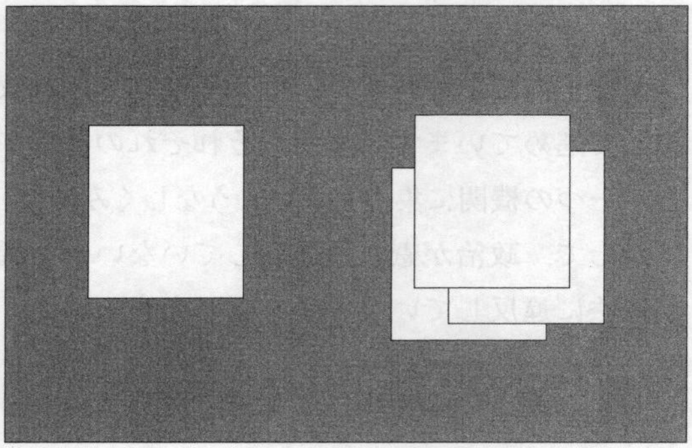

ア　明るさは明るくなる。温度は変化しない。

イ　明るさは変化しない。温度は高くなる。

ウ　明るさは明るくなる。温度は低くなる。

エ　明るさは明るくなる。温度は高くなる。

オ　明るさは変化しない。温度も変化しない。

(2)　水は０℃まで冷やすと，氷になる。水が氷になるとき，体積はどうなるか。次のア～ウから１つ選び，記号で答えなさい。

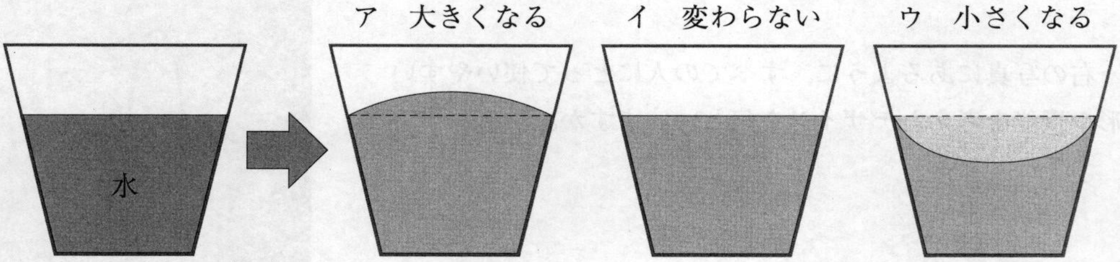

(3)　右の図のような形（正方形の中に対角線が１本ある形）の金属の○の部分を加熱したとき，熱が伝わるのが最もおそいところはどこか。図の中のア～ウから１つ選び，記号で答えなさい。

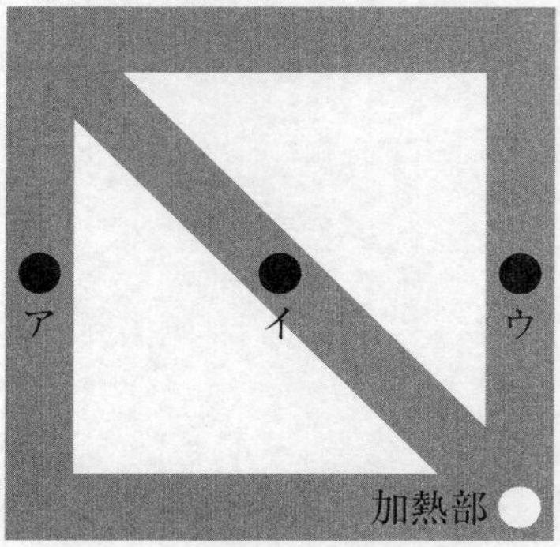

(4)　アルコールランプの使い方として正しいものはどれか。次のア～エから１つ選び，記号で答えなさい。

ア　火がついているアルコールランプを使い，別のアルコールランプに火をつける。

イ　アルコールランプは平らなところに置いて使う。

ウ　火をつける部分のしんの長さは５mm くらいにする。

エ　火を消すときは，アルコールランプの下をおさえて，真上からふたをする。

(5)　スーパーコンピューターの計算速度の世界ランキング「TOP 500」が令和２年６月22日，オンラインで開かれた国際会議で発表され，理化学研究所の次世代機が１位となった。先代の「京（けい）」以来，８年半ぶりに日本勢が首位を奪還《だっかん》した。このスーパーコンピューターの名前は何か。次のア～オから１つ選び，記号で答えなさい。

ア　北斎（ほくさい）

イ　垓（がい）

ウ　富岳（ふがく）

エ　颯（はやて）

オ　神威（しんい）

2 次の各問いに答えなさい。

⑴ 右の図の矢印で示した，顕《けん》微《び》鏡で観察したいものをのせるガラスの名前は何というか。

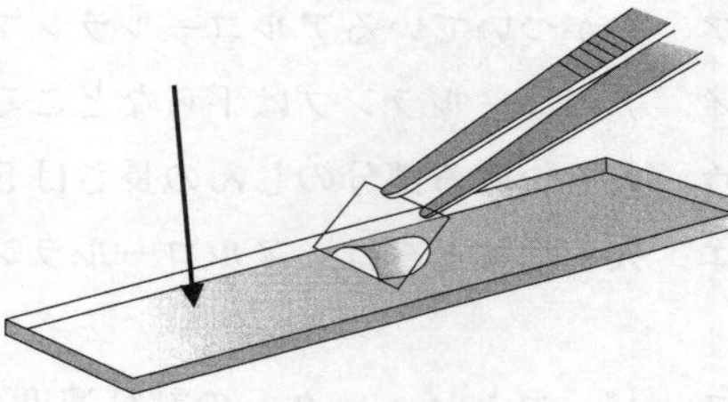

⑵ 右の図の昆虫は南米原産で，近年，日本各地の港で発見され，定着が心配されている。からだはツヤツヤで赤茶色，刺された瞬間に，熱いと感じるような激しい痛みを感じるこの昆虫を何というか。カタカナ３文字で答えなさい。

⑶ 右の図のように空のペットボトルの口にゴム風船をとりつけた。ペットボトルに穴を開けたりへこませたりせずに，この風船をふくらませるにはどのような方法があるか。

「ペットボトルを～」の書き出しで答えなさい。

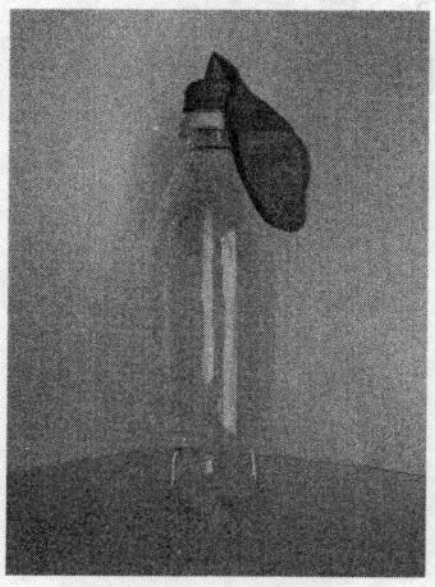

⑷ 個人差はあるが，人間は平均して１分間に８Ｌの空気を肺に取り込み，１分間に0.3Ｌの酸素を肺から体内へ取り込んでいる。

① 空気８Ｌ中に酸素は何Ｌふくまれると考えられるか。
（四捨五入せずに，計算して出た数字をすべて答えなさい。）

② このとき，肺に取り込んだ酸素のうち何％が体内へ取り込まれるか。
（小数点以下第２位を四捨五入して答えなさい。）

3　作新学院中等部の敷地の中で，りこさんは色々な食べられる植物を見つけた。次の各問いに答えなさい。

 ㋐　キュウリ	 ㋑　クリ	 ㋒　クレソン
 ㋓　サンショウ	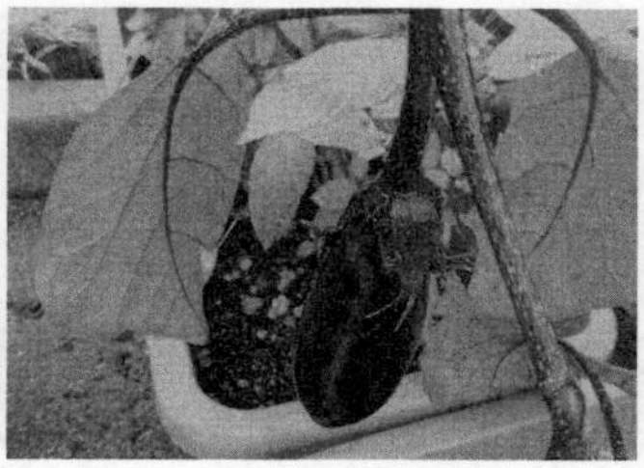 ㋔　ナス	 ㋕　ピーマン
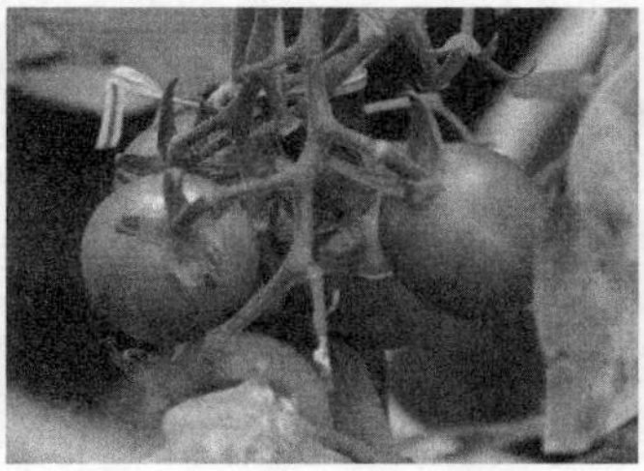 ㋖　ミニトマト	 ㋗　モロヘイヤ	㋘　あてはまる植物は この中にはない

(1)　これらの植物の中で，実（種子）を食べているものはどれか。上の㋐～㋘からすべて選び，記号で答えなさい。

(2)　これらの植物の中で，葉を食べているものはどれか。上の㋐～㋘からすべて選び，記号で答えなさい。

(3)　これらの植物の中で，根を食べているものはどれか。上の㋐～㋘からすべて選び，記号で答えなさい。

(4)　これらの植物以外で，茎《くき》を食べている植物はどのようなものがあるか。植物の名前を１つ答えなさい。

(5)　ミニトマトの花はどれか。次のア～ウから１つ選び，記号で答えなさい。

(6)　植物が収穫《しゅうかく》できるようになると食べられる部分に栄養を取られ，葉の元気がなくなってきた。植物が元気にこのまま育つためには，どのような工夫が必要か。あなたの考えを文章で答えなさい。

4　近年，日本では全国各地で大雨が増えている。晴輝さんはこうした大雨が増えている事に疑問を持ち，様々なことを調べてみることにした。次の各問いに答えなさい。

(1)　全国各地の雨量・風向・風速・気温などのデータを自動的に計測し，まとめるシステムのことを何というか。カタカナ４文字で答えなさい。

(2)　大雨をもたらす自然現象の１つに台風がある。日本付近に発生する台風の雲の様子を気象衛星から観測した場合，正しいものはＡ・Ｂのうちどちらになるか。記号で答えなさい。

A

B

(3)　晴輝さんは先生から「台風をはじめとした雨雲は，主に海の水が水蒸《じょう》気になって上昇し上空で雲になってできる」と教わった。雲ができるときの様子について正しいものはどれか。次のア～エから１つ選び，記号で答えなさい。

ア　海の水がふっとうすることで水蒸気になる。水蒸気は上空で冷やされて水に戻《もど》る。

イ　海の水がふっとうすることで水蒸気になる。水蒸気は上空でも水蒸気のままである。

ウ　海の水が蒸発することで水蒸気になる。水蒸気は上空で冷やされて水に戻る。

エ　海の水が蒸発することで水蒸気になる。水蒸気は上空でも水蒸気のままである。

(4)　たくさん降った雨は，陸上では右の図のように山の中から平野を通り，川や地下水となる。川などの流れる水にはしん食・運ぱん・たい積の３つのはたらきがある。台風の通過により，山の中や平野での川の流れの量が多くなった場合，図の↓の場所ではたらきが大きくなるものはどれか。次のア～ウからあてはまるものをすべて選び，記号で答えなさい。

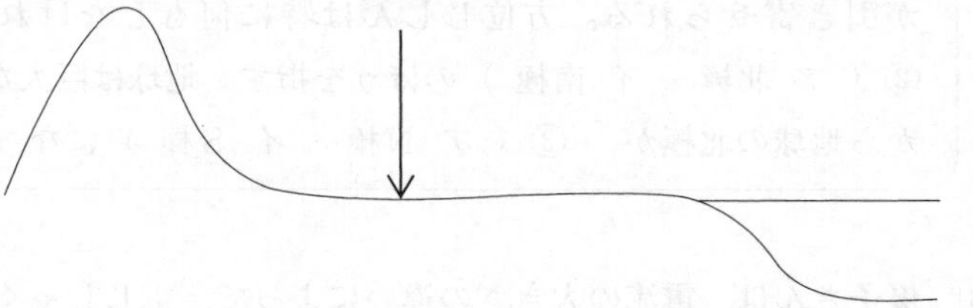

ア　しん食

イ　運ぱん

ウ　たい積

(5)　水は気温が高いときのほうが水蒸気になりやすくなる。地球全体があたたかくなっていることが，大雨が多くなっている原因の１つと考えられている。この「地球全体があたたかくなっている」現象を何というか。漢字５文字で答えなさい。

(6)　気象観測がまだ十分できない時代，人々は自然の様子から経験をもとに天気を予測していた。こうした予測方法がことわざとして現代に伝わっている。次のア～エはこうしたことわざである。□に「晴れ」「雨」と入るものはどれか。それぞれあてはまるものをすべて選び，記号で答えなさい。

ア　朝の虹は□になる。

イ　クモの巣につゆがつくと□になる。

ウ　ツバメが低いところを飛ぶと□になる。

エ　山の上に雲がかぶさると□になる。

5 優子さんは，じしゃく・電じしゃくの様々な性質について調べました。次の各問いに答えなさい。

(1) 導線《どうせん》を巻いたものを何というか。カタカナ３文字で答えなさい。

(2) 方位じしんの性質について述べた次の文章を完成させなさい。①～③について，それぞれア・イのうち正しいものを選び，記号で答えなさい。

> 方位じしんに棒じしゃくのＳ極を近づけると，方位じしんの ①（ア Ｎ極　イ Ｓ極）が引き寄せられる。方位じしんは特に何もしなければ，方位じしんのＮ極が地球の②（ア 北極　イ 南極）のほうを指す。地球は巨大なじしゃくであるが，これらのことから地球の北極が ③（ア Ｎ極　イ Ｓ極）になっているとわかる。

(3) 優子さんは，電流の大きさの違いによって，電じしゃくの強さがどのように変わるか確めるために，電じしゃく・電流計・電源装置を導線で右の図のようにつないだ。電源装置は流れる電流の大きさを自由に変えられる装置である。電流計の様子が下記のア～ウだったとき，電じしゃくの強さが最も強くなるのはどれか。ア～ウから１つ選び，記号で答えなさい。

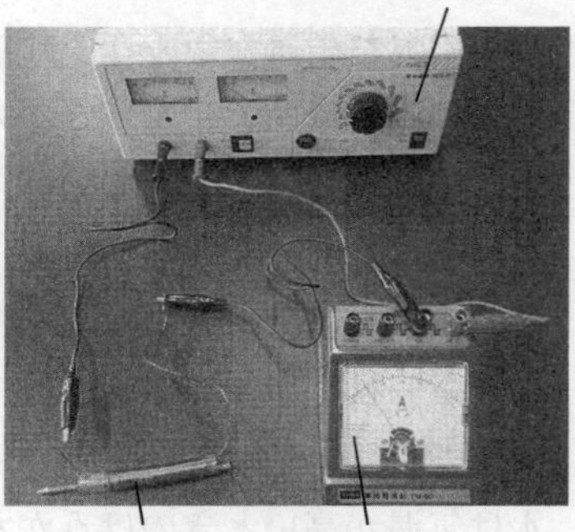

ア

イ

ウ

(4) 優子さんは，導線の巻き数によって，電じしゃくの強さがどのように変わるか確めるために，1.5ｍの導線を買い最初は100回巻いて実験を行った。次に，200回巻こうとしたが導線の長さが足りなくなったため，1.5ｍの導線は使わず，新たに３ｍの導線を買って実験を行った。この実験方法で改善するべきところを説明しなさい。

6 お家の庭で，家族で花火をした。ロウソクに火をつけようとしたら，少しの風でもすぐに火が消えた。次の各問いに答えなさい。

(1) 右の図のようにロウソクに風が当たらないように大きな空きビンをかぶせたら，しばらくして火が消えた。なぜか。次のア～エから１つ選び，記号で答えなさい。

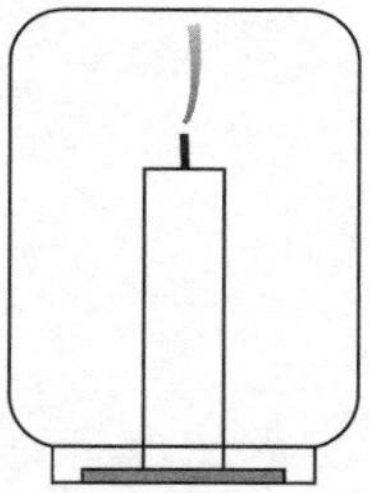

ア　ビンの中に強い風が吹いたから。
イ　ビンの中の酸素が減ったから。
ウ　ビンの中の二酸化炭素が増えたから。
エ　ビンの中の窒素が増えたから。

(2) ロウソクのほのおで，一番温度が高いのはどこか。右のア～ウから１つ選び，記号で答えなさい。

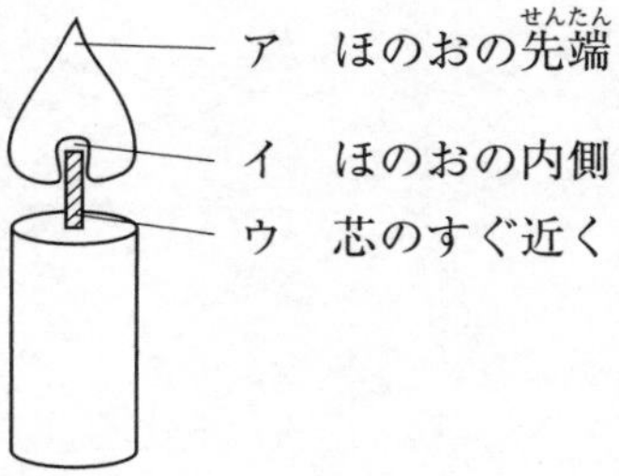

(3) 右の図のようにロウソクに空きビンをかぶせず，ロウソク立てを空きビンの中に入れてビンの中にロウソクを立て，火をつけたら火は消えず燃え続けた。調べてみると，空気の出入りができるようになったからだとわかった。空気がどのように出入りしているか，調べる方法を答えなさい。

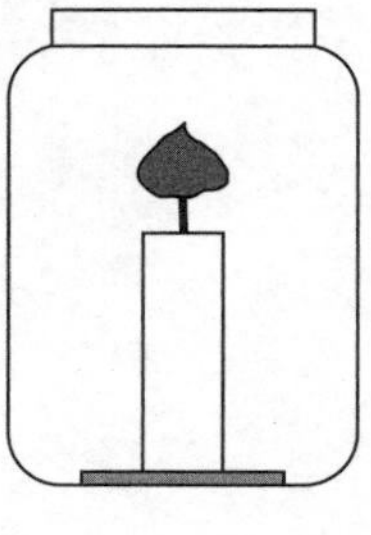

① 用意する道具の名前をかくこと。

② 方法を文章で説明すること。必要ならば図をかいてもよい。

(4) 空気の出入りはどのようになっていたと考えられるか。解答欄の図に矢印をかき，説明しなさい。

(5) (3)のように空きビンにロウソクを立て花火を点火しようとしたら，空きビンの入口がせまく，外で点火するためのロウソク立てとしては適していなかった。少し風がある外でロウソクに火をつけても，ほのおが消えにくく，花火を点火しやすく，長い時間ロウソクが点灯し続けることができるロウソク立てを考えなさい。

① 用意する材料の名前をかくこと。

② 完成予想図をかき，工夫した点を文章で説明すること。

問九　――部⑥「リンクの解明こそ重要だ」と筆者が考えるのはなぜですか。「実験室」・「野外」という語を用いて六十字以上七十字以内で書きなさい。

問十　本文の内容と合うものを次から一つ選び、記号で答えなさい。

ア　地球温暖化の影響は、自然界の小さな生き物たちにも広がっている。

イ　自然を理解するためには、実験や観察などをこまめに行う必要がある。

ウ　気温や日長といった生物にとって大切な条件は、実験室でのみ調べられる。

エ　マルハナバチとエンゴサクのように、自然界では特定の関係しか見られない。

五　給食でお気に入りのメニューを一つ挙げ、それを人にすすめる文章を八十字以上百字以内で書きなさい。ただし、原稿《こう》用紙の使い方に従って、一段落で書きなさい。

問四　――部③「花と昆虫に特別な組み合わせができています」とありますが、なぜこのような組み合わせができるのですか。二十字以内で書きなさい。

問五　[a]～[c]に入る語の組み合わせとして適切なものを次から一つ選び、記号で答えなさい。

ア　a　やはり　　b　ところで　　c　なるほど
イ　a　たとえば　b　そして　　　c　かなり
ウ　a　さて　　　b　ところが　　c　むしろ
エ　a　もちろん　b　つまり　　　c　もはや

問六　――部④「問題」とはどのようなことですか。適切なものを次から一つ選び、記号で答えなさい。

ア　地球温暖化の影響《えいきょう》によって、雪がまったく降らない年が続いているということ。
イ　地球温暖化の影響によって、地面が凍らなくなってしまっているということ。
ウ　地球温暖化の影響によって、昆虫が冬眠しにくくなってしまうということ。
エ　地球温暖化の影響によって、受粉が行われなくなってしまうということ。

問七　【　　】にはどちらが入りますか。次から選び、記号で答えなさい。

ア　上がりません　　イ　下がりません

問八　――部⑤「そういうこと」が指していることは何ですか。本文中の語句を用いて二十字以上三十字以内で書きなさい。

※１ 虚像……実態とは異なるイメージ。
※２ パラボラアンテナ……おわん型のアンテナ。
※３ 越冬……冬を越すこと。

問一 本文の初めにある「デヴィッド・スズキさん」の考えをまとめたものとして適切なものを次から一つ選び、記号で答えなさい。

ア 自然界の一部を正確に再現した実験を行えば、得られた結果は信用することができるということ。
イ 単純な自然環境を作り出せる人間の力をもってすれば、困難な実験をも行うことができるということ。
ウ 実験室という管理された空間で得られた結果は、ありのままの自然の状態を伝えてはいないということ。
エ 気候や季節を無視した環境で得られた結果は、どんな環境にも対応できる可能性を持っているということ。

問二 ――部①「それ」が指しているものは何ですか。解答欄《らん》に合うように本文中から十五字以内でぬき出しなさい。

問三 ――部②「異なる把握のしかた」とはどのようなものですか。本文中から十五字でぬき出しなさい。

ロールの容器に氷を入れておくと、外が暑くても冷たいままですし、逆に温かいものを入れておくと、外が寒くても温度が下がりません。これを、熱を断つ（伝えない）という意味で「断熱効果」といいますが、雪も発泡スチロールと同様の働きをしているのです。

雪の断熱効果によって、雪のある年の冬は地面は0度くらいに保たれます。マルハナバチは地中五センチから一〇センチの深さに巣を作りますから、雪のある年は順調に冬越《ご》しをし、暖かくなって雪が融《と》けると巣から出ます。ところが寒さがきびしくなくて雪が少ない冬には、断熱効果がないために、地中は［c］寒くて凍《こお》ってしまい、かえって冬眠から覚めるのが遅《おそ》くなってしまうのです。

工藤先生が調べた何年かのうち、二〇〇二年はこういう寒くない年だったために、雪が少なくて地面が凍り、マルハナバチが巣から出てくるのが遅《おく》れたのだそうです。そのためいつもより二週間ほども早くエンゴサクが咲いたのに、そのときにはマルハナバチがおらず、マルハナバチが出てきたときにはもう花が終わっていたため、ほとんど実をつけることができなかったそうです。

この例はとても重要なことを教えてくれます。花の咲くタイミングは気温や日長《にっちょう》などで決まるはずですから、栽培《さいばい》条件を変えて実験的に調べればいろいろな効果が得られます。昆虫のほうも冬眠から目覚める条件を実験的に調べて生理的に答えを得ることはできるでしょう。しかしいくら⑤そういうことを調べても、どの花にどの昆虫が来るかを知り、花と昆虫がどういう関係をもっているかを野外で調べなければ、実際の送粉のことは理解できません。このつながりが「リンク」ということであり、私が、⑥リンクの解明こそ重要だという理由はここにあります。これを無視して生物の現象を細かく分けて分析しても、自然界で起きていることは説明できないことが多いのです。

（高槻成紀『動物を守りたい君へ』による）

あって、そこに蜜があります。そのため、ハエやアブのようにこん棒のような口でなめる昆虫は蜜を吸うことができず、チョウのように細長いストローのような口や、ハチのように長く伸《の》びる口を持つ昆虫だけが吸うことができます。それでは花粉を運んでくれる昆虫を限定することになると思われるかもしれませんが、こういう昆虫は確実に同じ花を訪問してくれるので、花粉を運ぶのにむだがありません。だからエンゴサクのような花は確実に送粉してくれる昆虫だけに「どうぞ」と言っているのです。このように自然界では③花と昆虫に特別な組み合わせができています。エンゴサクの場合はマルハナバチというハチが訪問することがわかっています。

[a]、君は「地球温暖化」ということばを聞いたことがあると思います。地球が少しずつ暖かくなっているということです。そうすると春が早く来るので、たとえばサクラが咲く日は明治時代よりも一週間以上も早くなっているそうです。フクジュソウやエンゴサクなどの花も早く咲くようになりますが、ここで④問題が生じます。

暖かい春にはフクジュソウの花が早く咲き、※3越《えっ》冬していたハエも冬眠《みん》から早く覚めて出て来ます。そして、いつもよりも早い時期に花に飛んで行き、送粉がおこなわれます。一方、エンゴサクも暖かい春にはフクジュソウと同じように早く花を咲かせます。[b]、相棒のマルハナバチは、冬眠から早く覚めないことがわかったのです。

雪が降る時は寒いものと決まっていますが、実は積もった雪の内部には空気が入っていて、だいたい0度《れい》くらいに保たれ、それ以下にはなりません。0度はもちろん寒いのですが、エンゴサクやマルハナバチのすむ北海道では、外気はそれよりもずっと寒くなり、気温はマイナス何度、ときには一〇度以下にも下がるのです。そういう冷たい空気があっても、雪の中は0度よりは【　　】。発泡《ぽう》スチ

うした生物学の特殊《しゅ》性を正しくとらえることはとてもたいせつなことだと思います。にもかかわらず、子供のときから理科の実験といえばすべて単純な条件のもとでおこなうものだけだと教えられると、すべての生物現象が①それで説明できると思うようになってしまいます。その意味で②異なる把握《はあく》のしかたもあることを知ることがとても重要です。

　この章では動物を守るためには、動物の持つ特徴《ちょう》だけでなく、生き物のつながりや環《かん》境との関係を知ることがたいせつだということを紹介《しょうかい》したいと思います。私はこの生き物のつながりのことを「リンク」と呼んでいます。

　北海道大学の工藤岳先生は北海道で植物と訪花昆《こん》虫の研究をしています。訪花昆虫とは花を訪れて蜜《みつ》を吸い、花粉を運ぶ昆虫のことです。花粉をめしべに運ぶことを「送粉」といいます。工藤先生はフクジュソウとエンゴサク（正確にはエゾエンゴサクですがここでは簡単にエンゴサクといいます）という植物についてたいへん重要な発見をしました。

　フクジュソウは早春のまだ寒いときに黄色い花を咲《さ》かせます。花は※2パラボラアンテナのような形をしていて、昆虫が訪問しやすい作りになっています。早春は昆虫にとっては寒い季節ですが、このパラボラアンテナは反射率が高いため、太陽の光を受けると皿形の花の中はまわりよりも暖かくなるので、昆虫は喜んで集まります。フクジュソウにはとくにハエの仲間がよく集まります。というのは、ハエの口はこん棒のようで、先端《たん》はスタンプのようにペタッと平らになっていて、それを蜜が出てくる部分にくっつけて蜜を吸うので、皿のような形の花を好むからです。フクジュソウはハエの仲間に吸いやすいように蜜を与《あた》え、その代わりに花粉を運んでもらうのです。

　一方、エンゴサクのほうは花が複雑な形をしています。花の奥《おく》に距《きょ》と呼ばれる管のように細い部屋が

問十一　次のうち、夏目漱《そう》石の作品を一つ選び、記号で答えなさい。

ア『伊豆《いず》の踊《おどり》子』　イ『山椒《しょう》大夫』　ウ『杜《と》子春』　エ『坊《ぼ》っちゃん』

問十二　二〇二五年の干支《えと》をひらがなで書きなさい。

問十三　次のうち、料理に関係しない語を一つ選び、記号で答えなさい。

ア　もがく　イ　ゆがく　ウ　むす　エ　さらす

四

次の文章を読んで後の問いに答えなさい（出題の都合により、一部表現を変えています）。

カナダのデヴィッド・スズキさんは『いのちの中にある地球』に次のように書いています。

自然の一部に焦《しょう》点をあてて、自分に都合よく制御《ぎょ》された実験室という空間のなかで調べているものは、もう自然ではなく、人工的なものにすぎない。気候や季節といった背景を剝《は》ぎとられ、つねに変化する温度湿《しつ》度と光も奪《うば》われたあとに残るものは、極度に単純化された自然の※1虚《きょ》像でしかない

（…）

私はデヴィッド・スズキさんほど強い考えは持っていないので、実験室の解析《せき》的な実験もそれなりに意味があると思いますし、そういう研究でわかったことの重要さは十分にあると考えています。しかし、物理化学のような単純で明快な現象と生物学の複雑な現象が大きく異なるのはまちがいありません。そ

問七　次の慣用句の（ａ）～（ｃ）に入る語の組み合わせとして正しいものを後から一つ選び、記号で答えなさい。

（ａ）を冷やす。
（ｂ）を曲げる。
（ｃ）をぬかす。

ア　ａ　きも　ｂ　はな　ｃ　は
イ　ａ　かた　ｂ　ひじ　ｃ　せ
ウ　ａ　かお　ｂ　つむじ　ｃ　あし
エ　ａ　あたま　ｂ　へそ　ｃ　こし

問八　次の【　　　】に当てはまる語を後から一つ選び、記号で答えなさい。

急《せ》いては事を【　　　】

ア　おろそかにする　イ　しそんずる　ウ　ふみたおす　エ　まっとうす

問九　次のうち、「鬼《おに》」に関係することわざを作るときに、使わない語を一つ選び、記号で答えなさい。

ア　金棒　イ　洗濯《たく》　ウ　天罰《ばつ》　エ　来年

問十　次の文の□に共通して当てはまる語を後から一つ選び、記号で答えなさい。

野球部は次の試合も勝ち□。
明日は予報の通り雨になる□。

ア　そうだ　イ　ようだ　ウ　ます　エ　らしい

問三　次の――部で、かなづかいが間違《ちが》っているものはいくつありますか。算用数字で答えなさい。

> こんにちは。風の冷たさから、秋の到《とう》来に気づきました。まぢかでは、ほうずきが色ずいています。

問四　次のうち、「花束」と同じ成り立ちの熟語を一つ選び、記号で答えなさい。

ア　県営　　イ　牛肉　　ウ　着席　　エ　救助

問五　矢印の方向に読むと二字の熟語になるように、□に入る漢字を答えなさい。

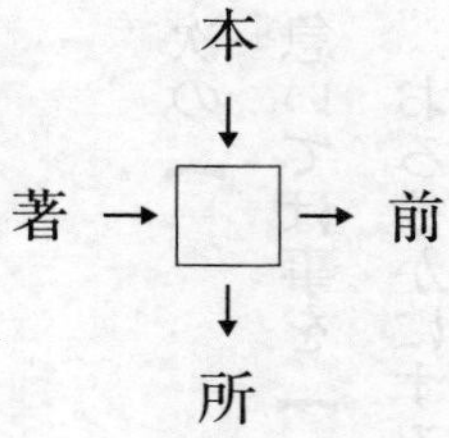

問六　次の類義語の組み合わせで、□に入らないものを後から一つ選び、記号で答えなさい。

賛成　＝　同□

収入　＝　□得

心配　＝　不□

ア　安　　イ　意　　ウ　取　　エ　所

二〇二一年度　作新学院中等部

【国　語】〈第一回試験〉（四〇分）〈満点：一〇〇点〉

〇字数指定がある場合は、「、」や「。」などの記号も一字で数えます。

一　次の――部の漢字の読みをひらがなで答えなさい。

①　養蚕業を営む。　②　竹輪を作る。

③　外国と交易する。　④　類いまれな美しさ。

二　次の――部のカタカナを漢字に直しなさい。

①　オキナワの海で泳ぐ。　②　ヤチンを調べる。

③　計画のホネグみ。　④　よくニた兄弟。

三　次のそれぞれの問いに答えなさい。

問一　「費」という漢字の画数を、漢数字で答えなさい。

問二　次の漢字のうち、同じ部首がつかないものを一つ選び、記号で答えなさい。

ア　貴　イ　告　ウ　周　エ　売

2021年度

作新学院中等部　▶解説と解答

算　数　＜第１回試験＞（40分）＜満点：100点＞

解　答

[1] (1)　35　(2)　2220　(3)　1　(4)　$1\frac{7}{8}$　(5)　314　[2] (1)　74点　(2)　15％　(3)　75円　(4)　250秒　(5)　1 cm^2　[3] (1)　25個　(2)　９番目　(3)　２m12cm　[4] (1)　92.88cm^2　(2)　34.26cm　(3)　310.08cm　[5] (1)　490円　(2)　100円高い　(3)　E駅　[6] (1)　20分　(2)　54分　(3)　4640m

解　説

[1] 四則計算，計算のくふう

(1)　$5+8\times4-2=5+32-2=37-2=35$

(2)　$A\times C+B\times C=(A+B)\times C$となることを利用すると，$52\times(5+32)+8\times37=52\times37+8\times37=(52+8)\times37=60\times37=2220$

(3)　$\frac{3}{5}-\frac{1}{3}+\frac{5}{6}-\frac{1}{10}=\frac{18}{30}-\frac{10}{30}+\frac{25}{30}-\frac{3}{30}=\frac{30}{30}=1$

(4)　$0.75\times2\frac{3}{4}\div1.1=\frac{3}{4}\times\frac{11}{4}\div\frac{11}{10}=\frac{3}{4}\times\frac{11}{4}\times\frac{10}{11}=\frac{15}{8}=1\frac{7}{8}$

(5)　$314\times0.18+31.4\times3.5+0.314\times470=314\times0.18+314\times\frac{1}{10}\times3.5+314\times\frac{1}{1000}\times470=314\times0.18+314\times0.35+314\times0.47=314\times(0.18+0.35+0.47)=314\times1=314$

[2] 平均とのべ，濃度《のうど》，差集め算，通過算，面積

(1)　(平均点)＝(合計点)÷(人数)より，(合計点)＝(平均点)×(人数)となるから，Ａさん，Ｂさん，Ｃさんの３人の合計点は，72×３＝216(点)とわかる。これにＤさんの点数を加えると，４人の合計点は，216＋80＝296(点)になるので，４人の平均点は，296÷４＝74(点)と求められる。

(2)　(濃度)＝(食塩の重さ)÷(食塩水の重さ)で求める。170ｇの水に30ｇの食塩をとかすと，食塩水の重さは，170＋30＝200(ｇ)になる。よって，この食塩水の濃度は，30÷200＝0.15，0.15×100＝15(％)とわかる。

(3)　予定の買い方と実際の買い方を図に表すと，下の図１のようになる。図１で，点線で囲んだ部分の金額は変わらないから，りんご２個の代金がみかん２個の代金よりも150円多くなることがわかる。よって，りんご１個の値段はみかん１個の値段よりも，150÷２＝75(円)高い。

図１

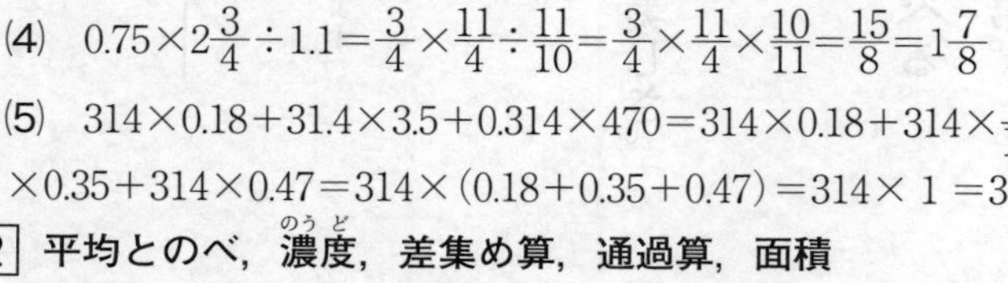

図２

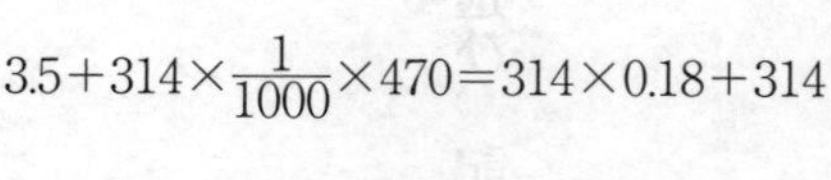

(4)　上の図２から，列車がトンネルを通過するときに走る距離《きょり》は，4800＋200＝5000(m)とわかる。

また，時速72kmを秒速に直すと，72×1000÷60÷60＝20(m)になるので，トンネルを通過するのにかかる時間は，5000÷20＝250(秒)と求められる。

(5)　右の図３のように，ＢからACと直角に交わる直線BDを引くと，角ABDの大きさは，180－(30＋90)＝60(度)になる。すると，三角形ABDは，１辺の長さが２cmの正三角形ABEを半分にした形になるから，BDの長さは，２÷２＝１(cm)とわかる。よって，三角形ABCは，底辺(AC)が２cm，高さ(BD)が１cmなので，面積は，２×１÷２＝１(cm^2)と求められる。

図３

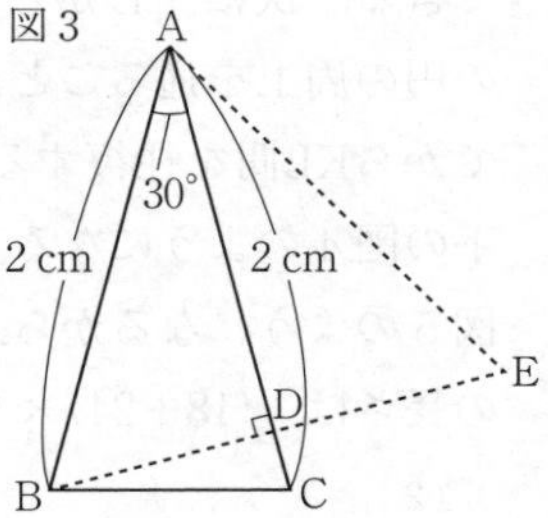

3　図形と規則

(1)　５番目の図形には，上の段から順に，１個，３個，５個，７個，９個の正方形を使うから，全部で，１＋３＋５＋７＋９＝25(個)となる。なお，1から連続する奇数《きすう》の和は，(個数)×(個数)で求めることができるので，５×５＝25(個)と求めることもできる。

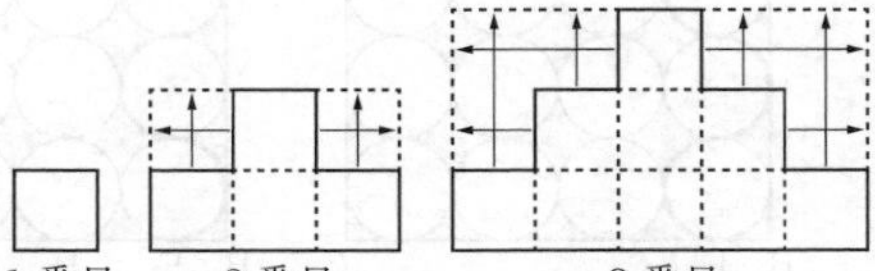

(2)　１番目の図形の周りの長さは，２×４＝８(cm)である。また，上の図の矢印のように移動すると，２番目の図形の周りの長さは，たてが，２×２＝４(cm)，横が，２×３＝６(cm)の長方形の周りの長さと等しくなるから，(４＋６)×２＝20(cm)とわかる。同様に考えると，３番目の図形の周りの長さは，たてが，２×３＝６(cm)，横が，２×５＝10(cm)の長方形の周りの長さと等しくなるので，(６＋10)×２＝32(cm)と求められる。このように，たては２cmずつ，横は，２×２＝４(cm)ずつ長くなるから，周りの長さは，(２＋４)×２＝12(cm)ずつ長くなる。よって，４番目は，32＋12＝44(cm)，５番目は，44＋12＝56(cm)，６番目は，56＋12＝68(cm)，７番目は，68＋12＝80(cm)，８番目は，80＋12＝92(cm)，９番目は，92＋12＝104(cm)なので，はじめて１mをこえるのは９番目である。

(3)　右の計算から，324＝２×２×３×３×３×３＝(２×３×３)×(２×３×３)＝18×18となることがわかる。また，(1)の＿から，正方形を324個使うのは18番目の図形とわかる。よって，周りの長さは，８＋12×(18－１)＝212(cm)，つまり２m12cmと求められる。

2) 324
2) 162
3) 81
3) 27
3) 9
　　3

4　平面図形―面積，長さ

(1)　右の図１で，長方形ABCDの面積は，18×24＝432(cm^2)であり，12個の円の面積の合計は，３×３×3.14×12＝108×3.14＝339.12(cm^2)だから，色がついている部分の面積は，432－339.12＝92.88(cm^2)となる。

図１

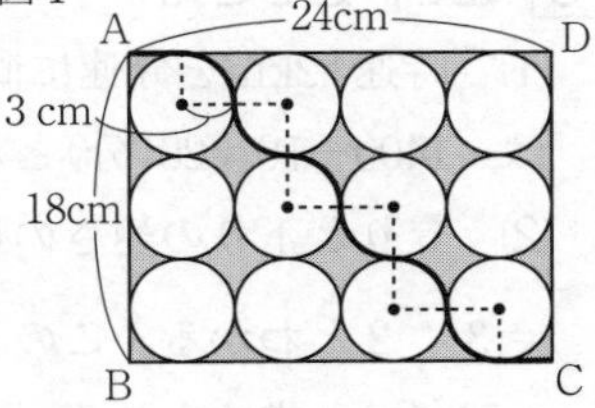

(2)　たとえば，図１の太線のように通ればよい。このとき，直線部分は２か所あるので，直線部分の長さの合計は，３×２＝６(cm)となる。また，曲線部分には四分円の弧《こ》が６か所あるから，曲線部分の長さの合計は，３×２×$3.14\times\frac{1}{4}\times6$＝９×3.14＝28.26(cm)と求められる。よって，全部で，６＋28.26＝34.26(cm)とわかる。

(3)　下の図２のように，はじめにＡからＥまで進み，太線を通ってＥからＦまで進む。さらに，下の図３の太線を通ってＦからＥまで進むことにより，左から１列目の３つの円の周上を通ることができる。次に，ＥからＧまで進み，同様にしてGH間を往復することにより，左から２列目の３つの円の周上を通ることができる。同様に，ＧからＩまで進んでからIJ間を往復，ＩからＫまで進んでからKL間を往復することにより，左から３列目と４列目の円の周上を通ることができるので，下の図４のようになる。この後，Ｋ→Ｄ→Ｃ→Ｂ→Ａと長方形の辺上を通ってＡまでもどると下の図５のようになるから，長方形の周と12個の円の円周をすべて通れることがわかる。よって，最長の長さは，(18＋24)×２＋３×２×3.14×12＝84＋72×3.14＝84＋226.08＝310.08(cm)と求められる。

図２
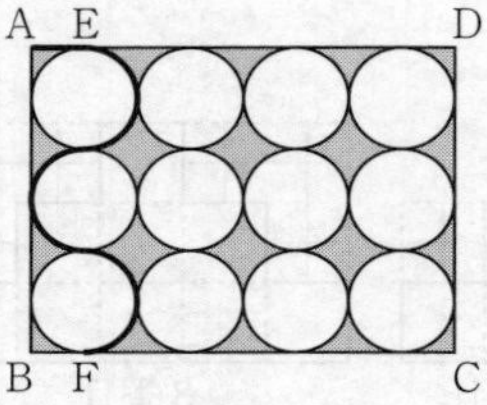

図３
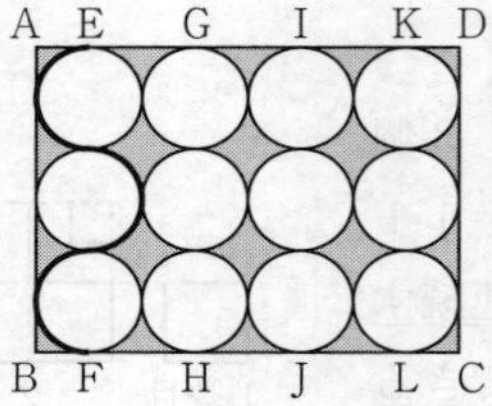

図４
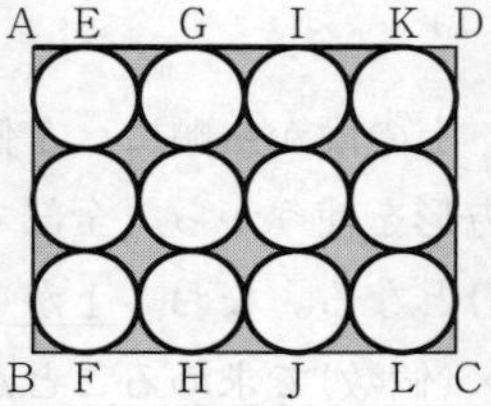

図５

5 表—調べ

⑴　Ａ駅からＣ駅までの距離は7.2km，Ａ駅からＫ駅までの距離は46.1kmなので，Ｃ駅からＫ駅までの距離は，46.1−7.2＝38.9(km)である。これは30km以上40km未満だから，料金は490円である。

⑵　Ａ駅からＧ駅までの距離は21.3kmだから，その料金は350円である。また，⑴と同様に考えると，Ｇ駅からＮ駅までの距離は，62.5−21.3＝41.2(km)と求められるので，その料金は580円となる。したがって，Ｇ駅で１回降りる場合の料金は，350＋580＝930(円)である。一方，直接Ｎ駅まで行く場合の料金は830円だから，その差は，930−830＝100(円)とわかる。

駅	Ａ駅からの距離	Ｎ駅までの距離	料金
B	2.4km	62.5−2.4＝60.1(km)	120＋830＝950(円)
C	7.2km	62.5−7.2＝55.3(km)	190＋700＝890(円)
D	10.5km	62.5−10.5＝52(km)	230＋700＝930(円)
E	14.3km	62.5−14.3＝48.2(km)	230＋580＝810(円)
F	17.8km	62.5−17.8＝44.7(km)	280＋580＝860(円)
H	26.1km	62.5−26.1＝36.4(km)	410＋490＝900(円)
I	33.5km	62.5−33.5＝29(km)	490＋410＝900(円)
J	40.3km	62.5−40.3＝22.2(km)	580＋350＝930(円)
K	46.1km	62.5−46.1＝16.4(km)	580＋280＝860(円)
L	50.1km	62.5−50.1＝12.4(km)	700＋230＝930(円)
M	58.3km	62.5−58.3＝4.2(km)	700＋150＝850(円)

⑶　⑵と同様にして，それぞれの駅で降りる場合について調べると，上の表のようになる。よって，途中《とちゅう》で降りた方が安くなるのは，Ｅ駅で降りた場合である。

6 速さ，速さと比

⑴　時速4.2kmを分速に直すと，4.2×1000÷60＝70(m)になるから，1400mを進むのにかかる時間は，1400÷70＝20(分)とわかる。

⑵　登りと下りの速さの比は，$\frac{2}{3}$：１＝２：３なので，登りと下りにかかった時間の比は，$\frac{1}{2}$：$\frac{1}{3}$＝３：２とわかる。この合計が，60×１＋30＝90(分)だから，登りにかかった時間は，$90\times\frac{3}{3+2}$＝54(分)と求められる。

⑶　公園を出てから公園にもどってくるまでの時間は，午後１時20分−午前10時＝３時間20分である。そのうち，公園と入り口の間を往復するのにかかった時間が，20×２＝40(分)なので，ハイキングコースを往復するのにかかった時間は，３時間20分−(40分＋25分)＝200分−65分＝135分とわ

かる。よって，下りにかかった時間は，$135\times\frac{2}{3+2}=54$(分)だから，ハイキングコースの道のりは，$60\times54=3240$(m)と求められる。したがって，公園から山頂までの道のりは，$1400+3240=4640$(m)である。

社　会　＜第１回試験＞（40分）＜満点：100点＞

解　答

1 (1) 貿易摩擦　(2) ハザードマップ　(3) 地球儀　2 (1) イ)　(2) 松江市　(3) (例) 沖合を暖流の日本海流が流れているから。　(4) 世界自然遺産　(5) (例) 夏から秋にかけて，梅雨や台風の影響をほとんど受けないから。　(6) イタイイタイ病　(7) 利根川　(8) リアス海岸　(9) (例) 台風による強風の被害を防ぐため。　3 (1) 太平洋ベルト　(2) コンビナート　(3) 阪神工業地帯　(4) IC　(5) 加工貿易　4 (1) 紫式部　(2) 中臣鎌足　(3) 執権　(4) 足利尊氏　(5) イ)　(6) Y　5 (1) A アイヌ　B キリスト　C 大塩平八郎　(2) 天下の台所　(3) オランダ　(4) ア)　6 A 裁判所　B 内閣　C 国会　7 (1) (例) 目の不自由な人が髪を洗うとき，ほかのボトルと区別できるようにするため。　(2) ユニバーサルデザイン

解　説

1 社会科にかかわる用語についての問題

(1) 国や地域の間で行われる貿易において，一方で輸出額が輸入額を大幅《おおはば》に上回る貿易黒字が，もう一方で輸出額が輸入額を大幅に下回る貿易赤字が続き，関係する国や地域の間で貿易収支のつり合いが取れない状態が生まれると，社会的・経済的な対立が起こることがある。この対立は，貿易摩擦《まさつ》とよばれる。

(2) 自然災害が発生したときに予測される被害の程度や，避難《ひなん》場所・避難経路などを記した地図をハザードマップという。洪水《こうずい》や津波，地震や火山の噴火など，災害の種類に応じて政府や地方公共団体がつくり，公開している。

(3) 地球儀《ぎ》は地球表面のようすを球形の模型で表現したもので，平面の地図では同時に表現できない距離や方位，面積などをほぼ正確に表現することができる。一方で，縮尺の大きいものをつくるのが難しい，世界全体を一度に見ることができない，持ち運びに不便であるといった点では，地図におとる。

2 日本の地形や気候，産業などについての問題

(1) 地図中のAの県は長野県。長野県東部の八ヶ岳山ろくなどでは，夏でも涼《すず》しい高原の気候を活《い》かし，レタスやはくさいなどの栽培時期をほかの産地とずらす抑制《よくせい》栽培がさかんである。長野県のレタスの生産量は全国第１位となっており，ほかの産地のものがあまり出回らない夏～秋を中心に出荷されている。なお，ミカンは和歌山県，サトウキビは沖縄県，じゃがいもは北海道が生産量第１位となっている。統計資料は『日本国勢図会』2020／21年版による。

(2) 地図中のBの県は島根県。北で日本海に面し，北東部には宍道《しんじ》湖と中海をかかえる島根半島がのびている。県庁所在地は松江市で，江戸時代には現在国宝に指定されている松江城の城下町とし

て栄えた。

⑶　地図中のＣの県は高知県。南で太平洋に面し，沖合には暖流の日本海流（黒潮）が流れているため，冬でも比較《ひかく》的暖かいことが気候の特徴《とくちょう》となっている。

⑷　鹿児島県の南方海上に位置し，円形に近いDの島は屋久島。屋久島には九州最高峰《ほう》の宮之浦岳《みやのうらだけ》（1936m）がそびえ，亜《あ》熱帯から亜寒帯までの植物が垂直分布していることや，樹齢1000年以上とされる屋久杉が見られることなどから，1993年にユネスコ（国連教育科学文化機関）の世界自然遺産に登録された。世界遺産は1972年に採択《さいたく》された世界遺産条約にもとづき，世界遺産委員会によって審査・登録されるもので，登録された遺産は人類共通の価値を持つものとして保護・管理されなければならない。

⑸　資料１で北海道の釧路《くしろ》市と三重県の尾鷲《おわせ》市を比べると，釧路市は年間降水量が少なく，尾鷲市で３番目に降水量が多い６月の降水量が釧路市ではそれほど多くないことがわかる。これは，北海道が梅雨の影響《えいきょう》をほとんど受けないためである。また，北海道では，夏から秋にかけて多くの雨をもたらす台風の影響もほとんど受けず，太平洋に面する釧路市は冬の湿《しめ》った北西季節風の影響もほとんど受けないため，特に降水量が少ない。

⑹　地図中の☒の県は富山県。富山県の神通《じんずう》川流域では，上流域にある神岡鉱山（岐阜県）から流されたカドミウムが下流域の田畑を汚染《おせん》したことが原因で，イタイイタイ病とよばれる公害病が発生した。

⑺　利根川（全長約322km）は信濃川（全長約367km）につぐ日本第２位の長流で，越後山脈の大水上《おおみなかみ》山を水源として関東平野を南東へと流れ，千葉県の銚子《ちょうし》市で太平洋に注ぐ。その流域面積（約16840km²）は日本最大で，古くから関東第一の川として「坂東《ばんどう》太郎」（坂東は関東地方の古いよび名）ともよばれている。なお，利根川と，長野県から新潟県を流れ日本海へ注ぐ信濃川，北海道を流れる石狩川を合わせて日本三大河川という。

⑻　地図中の☐Zの地域は三重県の志摩《しま》半島。志摩半島の沿岸には，山地が海に沈《しず》みこみ，谷だったところに海水が入りこんでできた複雑な海岸地形であるリアス海岸が見られる。入り江が深く陸側に入りこむリアス海岸は，波がおだやかで水深も深いため，養殖《ようしょく》業に利用されることが多く，志摩半島では真珠《しんじゅ》の養殖がさかんに行われている。

⑼　沖縄県は台風の通り道にあたるため，家屋を台風の強風から守る必要があった。そのため，沖縄県の伝統的な家屋は屋根が低くつくられ，屋根がわらはしっくいで固められている。また，家屋の周りを石垣や防風林で囲い，風や風で飛ばされてきたものが家屋に直接当たらないようにしている。

３　日本の工業についての問題

⑴　関東地方南部から東海・近畿・瀬戸内の各地方を経て九州地方北部まで続く帯状の地域は，太平洋ベルトとよばれる。太平洋ベルトには工業地帯・地域が集まり，東京・名古屋・大阪という三大都市圏《けん》を中心に，人口の多い都市も集中している。

⑵　技術や原料，製品が関連する工場や企業が集まったところをコンビナートといい，日本では特に石油化学コンビナートが各地で発達している。石油化学コンビナートでは，石油を精製して燃料や原料をつくり，これをパイプラインで各工場や発電所に送って製品の生産や発電などを行っている。石油（原油）のほとんどを外国からの輸入にたよっていることや，埋《う》め立てで広い土地が得やす

かったことなどから，日本の石油化学コンビナートは臨海部に立地している。

(3)　大阪府から兵庫県の大阪湾岸を中心に発達した工業地帯は，大阪の「阪」と兵庫県神戸市の「神」をとって阪神工業地帯とよばれる。京浜工業地帯，中京工業地帯とともに三大工業地帯に数えられ，内陸部に電気機器などの中小工場が多いことや，ほかの工業地帯に比べて工業製品出荷額等に占《し》める金属工業の割合が高いことなどが特徴となっている。

(4)　ICは集積回路の略称で，小型の電子回路である。電子機器には欠かせない部品で，小型・軽量なわりに高価なため，輸送費がかかる航空機で運んだり，消費地から離れた地域からトラックで輸送したりしても採算が合う。そのため日本では，山形県をふくむ東北地方や，熊本県をふくむ九州地方の高速道路沿いや空港の近くなどに，IC工場が多く立地している。

(5)　日本は資源がとぼしいため，工業原料を外国から輸入し，これを加工し工業製品として輸出する加工貿易を行ってきた。しかし，アジア諸国の工業化が進んだことや日本企業の生産拠点《きょてん》がこれらの地域に移ったことなどにより，現在では工業製品の輸入も多い。

4　各時代の歴史的なことがらについての問題

(1)　紫式部は平安時代中期の宮廷女官で，藤原道長のむすめで一条天皇のきさきとなった彰子《しょうし》に仕えた。宮廷貴族の生活を取り上げた『源氏物語』は紫式部の代表作で，この時代に発明されたかな文字を用いて書かれた。

(2)　中臣鎌足《なかとみのかまたり》は中大兄《なかのおおえの》皇子(のちの天智天皇)とともに645年に蘇我《そが》氏を滅《ほろ》ぼし，大化の改新に貢《こう》献《けん》した。この功績を認められ，鎌足はその死にさいし天智天皇から「藤原」の姓をたまわり，藤原氏の祖となった。

(3)　鎌倉時代，幕府には将軍を補佐する役職として執権《しっけん》が置かれた。源氏の正系が３代で絶えたあとは将軍に代わって実際に幕府の政治の実権をにぎり，北条氏が代々その職をつとめた。1221年に後鳥羽《ごとば》上皇が起こした承久《じょうきゅう》の乱では，第２代執権北条義時が，姉であり，源頼朝の妻であった北条政子とともに御家人を指揮し，幕府を勝利に導いた。

(4)　鎌倉幕府の有力御家人であった足利尊氏は，後醍醐《ごだいご》天皇が倒幕をよびかけたのに応じて京都の六波羅《ろくはら》探題を攻めおとし，鎌倉幕府は1333年に滅亡《めつぼう》した。しかし，その後，後醍醐天皇が始めた建武の新政は公家中心の政治であったことから武士の不満が高まり，尊氏が天皇にそむいたために新政は２年半で倒された。その後，尊氏は新しく光明《こうみょう》天皇を立て，1338年に征夷《せいい》大将軍に任じられて京都に室町幕府を開いた。

(5)　室町時代の1404年，室町幕府の第３代将軍をつとめた足利義満は，明(中国)との貿易(勘合《かんごう》貿易)を始めた。義満はこれに先立つ1392年，足利尊氏の時代以来南北に分かれていた朝廷の統一をはたした。なお，ア)について，銀閣は室町幕府の第８代将軍足利義政が建てさせたもので，1489年に完成した。ウ)は平安時代末にあたる1185年，エ)は江戸時代初めにあたる1615年のできごと。

(6)　年表中Yの時期にふくまれる平安時代後半には人々の間に浄土信仰《じょうどしんこう》が広まり，大貴族などの有力者によって各地に阿弥陀《あみだ》堂が建てられた。1124年，奥州藤原氏の初代清衡《きよひら》によって平泉(岩手県)に建てられた中尊寺金色堂もその一つで，壁などが金箔《きんぱく》でおおわれているほか，豪華な装飾がほどこされている。

5　江戸時代の人物とできごとについての問題

(1)　A　アイヌは蝦夷《えぞ》地(北海道)の先住民で，狩猟や漁を中心とした伝統的な暮らしをしていた。

江戸時代には蝦夷地南部を支配した松前藩がアイヌとの交易を独占したが，松前藩の不正な交易を不服としてアイヌの人々はたびたび反乱を起こし，17世紀半ばの1669年には，首長シャクシャインを指導者とした大規模な反乱(シャクシャインの乱)が起こった。 **B** 17世紀前半の1637年，重い年貢やキリスト教徒の弾圧にたえかねた島原・天草地方の農民たちは，16歳の少年・天草四郎(時貞)をかしらとして反乱を起こした。これを島原・天草一揆《いっき》(島原の乱)といい，３万数千人にのぼる一揆軍は島原半島南部の原城跡にたてこもって抵抗《ていこう》したが，幕府は10万人を超《こ》える大軍を投入してこれをしずめた。 **C** 大塩平八郎は大阪町奉行所の元役人であった陽明学者で，19世紀前半に起こった天保のききんにおける幕府の対応を不満として，大阪で反乱を起こした。乱そのものは半日で平定され，大塩もその後に自害したが，幕府の元役人が起こした反乱ということで幕府にあたえた衝撃《しょうげき》は大きかった。

⑵ 江戸時代，大阪には諸大名の蔵屋敷が置かれ，全国各地から年貢米や特産物が集められて活発に取り引きが行われた。こうして経済の中心地となった大阪は「天下の台所」とよばれた。

⑶ 島原・天草一揆ののち，幕府はキリスト教禁止を徹底《てってい》するため，1639年にポルトガル船の来航を禁止し，1641年に平戸にあったオランダ商館を長崎港内の出島(扇形の埋め立て地)に移して鎖国体制を確立した。オランダはキリスト教の布教を行わなかったことから，清(中国)とともに幕府との貿易を認められたが，オランダ人の行動は出島内に限定され，自由な行動は許されなかった。

⑷ 江戸時代後半の18世紀後半から日本の近海に外国船が接近するようになり，19世紀前半の1808年にはイギリス軍艦が長崎港内に侵入《しんにゅう》するというフェートン号事件が，1837年にはアメリカ商船モリソン号が異国船打払令にもとづいて打ち払われるというモリソン号事件が起こった。よって，ア)が正しい。なお，イ)は1592～93年(文禄の役)と1597～98年(慶長の役)の２回で安土桃山時代後半，ウ)は室町時代のできごと。エ)について，最初の律令である大宝律令は，飛鳥時代末の701年に完成した。

6 三権分立についての問題

A～C 日本では，法律をつくる権限である立法権を国会に，法律にしたがって政治を行う権限である行政権を内閣に，裁判を行う権限である司法権を裁判所に受け持たせる三権分立のしくみを採用している。裁判所は，内閣が定めた政令や行政処分などが憲法に違反していないかどうか，あるいは国会が制定した法律が憲法に違反していないかどうかを判断する権限である違憲審査権を行使できる。

7 もののデザインについての問題

⑴，⑵ シャンプーの容器には，その容器の中身がシャンプーであることがわかるように，ふたや容器の側面にギザギザ状の突起《とっき》物がつけられていることが多い。これがあることによって，目をつぶって髪を洗っても，手でさわった感覚でそれがシャンプーの容器であることがわかるだけでなく，目の不自由な人にとっても，それがシャンプーの容器であることがわかる。このように，障がいのあるなしや人種・性別・年齢・国籍などを問わず，すべての人にとって使いやすい形や機能を考えたデザインをユニバーサルデザインという。

理科 ＜第１回試験＞（40分）＜満点：100点＞

解答

[1] (1) エ　(2) ア　(3) ア　(4) ウ（またはイ）　(5) ウ　[2] (1) スライドガラス　(2) ヒアリ　(3) （例）（ペットボトルを）湯などにつけてあたためる。　(4) ① 1.6 L　② 18.8％　[3] (1) ㋐，㋑，㋓，㋔，㋕，㋖　(2) ㋒，㋓，㋗　(3) ㋘　(4) （例） ジャガイモ　(5) ア　(6) （例） 土の養分が減っているので肥料を追加する。
[4] (1) アメダス　(2) B　(3) ウ　(4) ア，イ　(5) 地球温暖化　(6) **晴れ**…イ　**雨**…ア，ウ，エ　[5] (1) コイル　(2) ① ア　② ア　③ イ　(3) ア　(4) （例） 導線の長さを同じにして，巻き数だけを変えて実験する。　[6] (1) イ　(2) ア　(3) （例） ① 線香　② 火のついた線香をビンの口に近づけ，線香のけむりの動きを観察する。　(4) （例） 空気はロウソクの真上では上向きに，ビンのふちでは下向きに流れる。（図は右の図１）　(5) （例） ① 金属のバケツ，空きビンのふた，くぎ　② 空きビンのふたにくぎをさしてロウソク立てにし，それを使ってバケツの中にロウソクを立てる。（図は右上の図２）

図２
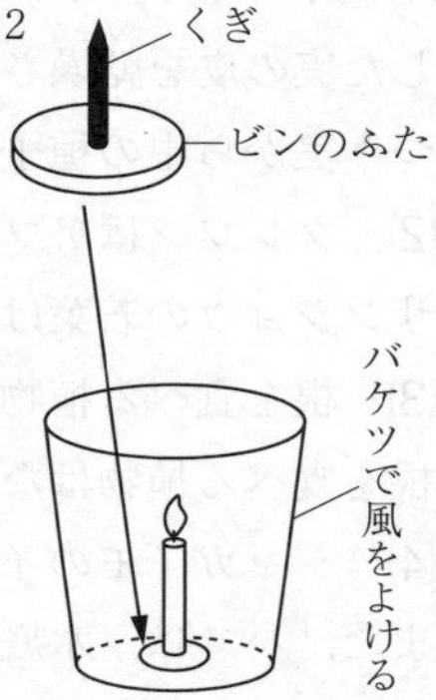

図１
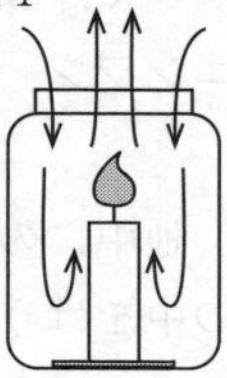

解説

[1] 小問集合

(1) 鏡で反射させた光を重ねると，光が当たったところは明るくなり，温度は高くなる。

(2) 水は，液体の水から固体の氷に変わると，体積が約1.1倍になる。コップに水を入れてこおらせると，コップの側面からこおっていくので，最後にこおる真ん中のあたりは盛り上がる。

(3) 熱は金属の中を順々に伝わっていくので，金属の中をたどったときに加熱部からの道のりが長いところほど，熱が伝わるのがおそくなる。

(4) アルコールランプの火をつける部分のしんの長さは５mmくらいがふさわしい。これより長くても短くてもよくない。また，アルコールランプは平らなところに置いて使う。このとき，まわりに燃えやすいものを置かないようにする。

(5) 理化学研究所と富士通が開発したスーパーコンピューター「富岳《ふがく》」は，2020年６月に行われたスーパーコンピューターの国際会議において世界第１位の評価を得た。

[2] 小問集合

(1) 顕微《けんび》鏡で観察する標本をプレパラートという。プレパラートは，観察したいものをうすくしてスライドガラスにのせ，必要に応じて観察したいものに水を１てきたらし，ピンセットでカバーガラスをかけたものである。

(2) ヒアリは，本来，南アメリカ大陸にすむアリで，赤茶色をしており，さされると非常に激しく痛んだり，アレルギー反応を引き起こすことがあったりする。日本では2017年に初めて確認されて以降，各地で発見されている。

⑶　空気はあたためると体積が大きく増す性質がある。ここでは，ペットボトルをお湯などにつけてあたため，ペットボトル内の空気の体積を大きくして，風船をふくらませるとよい。

⑷　①　空気中にふくまれる酸素の割合は約20％なので，空気８Ｌ中にふくまれる酸素は，８×0.2＝1.6(Ｌ)である。空気中にふくまれる酸素の割合を約21％として計算した場合は，８×0.21＝1.68(Ｌ)となる。　②　１分間に，肺に取り込《こ》んだ空気にふくまれる酸素1.6Ｌのうち，0.3Ｌが体内に取り込まれるので，0.3÷1.6×100＝18.75より，18.8％と求められる。①で1.68Ｌとした場合は，0.3÷1.68×100＝17.85…より，17.9％となる。

3　食べられる植物についての問題

⑴　キュウリ，ナス，ミニトマトでは実の全体，クリでは実の中の種子を食べる。サンショウは熟した実の皮を乾燥《かんそう》させ粉にしたり，未熟な実を丸ごと煮《に》つけたりして料理に用いる。ピーマンはふつう実から中の種子を取りのぞいて食べる。

⑵　クレソンはアブラナ科の植物，モロヘイヤはアオイ科の植物で，どちらも葉を食べる。また，サンショウの若葉は香りがよく，「木の芽」と呼ばれる。

⑶　根を食べる植物にはニンジン，ゴボウ，ダイコン，サツマイモなどがあるが，㋐～㋗の中には根を食べる植物はない。

⑷　ジャガイモのイモは，地中にのびた茎《くき》(地下茎《けい》)の先たんが養分をたくわえふくらんでできる。また，ハスは，水底の土の中をはう地下茎がレンコンと呼ばれる食用部分となる。アスパラガスやタケノコなども茎を食べる。

⑸　アがミニトマトの花である。黄色く細長い花びらをもち，おしべとめしべは花の中心にあるとっくりのような形をした黄色の部分にあたる。イはピーマンの花，ウはナスの花である。

⑹　土の肥料分が少なくなっていると考えられるので，肥料を追加してあたえる(追肥《ついひ》という)とよい。

4　天気の変化，流水のはたらきについての問題

⑴　気象庁は全国の約1300か所で降水量や気温などを自動観測しており，これらの観測データを集めて分析《ぶんせき》し，天気予報などに役立てている。このしくみを「地域気象観測システム」といい，一般《いっぱん》には英語に訳《やく》したときの頭文字をとって「アメダス」と呼ばれている。

⑵　台風がある地表付近では，台風の中心付近に向かって上空から見て反時計回りに風が吹《ふ》き込んでいる。そのため，上空からはＢのように見える。

⑶　台風をはじめとした雨雲は，主に海の水がさかんに蒸発してできた水蒸気が，上昇《じょうしょう》気流に乗って上空に運ばれ，冷やされて水てき(や氷のつぶ)に戻《もど》ったものである。

⑷　台風の通過により大量の雨が降ると，その雨水が集まる平野の川では流れる水の量が増し，川岸や川底をしん食するはたらきや，しん食したものを運ぱんするはたらきが大きくなる。

⑸　地球全体があたたかくなっている現象を地球温暖化という。石油や石炭のような化石燃料の大量消費や森林の減少などにより，大気中にふくまれる二酸化炭素が増え続けているのが主な原因の一つと考えられている。

⑹　ア　虹《にじ》ができる条件の一つは，太陽と反対の方向の空中にたくさんの水てきがあることである。つまり，太陽が東にある朝に虹が見られたとき，西の空にはたくさんの水てきがあることになる。これは西で雨が降っていることを示していて，天気はふつう西から東に移ってくるので，やがて雨

が降ると予測できる。　イ　つゆは空気中の水蒸気が冷やされることで，ものについた水てきである。風の弱い晴れた夜にできやすいため，朝にクモの巣などにつゆがついていると，その日は晴れになりやすい。　ウ　雨雲が近づいて空気がしめり気をおびるようになると，ツバメのエサとなるこん虫が低いところを飛ぶようになり，つれてツバメも低く飛ぶ。よって，ツバメが低いところを飛ぶと雨が降ると考えられる。　エ　山の上に雲がかぶさるのは，しめった空気が山の斜面《しゃめん》にそって上昇したときである。　よって，しめった空気をともなった雨雲が近づいてきた合図といえ，まもなく天気がくずれ，雨になると予測できる。

5　じしゃくと電じしゃくについての問題

⑴　導線を同じ向きに何度も巻いてつくったものをコイルという。

⑵　じしゃくは，同じ極どうしは反発し合い，ちがう極どうしは引き合う。方位じしんに棒じしゃくのＳ極を近づけると，方位じしんのＮ極が引き寄せられる。また，地球は１つの巨大なじしゃくで，北極付近にＳ極がある。そのため，特に何もしなければ，方位じしんのＮ極は北極のほうを指す。

⑶　電じしゃくの強さは，流れる電流が大きいほど強くなる。したがって，電流計の読みが最も大きい値のものを選ぶ。アは，５Ａのマイナスたんしを使っているので0.5Ａ（500mA）である。イは，500mAのマイナスたんしを使っているので150mAである。ウは，500mAのマイナスたんしを使っているので400mAである。

⑷　導線の巻き数だけが異なるようにして実験をしなければならないのに，これでは導線の長さが異なっているため，ふさわしくない。そこで，100回巻いた場合も200回巻いた場合も３ｍの導線を使って実験を行うようにする。

6　ロウソクの火についての問題

⑴　ものが燃えるには，まわりに十分な量の酸素がなければならない。図のような閉ざされた空間の中でロウソクを燃やすと，空間中の空気にふくまれる酸素がロウソクの燃焼に使われて減り，やがて燃えるのに必要な量より少なくなるため，火が消える。

⑵　ロウソクのほのおは，外えんと呼ばれるほのおの外側が最も温度が高くなる。

⑶　たとえば，火のついた線香《せんこう》をビンの口に近づけ，線香のけむりの動きを見る。すると，けむりがビンの中に吸い込まれる様子が観察できる。

⑷　ロウソクのほのおであたためられた空気は上向きに流れ，ビンの口の真ん中あたりから外に出ていく。そして同時に，ビンのふちのあたりでは外から中に空気が入っていく。その様子を図に表せばよい。

⑸　花火の先を差し入れやすいように，バケツなどの口の広い容器を使う。また，花火が点火したときの勢いなどでロウソクがたおれないように，ロウソクを立てる工夫もふくむとよい。

国　語　＜第１回試験＞（40分）＜満点：100点＞

解　答

一　①　ようさん　②　ちくわ　③　こうえき　④　たぐ(い)　二　下記を参照のこ

と。　三　問１　十二(画)　問２　エ　問３　２　問４　イ　問５　名　問６　ウ　問７　エ　問８　イ　問９　ウ　問10　ア　問11　エ　問12　み(へび)　問13　ア　四　問１　ウ　問２　単純な条件のもとでおこなう(実験。)　問３　生物学の特殊性を正しくとらえる　問４　(例)　花が確実に送粉してくれる昆虫を選ぶから。　問５　ウ　問６　エ　問７　イ　問８　(例)　花の咲くタイミングや，花粉を運ぶ昆虫が冬眠から目覚める条件。　問９　(例)　自然界で起きていることは，生物の現象を実験室で分析するだけでは理解できず，生き物のつながりを野外で調べて初めて説明できることが多いから。　問10　ア　五　お気に入りのメニュー…(例)　クリームシチュー／クリームシチューには，地元で生産された安心・安全でおいしい野菜や肉がたっぷり使われていて，栄養満点だ。特に寒い季節には体が温まる。地産地消を推進するためにも，ぜひ多くの人に味わっていただきたい。

●漢字の書き取り

二　①　沖縄　②　家賃　③　骨組(み)　④　似(た)

解説

一　漢字の読み

①　かいこを飼ってまゆをとること。　②　魚肉をすりつぶし，竹ぐしや金ぐしにぼうのようにぬりつけ，焼いたり蒸したりした食品。　③　品物どうしを交かんしたり，売ったり買ったりして取り引きをすること。　④　音読みは「ルイ」で，「類型」などの熟語がある。

二　漢字の書き取り

①　九州地方の南西部にある，日本列島で最も南に位置する県。　②　家や部屋を借りている人が，持ち主にはらう料金。　③　「骨組み」は，物事のもとになり，全体を支えるものの構造。　④　音読みは「ジ」で，「類似」などの熟語がある。

三　漢字の画数，かなづかいの知識，類義語の知識，助動詞の知識，同じ部首を持つ漢字，熟語の組み立て，漢字のパズル，慣用句・ことわざの完成，文学作品と作者，干支の知識，ことばの意味

問１　「費」は，下の「貝」の部分が七画，それ以外の部分が五画なので，総画数は十二画になる。

問２　「しんにょう」をつけると，アは「遺」，イは「造」，ウは「週」となる。

問３　「ほうずき」は「ほおずき」と書き，「色ずいて」は“色がついて”という意味なので「色づいて」が正しい。

問４　「花束」は，上の漢字が下の漢字を修飾《しゅうしょく》する組み立てなので，イの「牛肉」が同じ。なお，アの「県営」は上の漢字が主語，下の漢字が述語を表す組み立て。ウの「着席」は上の漢字が動作を表し，下の漢字が動作の対象を表す組み立て。エの「救助」は似た意味の漢字を重ねた組み立て。

問５　「名」を入れると，上から時計回りに「本名」「名前」「名所」「著名」という熟語ができる。

問６　「賛成」「同意」は，人の意見をよいと考えること。「収入」「所得」は，受け取って自分のものとなったお金。「心配」「不安」は，あることが気になって落ち着かないこと。

問７　a　「きもを冷やす」は，恐《おそ》れたりおどろいたりしてひやりとすること。「あたまを冷やす」は，気持ちを冷静にすること。　b　「つむじを曲げる」「へそを曲げる」は，ひねくれること。　c　「こしをぬかす」は，おどろいてしりもちをつき，立ち上がれなくなること。

問８　「急《せ》いては事をしそんずる」は，“急ぐときほど注意深くするのがよい”という意味。

問９「鬼《おに》に金棒」は，強い者がいっそう強くなること。「鬼のいぬ間に洗濯《せんたく》」は，恐れている相手がいない間に好きなことをして楽しむようす。「来年のことを言えば鬼がわらう」は，未来を予測することには意味がないとして，あざけって言うことば。

問10「野球部は次の試合も勝ちそうだ」は，“そのようすだ”という様態の意味，「明日は予報の通り雨になるそうだ」は人から聞いたことを表す伝聞の意味にあたる。

問11　夏目漱石《なつめそうせき》の作品にはほかに，『吾輩《わがはい》は猫《ねこ》である』『坊《ぼ》っちゃん』などがある。なお，アは川端《かわばた》康成《やすなり》，イは森鷗外《もりおうがい》，ウは芥川龍之介《あくたがわりゅうのすけ》の作品である。

問12　二〇二〇年は子《ね》(ねずみ)年で，干支は「子」「丑《うし》」「寅《とら》」「卯《う》」「辰《たつ》」「巳《み》」「午《うま》」「未《ひつじ》」「申《さる》」「酉《とり》」「戌《いぬ》」「亥《い》」の順番でめぐるので，二〇二五年の干支は「巳(へび)」になる。

問13　イの「ゆがく」は，あくをぬくためにさっと熱湯に通すこと，ウの「むす」は，ふかすこと，エの「さらす」は，水につけてあくなどをぬくこと。よって，苦しくて手や足を動かすことをいう，アの「もがく」が料理とは関係のないことばである。

四　**出典は高槻成紀《たかつきせいき》の『動物を守りたい君へ』による。**動物を守るためには生き物のつながりや環《かん》境《きょう》との関係を知ることが大切だとして，実際に野外で調べることの重要性を説いている。

問１「実験室」のなかで調べているものは「もう自然ではなく，人工的なものにすぎない」と，デヴィッド・スズキさんは述べているので，ウがふさわしい。

問２「それ」とあるので，前の部分に注目する。子供のときからの教育によって，人々はすべての生物現象が「単純な条件のもとでおこなう」実験によって説明できると思うようになってしまうというのである。

問３　物理化学のような単純で明快な現象とは異なり，生物学の現象は複雑である。だから，筆者は「単純な条件のもとで」実験をおこなうのではなく，まず「生物学の特殊《とくしゅ》性を正しくとらえること」が重要だと述べている。

問４「特別な組み合わせ」の例として，フクジュソウとハエの仲間，エンゴサクとマルハナバチの組み合わせが前にあげられている。これは，昆虫《こんちゅう》は口の形に合う花の蜜《みつ》を吸い，花は特定の昆虫が吸いやすいような形で蜜を与《あた》える，という関係である。このような「特別な組み合わせ」ができるのは，「花は確実に送粉してくれる昆虫だけに」蜜を与えようとするためと考えられる。

問５　a　花と昆虫との特別な組み合わせについて述べられた後，地球温暖化がもたらす問題に話題が移っているので，前の内容をいったん打ち切り，次の話題へと移るときに用いる「さて」が合う。　b「暖かい春」には早く咲くフクジュソウに合わせてハエも冬眠から覚めるが，エンゴサクが早く咲いても相棒のマルハナバチは冬眠から早く覚めることがないという文脈である。よって，前のことがらを受けて，それに反する内容を述べるときに用いる「ところが」が入る。　c「雪のある年」には，その断熱効果によって地面は０度くらいに保たれるが，「雪が少ない冬には，断熱効果がないため」，地中はかえって寒くて凍《こお》ると述べられている。よって，“どちらかというと”という意味の「むしろ」が入る。

問６　地球温暖化により，花の咲く時期が早まったことで起きる「問題」を考える。「暖かい春」にはエンゴサクの花は早く咲くが，花粉を運ぶマルハナバチは冬眠から覚めず，受粉が行われなくなってしまうのだから，エが選べる。

問７　続く部分に，断熱効果がある発泡スチロールに温かいものを入れると，外が寒くても温度は下がらないが，雪も「同様」だと述べられているので，周囲に冷たい空気があっても「雪の中は0度よりは下がりません」とするのがよい。

問８　「そういう」とあるので，前の部分に注目する。「花の咲くタイミング」や，花粉を運ぶ昆虫が「冬眠から目覚める条件」についていくら調べても，「どの花にどの昆虫が来るかを知り，花と昆虫がどういう関係をもっているかを野外で調べなければ，実際の送粉のことは理解でき」ないと述べられている。

問９　本文の前半で，「リンク」とは「生き物のつながり」だと述べられていることと，問８で検討した内容をふまえて考える。「花の咲くタイミング」や昆虫が「冬眠から目覚める条件」は実験で調べられるが，実際の送粉のことは，野外で花と昆虫の関係性を調べなければ理解できない。その意味で，自然界で起きていることを説明するには「リンクの解明こそ重要だ」と筆者はいうのである。

問10　本文の後半では，地球温暖化によってエンゴサクの花が早く咲くようになる一方で，花粉を運ぶマルハナバチは冬眠から目覚めるのが遅《おく》れたため，エンゴサクはほとんど実をつけられなかったという二〇〇二年の例があげられている。よって，アが合う。

五　条件作文

給食で気に入っているメニューのすぐれた点を，理由とともにまとめる。一般《いっぱん》的なメニューでない場合は，それがどんな料理かという説明も加えるとよい。「原稿《げんこう》用紙の使い方」にしたがって，「一段落」で書くという条件があるので，最初の一マスは空けるようにする。ほかにも，主語・述語の対応やことばのかかり受け，文脈のねじれ等に注意して書くようにする。

Dr.福井の
入試に勝つ! 脳とからだのウルトラ科学

右の脳は10倍以上も覚えられる！

手や足，目，耳に左右があるように，脳にも左右がある。脳の左側，つまり左脳は，文字を読み書きしたり計算したりするときに働く。つまり，みんなはおもに左脳で勉強していることになる。一方，右側の脳，つまり右脳は，音楽を聞き取ったり写真や絵を見分けたりする。

となると，受験勉強に右脳は必要なさそうだが，そんなことはない。実は，右脳は左脳の10倍以上も暗記できるんだ。これを利用しない手はない！　つまり，必要なことがらを写真や絵などで覚えてしまおうというわけだ。

この右脳を活用した勉強法は，図版が数多く登場する社会と理科の勉強のときに大いに有効だ。たとえば，歴史の史料集には写真や絵などがたくさん載っていて，しかもそれらは試験に出やすいものばかりだから，これを利用する。やり方は簡単。「ふ～ん，これが○○か…」と考えながら，載っている図版を５秒間じーっと見つめる。すると，言葉は左脳に，図版は右脳のちょうど同じ部分に，ワンセットで記憶される。もし，左脳が言葉を忘れてしまっていたとしても，右脳で覚えた図版が言葉を思い出す手がかりとなる。

また，項目を色でぬり分け，右脳に色のイメージを持たせながら覚える方法もある。たとえば江戸時代の三大改革の内容を覚えるとき，享保の改革は赤，寛政の改革は緑，天保の改革は黄色というふうに色を決め，チェックペンでぬり分けて覚える。すると，「“目安箱” は赤色でぬったから享保の改革」というように思い出すことができ，混同しにくくなる。ほかに三権分立の関係，生物の種類分け，季節と星座など，分類されたことがらを覚えるときもピッタリな方法といえるだろう。

Dr.福井（福《ふく》井《い》一成《かずしげ》）…医学博士。開成中・高から東大・文Ⅱに入学後，再受験して翌年東大・理Ⅲに合格。同大医学部卒。さまざまな勉強法や脳科学に関する著書多数。

Memo

2020年度　作新学院中等部

〔電　話〕　(028)647－４５７１
〔所在地〕　〒320－8525　栃木県宇都宮市一の沢１－１－41
〔交　通〕　JR「宇都宮駅」よりバス20分，「東武宇都宮駅」よりバス10分

【算　数】〈第１回試験〉（40分）〈満点：100点〉

1　次の計算をしなさい。

(1)　$9-2\times3+4$

(2)　$0.5+0.25-0.125$

(3)　$0.5\times\frac{12}{7}+\frac{1}{3}\div2$

(4)　$\left(\frac{1}{2}-\frac{1}{3}\right)+\left(\frac{1}{3}-\frac{1}{4}\right)+\left(\frac{1}{4}-\frac{1}{5}\right)+\left(\frac{1}{5}-\frac{1}{6}\right)$

(5)　$35\times0.2+32\times1.125-24\times0.25$

2　次の□にあてはまる数を答えなさい。

(1)　正六角形の１つの内角の大きさは□度です。

(2)　３をたそうとしたらまちがえて３をかけてしまいましたが，計算の結果は等しくなりました。もとの数は□です。

(3)　上底が下底より２cm短い台形があります。この台形の高さが５cm，面積が$25\,\text{cm}^2$のとき，上底の長さは□cmとなります。

(4)　地上 15 階，地下２階のビルがあります。一郎《いちろう》さんが２階から４階まで階段を使うと 40 秒かかります。同じ速さで一郎さんが地下１階から６階まで階段を使うと，□秒かかります。

(5)　いくつかの梨《なし》を３人で分けることにしました。まず太郎《たろう》さんが全体の３割をとりました。次に二郎《じろう》さんが残りの $\frac{1}{7}$ と３個をとると，花子《はなこ》さんの分は９個となりました。このとき，梨は全部で□個ありました。

3　下の図のように同じ大きさの半径１cm の円が規則的にいくつも並んでいます。次の問いに答えなさい。ただし，円周率は 3.14 とします。

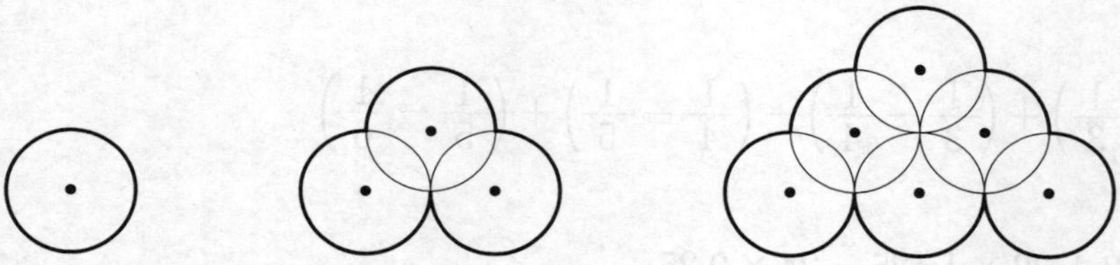

１段目　　２段目　　３段目

(1)　３段目のときの，この図形の周りの長さを求めなさい。

(2)　２段目のときの面積を求めなさい。

(3)　４段目のときの面積を求めなさい。ただし，途《と》中の計算もかきなさい。

4 太郎《たろう》さんは，午前９時に家から駅に向かって分速50 mの速さで出かけました。４分後にお兄さんが分速75 mの速さで出かけました。お兄さんが太郎さんに追いついたところで，お兄さんは忘れ物に気づいたため，分速100 mの速さで家にもどり，家に３分間いた後に自転車に乗って分速200 mの速さで駅に向かいました。駅には２人が同時に着きました。このとき，次の問いに答えなさい。
ただし，太郎さんとお兄さんは同じ道を通ったものとし，速さは一定であるとします。

(1) 最初にお兄さんが家を出かけるとき，太郎さんは家から何mのところにいますか。

(2) お兄さんが忘れ物をして家に着いたのは，午前９時何分ですか。

(3) 家から駅までの道のりは何mですか。

5 太郎《たろう》さんと花子《はなこ》さんの会話を読んで次の問いに答えなさい。ただし，消費税《しょうひぜい》は考えないものとします。

太郎さん：商店Ａではすべての商品に３割引の値札がついて売られているよ。

花子さん：商店Ｂではすべての商品に２割引の値札がついて売られていて，レジでさらに１割引をしてくれるみたいだよ。だから，商店Ａで買っても商店Ｂで買ってもおなじ３割引だね。

(1) 2500円の３割引はいくらになりますか。

(2)　花子さんの会話の中で下線部がまちがっています。その理由を簡単に説明しなさい。

(3)　花子さんは商店Ｂでズボンを6300円で購入しました。割引前の値段はいくらですか。

6　図１のような，たて20 cm，横30 cm，高さ12 cmの容器に水が入っています。水面の高さは底面から８cmです。このとき，次の問いに答えなさい。

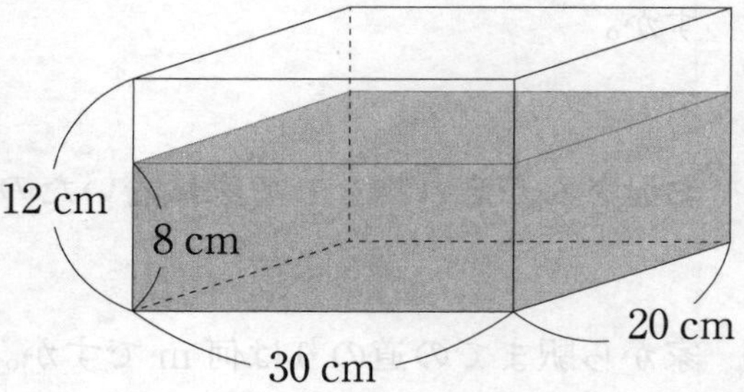

図１

(1)　容器の中に入っている水の体積を求めなさい。

(2)　図１の容器の中に，図２のような，たて５cm，横10 cm，高さ10 cmの鉄をこの向きで入れます。このとき，水面の高さは何cmになりましたか。

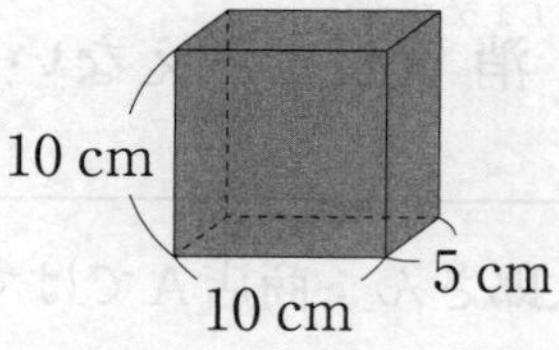

図２

(3)　図１の状態から，図２の鉄を何個か入れることで，この後に水を加える量をできるだけ少なくして，水面の高さを容器いっぱいにしました。このとき，鉄を全部で何個入れ，水をどれだけ加えましたか。ただし，水をあふれさせないこととします。

【社　会】〈第１回試験〉（40分）〈満点：100点〉

1 次の資料を見て，各問いに答えなさい。

資料　【国民体育大会 開催予定地】

開催年	回	開催地	テーマ
A）2020 年	75	B）鹿児島県	燃ゆる感動かごしま国体
2021 年	76	C）三重県	三重とこわか国体
2022 年	77	D）栃木県	E）いちご一会とちぎ国体

（１）　資料中の下線部A）について，この年は東京オリンピックが開催される予定です。参加予定国の国名と国旗の組み合わせとして正しいものを１つ選び，記号で答えなさい。

ア）カナダ

イ）オーストラリア

ウ）ロシア連邦

エ）中華人民共和国

（２）　資料中の下線部B）について，この県の県庁所在地が面する湾にある火山の名前を**漢字２文字で書きなさい。**

（３）　資料中の下線部C）について，この県に隣接する県のうち，日本最大の湖がある県名を答えなさい。

（４）　資料中の下線部Ｄ）について，この県の形として正しいものを１つ選び，記号で答えなさい。ただし縮尺は変えてあります。

ア）
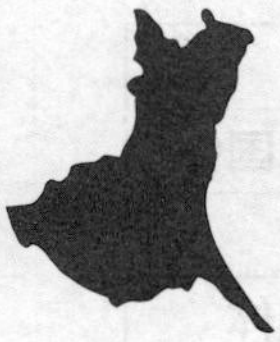

イ）

ウ）

エ）

（５）　資料中の下線部Ｅ）について，次の表はいちごの収穫量ベスト５（2017年度）を示したものです。この表を見て，下の説明文中の空欄にあてはまる数字として適当なものを語群の中から１つずつ選び，記号で答えなさい。

順　位	県	収穫量	割　合
1位	栃木県	25100 t	15.3%
2位	福岡県	17700 t	10.8%
3位	熊本県	10800 t	6.6%
4位	静岡県	10600 t	6.5%
5位	愛知県	10100 t	6.2%

【説明文】

いちごの収穫量ベスト5の中で，中部地方の県は（　Ａ　）つです。また，この表の数値から考えると，日本全体のいちご収穫量はおおよそ（　Ｂ　）万ｔです。

【語群】

ア）1　　イ）2　　ウ）3　　エ）4
オ）10　　カ）13　　キ）16　　ク）19

2 ある生徒が調べた，郷土料理に関するレポートを読み，各問いに答えなさい。

【北海道　三平汁《さんぺいじる》について】

塩づけした魚と，保存のきく野菜を煮こんだ料理です。北海道でとれるA）さけなどの魚を使います。塩づけの魚を大根やB）じゃがいもなどの野菜と煮こみ，魚についた塩だけで味をつけます。寒い日に食べると，おなかの中から体を温めてくれる料理です。

【岩手　さんまのすり身汁について】

C）三陸沖《さんりくおき》では60年ほど前から，さんまが多くとれるようになりました。それまですり身はいわしで作り，さんまは塩焼きなどにして食べていましたが，お茶の時間に集まった主婦たちが，さんまをたたいてからすりばちで練ってだんご型にして入れた汁物を考えたのがはじまりです。

【神奈川　海軍カレー】

明治時代に日本の海軍は，栄養バランスが良く調理も簡単なカレーを，軍隊食にとり入れました。最初はカレーにD）パンをつけていましたが，日本人の口にはなじまなかったため，E）ごはんにかけてみたら好評だったので，カレーライスが誕生しました。海軍ゆかりの土地である横須賀市は「カレーの街」と呼ばれています。

【兵庫　ばち汁】

F）兵庫県の播州《ばんしゅう》そうめんは「揖保《いぼ》の糸」の名前で知られています。そうめんを作るときは，少しずつ細くのばしていきます。このとき，両端のUの字になった部分を切り落とします。これが「ばち」です。「ばち汁」には野菜のビタミン，大豆から作った油あげのたんぱく質も加わるので，栄養のバランスもとれます。短い時間でできて，体が温まる料理です。

【沖縄　ゴーヤーチャンプルー】

「チャンプルー」とはG）沖縄の方言で「ごちゃまぜ」という意味で，とうふといろいろな食材をいためた料理です。ゴーヤーを使うときは「ゴーヤーチャンプルー」，マーミナー（もやし）を使うときは「マーミナーチャンプルー」と使う食材の名前をつけます。マレー語やインドネシア語の「チャンプール」が由来といわれています。

（参考　農林水産省ＨＰ）

（１）　レポート中の下線部Ａ）について，北海道ではさけなどの子どもを川や海に放して，自然の中で大きく育った魚をとります。そのような漁業を何漁業というか，答えなさい。

（２）　レポート中の下線部Ｂ）について，北海道はじゃがいも生産高日本一です。北海道一番の畑作地帯といわれる北海道南東部の平野を答えなさい。

（３）　レポート中の下線部Ｃ）について，ここは暖流と寒流がぶつかり，えさになるプランクトンが多く，魚の種類も多いため，良い漁場になっています。この２つの海流のうち，寒流の名前を答えなさい。

（４）　レポート中の下線部Ｄ）・Ｅ）について，次の表は2018年度の神奈川県と全国の米・（パンの原料である）小麦生産高に関するものです。表に関する説明として正しいものを下のア）～エ）の中から１つ選び，記号で選びなさい。

品　目	神奈川県	全国生産高
米	15200ｔ	7780000ｔ
小麦	97ｔ	768100ｔ

ア）神奈川県が占める割合は，米も小麦も，全国生産高の0.3％以上です。
イ）神奈川県が占める割合は，米は全国生産高の0.3％以上ですが，小麦は0.3％以下です。
ウ）神奈川県が占める割合は，小麦は全国生産高の0.3％以上ですが，米は0.3％以下です。
エ）神奈川県が占める割合は，米も小麦も，全国生産高の0.3％以下です。

（５） レポート中の下線部Ｆ）について，この県に所在する明石市には，何度の経線が通りますか。正しいものを下のア）～エ）の中から１つ選び，記号で答えなさい。

ア）西経 135 度　　イ）西経 140 度　　ウ）東経 135 度　　エ）東経 140 度

（６） レポート中の下線部Ｇ）について，下の地図は沖縄県のある土地利用について表したものです。地図中の，色の濃い部分は主にどのような土地利用がなされているか，海外との関わりから考え，簡単に答えなさい。

（７） 日本は，海外から多くの食材を輸入しています。価格が安い反面，一部，食の危険性が発生しています。その消費者の食に対する安全・安心志向の高まりを背景に，郷土料理や地産地消が改めて期待されるようになっています。地産地消とは何か，簡単に答えなさい。

3 次の表を見て，各問いに答えなさい。

【東日本大震災後に起きた主な災害（平成 26 年～30 年）】

発生時期	災　害
平成 26 年 7 月 30 日～ 8 月 26 日	平成 26 年 8 月豪雨 〔被害〕 A）広島県で多数の土砂災害が発生。
平成 28 年 4 月 14 日，16 日	平成 28 年（　B　）地震 （　B　）県を震源として最大震度 7 〔被害〕 資料 1 にあるように，地域の歴史的遺産となっている天守閣などが大きな被害を受け，現在もその修復工事が続いている。
平成 30 年 9 月 6 日	（　C　）胆振《いぶり》東部地震 胆振地方中東部を震源として最大震度 7 〔被害〕 多数の死者が出たほか，資料 2 にあるように広い範囲での地滑りの発生，そして，多くの地域で停電が数日間続いた。

資料 1

資料 2

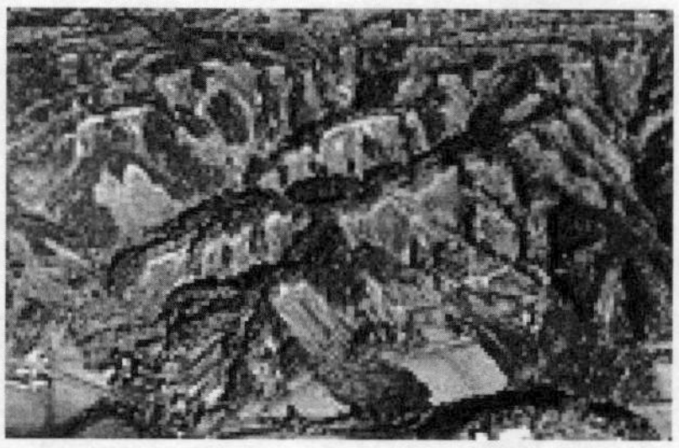

（1）　表中の下線部A）について，この県を含み，瀬戸内海の沿岸に石油化学などの工場が立ち並ぶ地域があります。この名前を答えなさい。

（2）　表中の空欄（　B　）・（　C　）にあてはまる適切な都道府県名を答えなさい。

（３） 東日本大震災が起きたのは，何月何日か答えなさい。

4 次の各問いに答えなさい。

（１） 江戸時代の末期，医学や天文学など，西洋の学問を研究する動きが広まっていきました。こうした学問を何というか答えなさい。**漢字２文字で書きなさい。**

（２） 1951年，日本は，アメリカのサンフランシスコで開かれた講和会議で48か国と平和条約を結び，翌年に独立を回復しました。この平和条約と同時に，日本はアメリカとの間で今後もアメリカ軍が日本にとどまることなどを認める条約を結びました。この条約の名前を答えなさい。

（３） 日本国憲法において，天皇は，日本の国や国民においてどのような立場にあると定められていますか。**漢字で書きなさい。**

（４） 人々が政治に参加するために，行政機関がもっている情報を人々に提供することを認める制度を何というか答えなさい。

5 次の年表を見て，各問いに答えなさい。

年代	主なできごと
1600	関ケ原の戦いが起こる
1635	A）参勤交代が制度化される
1641	鎖国が完成する
1832	（　Ｂ　）が『東海道五十三次』を制作する
1854	日米和親条約を結ぶ
1911	小村寿太郎らがアメリカと交渉を行いC）不平等条約が完全に回復された

（１） 年表中の下線部A）について，これを制度化した将軍の名前を**漢字で書きなさい。**

（２） 年表中の（　Ｂ　）にあてはまる人物として適当なものを下のア）～エ）の中から１つ選び，記号で答えなさい。

ア）杉田玄白
イ）歌川広重
ウ）近松門左衛門
エ）葛飾北斎

（３） 年表中の下線部C）について，この時に回復されたものとは何か。**漢字５文字で書きなさい。**

6 次の ア ～ オ の文章は，日本のある時代の税制について簡単にまとめたものです。この文章を読み，各問いに答えなさい。

ア

この時代になると，田畑に課税される年貢が中心で米などを納めたそうです。また，商工業者に対する税も，株仲間と呼ばれる同業者に商売の特権を認めるかわりに納める税が課《か》せられました。

イ

この時代，全国統一を達成した（　①　）は，土地を調査して太閤検地を行い，農地の面積だけでなく，農地の収穫高などを調べて年貢を納めさせるようにしました。

ウ

この時代，政府は（　②　）を実施しました。（　②　）ではA）土地の地価の3％を貨幣で納めさせたそうです。

エ

B）大化の改新では，公地公民など，新しい政治の方針が示されました。また，中国の律令をもとにつくり上げた（　③　）律令では，租・庸《よう》・調という税や労役をかける税のしくみができました。

オ

1989 年（平成元年）に，商品の販売やサービスの提供に対して3％の税金を納める消費税が導入されました。この消費税は 2019 年（令和元年）10 月を境に，最も高い税率が（　④　）％になっています。このように，経済社会の変化にともない税の制度は変わってきました。

（参考　国税庁ＨＰ）

（1）　上の ア ～ オ の文中の（　①　）～（　④　）にあてはまる適当な語句を答えなさい。

（2）　上の文中の下線部A）について，当時の政府が収穫高に対してではなく地価に対して税金をかけた理由を簡単に答えなさい。

（３） 文中の下線部Ｂ）について，大化の改新が行われた時代を**漢字で書きなさい**。

（４） ア～エの文を，年代の古い順に並べ替えなさい。

7 司法を司る裁判所と国民の関係について表した次の図を見て，各問いに答えなさい。

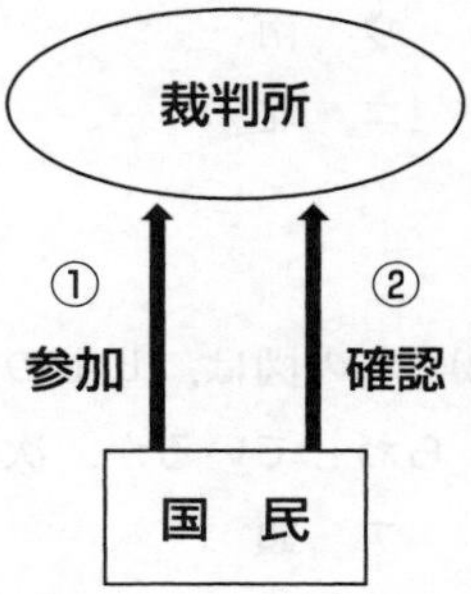

（１） 右の図中の①について，2009年から，殺人や放火などの重大な裁判では，くじで選ばれた６名の国民が裁判官とともに裁判にあたっています。こうした制度を何というか答えなさい。

（２） （１）と関係して，こうした制度を裁判に取り入れている理由には，国民が裁判を身近に感じられるようにし，裁判に対する国民の理解と信頼を深めること，そして，あともう１つ大切な目的があります。それを**「生活」**という語句を用いて簡単に答えなさい。

（３） 右の図中の②について，裁判所は国民の人権を守る最後の砦《とりで》といわれています。そのため裁判所の中でも最上級の最高裁判所の裁判官に対しては，正しく裁判を行える人物かどうかを見極める投票が，国民によって定期的に行われています。これを何というか答えなさい。

【理　科】〈第１回試験〉（40分）〈満点：100点〉

1　次の各問いに答えなさい。

(1)　雨雲レーダーで雨雲の様子を調べてみた。図にある雲は，このあと，どの方向へ動いていくと考えられるか。次のア～エから１つ選び，記号で答えなさい。

ア　東
イ　西
ウ　南
エ　北

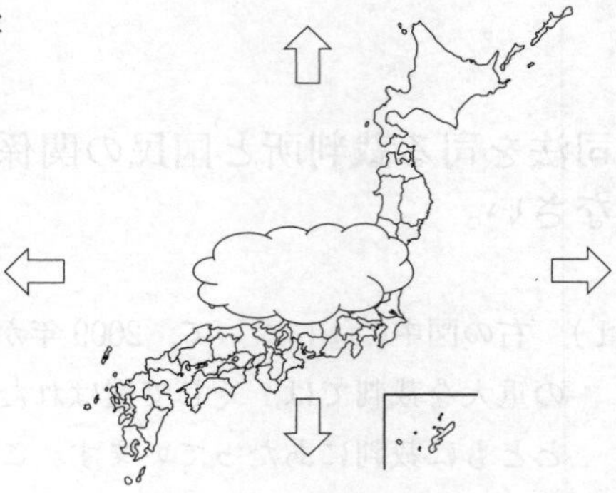

(2) 右の図は，ヒトのある部分の骨をあらわしている。どの部分をあらわしているか，次のア～エから１つ選び，記号で答えなさい。

ア　頭
イ　胸
ウ　手
エ　足

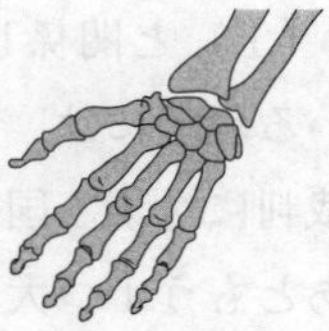

(3)　ソケットを利用しないで，豆電球と電池を導線《どうせん》でつないだ。豆電球がつくものはどれか。次のア～エから１つ選び，記号で答えなさい。

ア　　　　　　　イ　　　　　　　ウ　　　　　　　エ

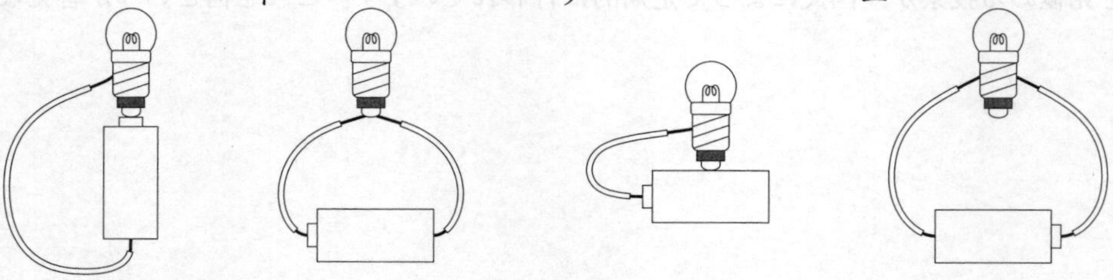

(4)　葉にでんぷんができるはたらきを調べるために，葉を湯につけて，やわらかくした後，葉の緑色をとかし出した。この時，①・②の中に入れる液体として正しい組み合わせはどれか。次のア～エから１つ選び，記号で答えなさい。

ア　①　水　　　　　②　水（20℃）
イ　①　水　　　　　②　水（70℃）
ウ　①　エタノール　②　水（20℃）
エ　①　エタノール　②　水（70℃）

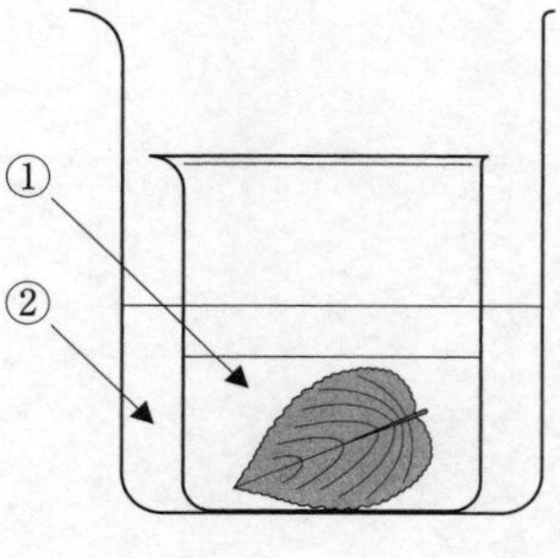

2　次の各問いに答えなさい。

(1)　太陽の周りを，回っている天体を惑星《わくせい》というが，太陽の一番近くを回っている惑星は何か。名前を答えなさい。

(2)　地球から見るとどの星も，時間が進むと動いて見える。しかし，北の空では，止まったまま動かないように見える星がある。その星は，どの星座の星か。星座の名前を答えなさい。

(3)　植物の根，茎《くき》，葉には水の通り道がある。図のように，ホウセンカを切り花用の染色液で色を付けた色水に入れた。十分，色水をすいあげた後，茎と根を１cm ずつ切り，縦《たて》に切った。縦に切った断面を観察したところ，色水で染《そ》まった部分が見えた。

この色水で染まった部分はどこか。茎，根の縦の断面図に黒くかきなさい。

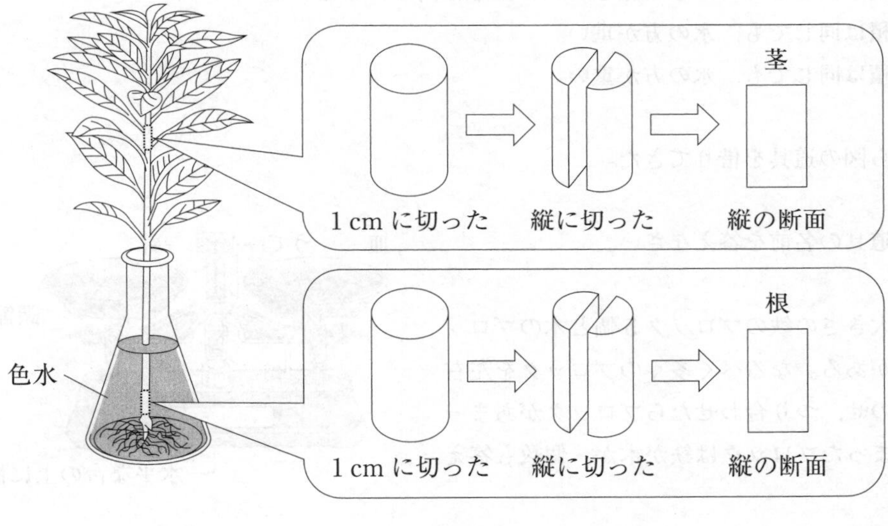

(4)　2014 年 12 月に種子島宇宙センターから H-ⅡA ロケットで打ち上げられたはやぶさ２は，様々な功績をあげながら現在も宇宙にいる。2018 年６月に目的の小惑星に到着し，２度のタッチダウンを行い，小惑星の地表と地下の岩石を採取したとされている。このはやぶさ２が活躍している小惑星の名前は何か。カタカナで答えなさい。

3 さとしさんは家にあるはかりと学校の道具を使ってみた。次の各問いに答えなさい。

(1) 体重計に色々な姿勢でのり，体重をはかった。正しいものはどれか。次のア～エから1つ選び，記号で答えなさい。

ア　しゃがんで体重計にのると，力を込めている分，体重は重くなる。
イ　片足で体重計にのると，体重は半分になる。
ウ　つま先立ちで体重計にのると，かかとを浮《う》かせている分，体重は軽くなる。
エ　どんな姿勢でも体重は変わらない。

(2) 体積が等しい水と氷を用意して，台所のはかりにのせて重さをはかった。正しいものはどれか。次のア～ウから1つ選び，記号で答えなさい。

ア　体積が同じなので，水の重さと氷の重さは同じになる。
イ　体積は同じでも，水の方が重い。
ウ　体積は同じでも，氷の方が重い。

(3) 学校から図の道具を借りてきた。

①　この道具の名前を答えなさい。

②　同じ大きさの鉄のブロック5個と木のブロック8個がある。なるべく多くのブロックを左右の皿にのせ，つり合わせたらブロックがあまった。あまったブロックは鉄か木か。個数も答えなさい。

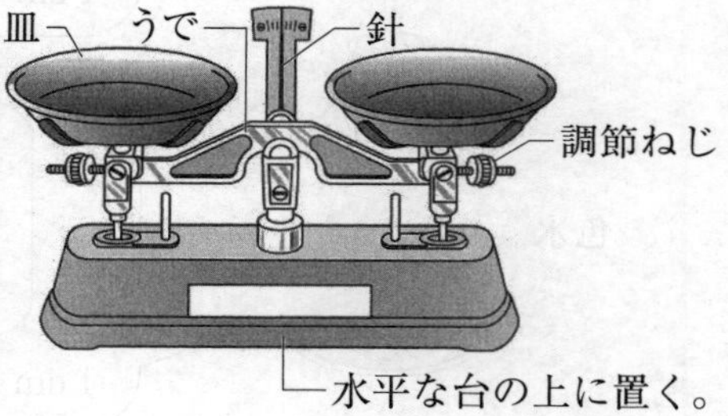

4 りくさんは，ヒトの消化のしくみを調べるために，次のような実験を行なった。次の各問いに答えなさい。

実験

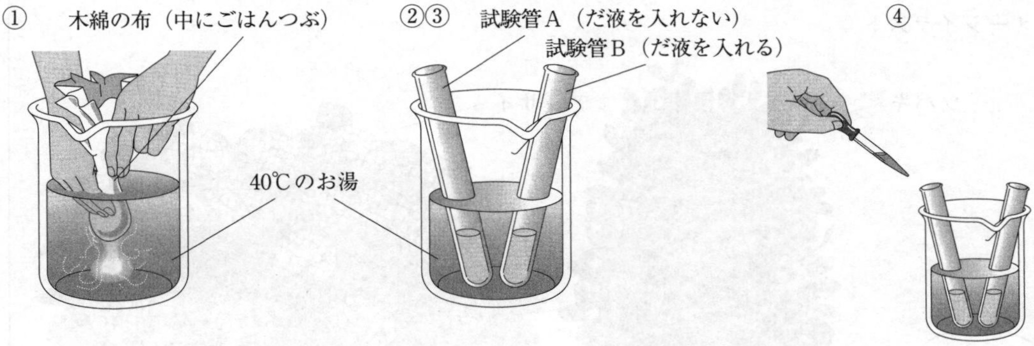

① ごはんつぶを木綿の布で包み，約 40℃のお湯の中でもみ出した。この液を，試験管Ａ・Ｂに入れた。

② 試験管Ｂにストローを使ってだ液を入れた。

③ 試験管Ａ・Ｂを約 40℃のお湯の中で，約 10 分間温めた。

④ 試験管Ａ・Ｂの中にヨウ素液を加えて，色の変化をみた。

結果

(1) 実験中，液の温度を約 40℃に保ったのはなぜか。簡単に説明しなさい。

(2) ヨウ素液によって，色が変化する物質は何か。名前を答えなさい。

(3) ④の手順により，どのような結果になるか。説明しなさい。

(4) この結果から，だ液のどのようなはたらきが分かるか。説明しなさい。

(5) からだのつくりのうち，ヒトの消化管としてあやまっているものはどれか。次のア～オから２つ選び，記号で答えなさい。

ア 心臓　　イ 胃　　ウ 肺　　エ 食道　　オ こう門

(6) 小腸で吸収された食べ物の養分が，一時的にたくわえられるのはどこか。名前を答えなさい。

5 科学部生物班は，学校の南側にある花壇《だん》にビオトープ（小川や池など野生の生物が生息できる環境を人工的につくった空間）をつくり，自然の生物の様子を観察したいと考えました。次の各問いに答えなさい。

イメージイラスト

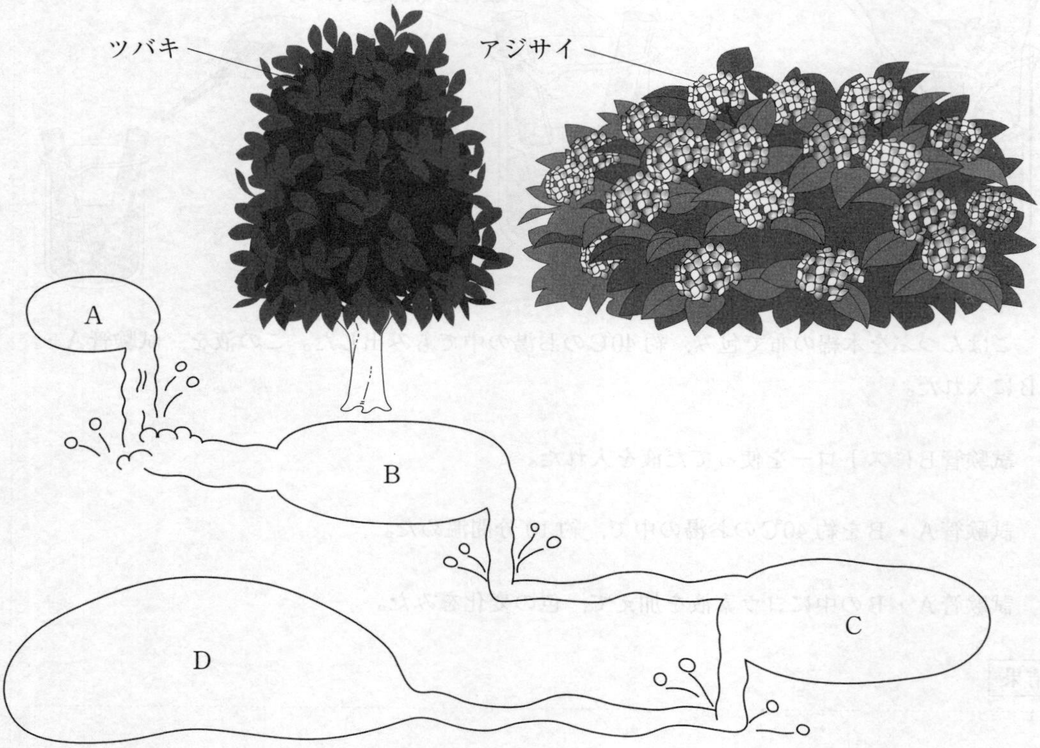

このビオトープは，４つの池からできています。池と池の間は，滝と川で水の流れをつくっています。Aの池は山の上，Dの池は平地をイメージしたので，A・B・C・Dとだんだん低くなるように高低差をつけました。実際にはこの距離では，流れによる石の大きさは変わりませんが，実際の河原を参考にして石を並べました。(4)生物の生きていく環境では，水の循環《じゅんかん》が大切になります。これから，先生と相談して，どのように水を循環させることができるか考えていきたいです。様子をみながら，植物を増やしたいです。先生は，(5)カが池の水に卵を産み，増える可能性があると心配していました。カに刺《さ》されるとかゆいので，何か防ぐ方法を探すことがこれからの課題です。

みんなで生物を楽しむことができるステキなビオトープをつくり，後輩《はい》にも大切にしてもらえる環境にしたいと思います。

(1)　この科学部員はどのように川の周りや河原に石を並べますか。イメージイラストに石をかき加えなさい。

(2)　このビオトープの水の流れはどのようになるか。次のア～エから１つ選び，記号で答えなさい。

ア　A→B→C→D

イ　A→C→B→D

ウ　D→C→B→A

エ　D→B→C→A

(3)　石を(1)のようにかいた理由を簡単に説明しなさい。

(4)「生物の生きていく環境では，水の循環が大切になります。」とあるが，池に溜《た》まった水をポンプの力を使って小川の上流へ戻《もど》すことになった。このポンプを動かすには，自然の力を使って発電した電気を使うことにした。あなたなら何発電を利用するか。現在，日本で生活用の電気の発電として利用されている発電方法より答えなさい。

(5)「カが池の水に卵を産み，増える可能性があると心配していました。」とあるが，カの発生を防ぐために，他の生き物をビオトープに加えることにした。あなたならどのような生き物を加えるか，簡単に説明しなさい。

6　さくらさんは，クラスのみんなと「空気でっぽう」の実験をしました。何度も玉を飛ばして，空気の性質を調べて，レポートにまとめました。次の各問いに答えなさい。

テーマ　空気でっぽうのしくみ　　　４年２組　佐藤　さくら

目　的　空気でっぽうはどうして飛ぶかを調べる。

予　想　空気がたくさんあるから，玉を押し出すと思います。

用　意
- プラスチックの筒　１本
- 押し棒（にぎり付き）　１本
- 玉（スポンジ）　５個

方　法
・空気でっぽうの筒に玉を入れ，どのくらい押すと前の玉が飛ぶか，確認する。
・１人１回ずつ確認し，班の結果をまとめる。

結　果　押し棒を（　　　）まで押したとき，前の玉が飛んだ。

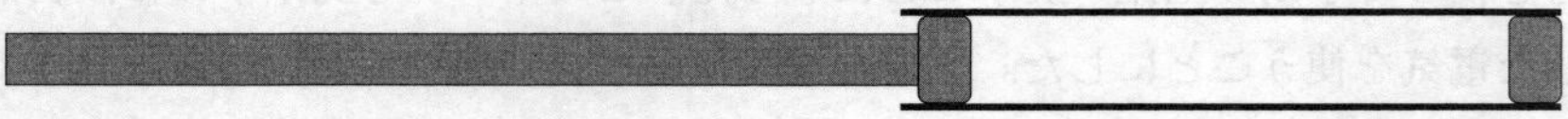

まとめ　空気を粒として考えて図にしてみた。

図	説明文
はじめ 	空気の粒を10個として考えます。筒の中で，空気は普通の顔をしています。
①飛ぶ直前まで押し棒を押していった時 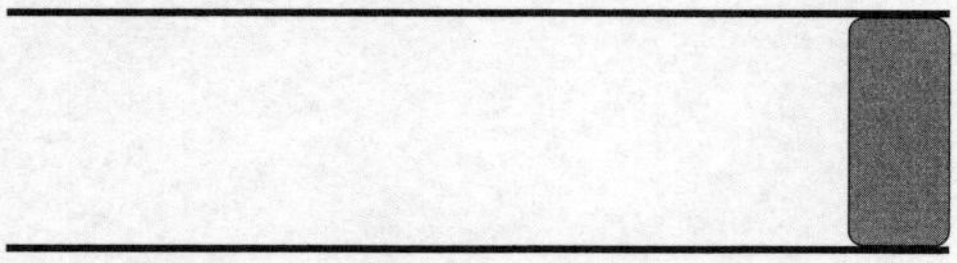	
②前の玉が飛ぶ瞬間 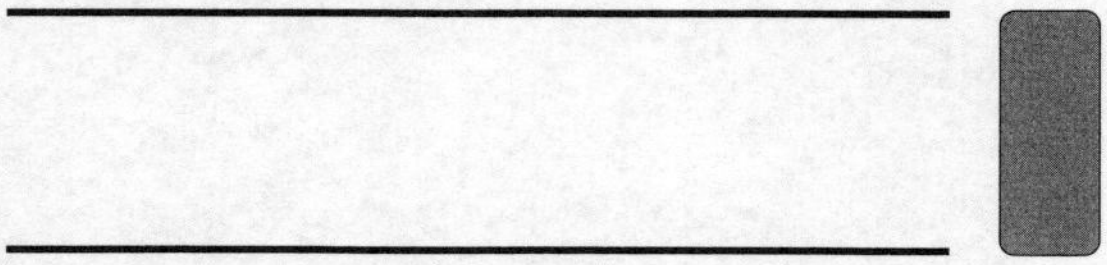	

思ったこと

・(あ)空気の（　　　）の違《ちが》いによって前の玉を飛ばす力が生まれるのは面白いと思った。

・(い)前の玉を遠くまで飛ばす方法についてさらに研究したいと思った。

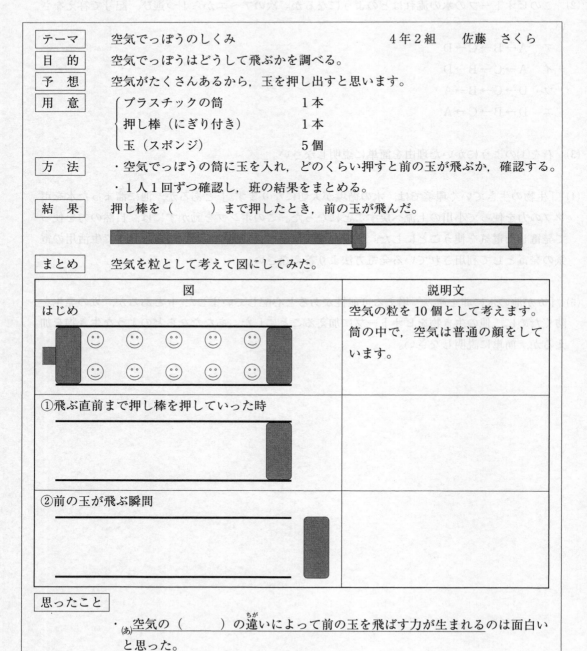

(1)　空気でっぽうを飛ばすとき，押し棒をどのくらい押すと，前の玉が飛び出しましたか。次のア～ウから１つ選び，記号で答えなさい。

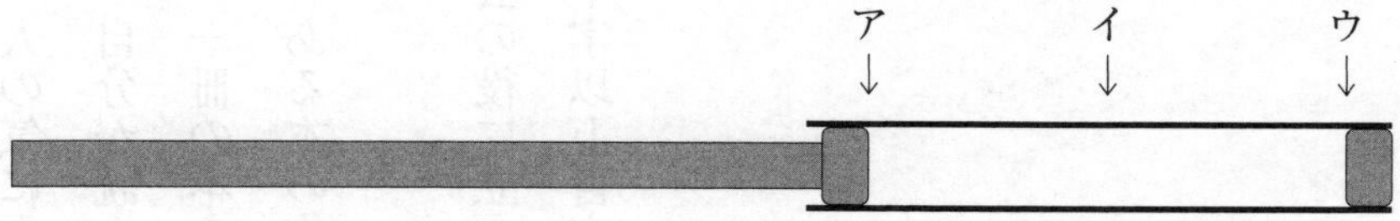

(2)　まとめの表を完成させたい。①飛ぶ直前まで押し棒を押していった時と②前の玉が飛ぶ瞬間，空気はどのようになっていると考えられるか。図と説明文をかきなさい。

図のかき方　　　・後ろの玉の位置を図にかく。
　　　　　　　　・空気の粒をかく。
　　　　　　　　・空気の様子を表情でかく。

説明文の書き方　・図にかいた空気の粒の説明をくわしく書く。

(3)　下線(あ)のように，この実験から，空気の何が違うことで前の玉を飛ばす力が生まれたと考えられますか。

(4)　下線(い)のように，空気でっぽうではまだ，色々な実験ができそうです。あなたならどのように実験を行い，前の玉を遠くまで飛ばす方法を調べるか。実験方法を文章または図と文章で説明しなさい。

問十　――線部⑨「これは、本でもまったく同じで」とは、どういうことですか。適切なものを次から一つ選び、記号で答えなさい。

ア　人の気に入る本はそれぞれなので、好みが分かってもらえない時もあるということ。

イ　自分が読んだ本を友達に紹介すると、その友達の友達へも広がっていくということ。

ウ　一冊の本を読むことで、つながりのあるほかの本を手に取るようになるということ。

エ　ある本の作者と出会うことで、その作者の周囲の人間とも友達になれるということ。

五

社会の役に立つロボットを作るとしたら、あなたはどんなロボットを作りたいですか。理由も含めて八十字以上百字以内で書きなさい。

問六　[a]・[b]・[c]に入る語の組み合わせとして適切なものを次から一つ選び、記号で答えなさい。

ア　a　そもそも　b　せいぜい　c　にやにや
イ　a　みすみす　b　かくかく　c　わくわく
ウ　a　わざわざ　b　まあまあ　c　うきうき
エ　a　いやいや　b　ごくごく　c　そわそわ

問七　――線部⑥「明るすぎるから蔭がくっきりと目立っている」とは、どのようなことをたとえていますか。適切なものを次から一つ選び、記号で答えなさい。

ア　ニュースで取り上げるから、問題の深刻さが人々に伝わるということ。
イ　無理に人とつながろうとするから、かえって孤独を感じるということ。
ウ　相手が面白そうな人だからこそ、見えない部分が気になるということ。
エ　人間の歴史をさかのぼると、問題視された部分が目立ってしまうこと。

問八　――線部⑦「完全に前者で本を選ぶ」とありますが、その理由を七十字以上八十字以内で書きなさい。

問九　――線部⑧「自分と違うタイプ」と同じ内容を表している部分を、本文中から十四字でぬき出しなさい。

基にし、同じ思考によって展開されている。これは、一人の人と出会い、時間をかけて議論をしたり、いろいろなテーマで語り合うような体験に類似している。

（森博嗣『読書の価値』による）

※ メリット……利点。

問一 ——線部①「この本質的な問いかけ」の指している内容を本文中から十七字でぬき出しなさい。

問二 ——線部②「抽象化」と反対の意味を表す語を漢字三字で書きなさい。

問三 ——線部③「人は、何故他者と～理由と同じなのだ。」とありますが、その理由を本文中の語句を用いて二十字以上二十五字以内で書きなさい。

問四 ——線部④「水牛の群れみたいなもの」とありますが、ここで使われている表現技法をひらがな四字で書きなさい。

問五 ——線部⑤「近頃」とは、どのような時代ですか。本文中から二十七字でぬき出し、初めと終わりの五字を書きなさい。

まったく一致《ち》しない人で、意見なんか悉《ことごと》く異なっている。しかし、そういう違いこそが僕は大事だと考えている。自分にないものを持っている人と知合いになることが、そもそも知合いになる価値なのではないか、と思えるのだ。

これは、個人的な感覚、その人の現在や育ってきた環境《かんきょう》によって違うだろう。それこそ、接してきた他者（両親、家族、あるいは近所の人、学校の人など）がどんな人たちだったかにも影響《えいきょう》を受けるはずだ。自分にないものを他者の中に見つけて驚き、そのときの驚きが人生の指針となる人もいれば、自分と同じものを他者の中に見つけて、その共感が嬉《うれ》しくて、その後の人生で支配的になったという人もいるだろう。どちらが正しくて、どちらが間違っているという話ではない。ただ、⑧自分と違うタイプがいることだけは認識した方が良い。そんな認識ができるのも、あなたが今この本を読んでいるように、知らない人の話を聞いたからなのである。

人と人の出会いは、一人と一人のリンクだけに留まらない。一人は多数と既《すで》につながっているので、ある人と出会えば、その人の知合いにも出会える。友達ができれば、その友達の友達とも友達になれるわけである。⑨これは、本でもまったく同じで、ある本を読むと、その中で語られる別の本のことが気になり、それを手に取る機会が訪れる。特に、気に入った本であればなおさら、それに関連する本が読みたくなる。

小説であれば、同じ作者の作品を続けて読みたくなるだろう。これは、同じ人の別の面を見ているようなものだ。一度会うだけではなく、何度も会える、過去や未来も知りたくなる、といった人の「広がり」を感じることに似ている。

また、小説以外では、同じ作者の本を複数読むことで、たとえ論じていることが変わっても、そこに一貫《かん》した思想のようなものが読み取れるだろう。一つの頭脳から出てくる言葉だから当然、同じ知識を

間だけだったはずだ。今ほど、大勢の人間の言葉が聞け、自分の言葉を聞いてもらえる時代は存在しなかった。そんな情報過多の今だからこそ孤独が問題視されている、という見方もあるかもしれないが、単に無理につながろうとする反動というのか、⑥明るすぎるから蔭《かげ》がくっきりと目立っているだけとしか捉《とら》えられないのである。

それはさておき、本選びは、結局は、人選びであり、つまりは、友達を選ぶ感覚に近いものだと思える。誰か面白そうな奴《やつ》はいないか、あいつと少し話をしてみよう、といった感覚だ。そして、そういった場合には、二つの方向性が求められている。

一つは、「未知」である。あいつは、自分の知らないことを知っていそうだ。なにか［ C ］して面白そうな表情をしている。きっと、楽しい出来事に遭遇《そうぐう》したのだ。それを教えてもらおう、といった感じで本を選ぶ。この方向性は、若いときには主流だったのではないだろうか。若者には、ほとんどのものが未知だからである。

もう一つは、「確認」だろう。自分が考えていることに同調してほしい、そういう友達がほしい。だから、だいたい自分と同じものが好きで、同じ興味を持っている人と知合いになりたい。この傾《けい》向は最近では特に顕《けん》著で、ネットで検索《さく》が楽になったこともあってか、自分と相性がぴったりの人と出会いたい、と大勢が望んでいるようだ。同様に、本についても、自分の意見を後押《お》ししてくれるものを読みたい。本を読んで、「そうだ、そうだ、やっぱり思ったとおりだ。これで良かったのだ」と思いたい。読むことで自身を承認してもらいたい、という心理で本が選ばれるのである。

僕の場合を書いておくと、⑦僕は完全に前者で本を選ぶ。後者で選ぶものは、趣《しゅ》味の雑誌くらいだろう。一般《ぱん》の書籍《せき》ではほぼありえない。これは、人間に対しても同じで、僕は、趣味や意見が同じ人と知合いになりたいと思ったことがないのだ。今の奥《おく》様（あえて敬称《しょう》）も、僕とは性格も趣味もなにもかも

みたいなものかもしれない。それが人間の社会である。そして、その社会という群れの中にあって、人は沢山の人に出会う。話をし、議論をし、ときには争いもする。喧嘩《けんか》になるときも珍《めずら》しくない。その喧嘩をやめさせようとまた別の人が間に入る。

　自分の行動は、自覚できる。考えていることもわかる。しかし、他人の行動は、目の前にいなければ見ることができない。考えていることは、顔を見たってわからない。だから、他者に出会ったりしたときに、話をすることになる。言葉でコミュニケーションを取る。なんらかの現象について説明をしたり、教えてもらったり、出来事などについても、それを見た人から様子を聞いたりする。

　つまり、自分の時間と空間内では経験できないことであっても、他者と出会うことによって、擬似《ぎじ》的に体験できる。人を通して知ることができるのだ。これが、群れを成している最大のメリット※だといえる。沢山で集まっているほど、この情報収集能力が高まる。誰か一人が気づけば、みんながそれを知ることができるからだ。

　この言葉によるコミュニケーションが、文字に代わったものが本なのである。

　結局、本というのは、人とほぼ同じだといえる。本に出会うことは、人に出会うこととかぎりなく近い。それを読むことで、その人と知合いになれる。先生、友達《だち》、あるいは恋《こい》人と、本によってどんな「人」なのかという違《ちが》いはあるけれど、ほぼ「個人」である。そして、多くの場合、それはその本の著《ちょ》者であり、またあるときは本の語り手（主人公）といえる。

　⑤近頃《ごろ》、友達がいない、仲間に入れない、年老いて一人になった、といった「孤独《こどく》」が問題視されている。そういったものがニュースになる、という意味である。ただ、孤独な人間が増えている、とは僕《ぼく》は認識していない。何故なら、人間の歴史を過去へ向かって眺《なが》めれば、［a］大多数の人間は、ほとんど他者とコミュニケーションを取らなかった。取ったとしても、［b］自分の家族、集落の一部の人

問十一　次のうち「春の七草」ではないものを一つ選び、記号で答えなさい。

ア　はこべら　　イ　なずな　　ウ　ごぎょう　　エ　ほとけのざ

オ　なでしこ　　カ　すずな　　キ　せり

問十二　次の――線部を適切な表現にしたときに当てはまるものを一つ選び、記号で答えなさい。

昨日の試合には祖母も来る。

ア　来ます　　イ　来られる　　ウ　来ました　　エ　来るはずです

四　次の文章を読んで、後の問いに答えなさい。

ところで、本というのは、いったい何だろう？

本選びの話をするまえに、①この本質的な問いかけをまずしたいと思う。これを明らかにしないと、本の選び方について語ることが難しい。何のために人は本を読むのだろうか？

そんなことは、本の種類によってさまざまだ、と誰《だれ》もが答えるのにちがいない。しかし、それらも含《ふく》めて、全体的に②抽象《ちゅうしょう》化できないものだろうか。

実は、簡単なことである。③人は、何故《なぜ》他者と話をするのか、何故他者を見るのか、他者を気にするのか、他者と知合《しり》いになるのか、ということの理由と同じなのだ。

社会には、自分一人が存在するのではない。沢山《たくさん》の人間がいる。みんながそれぞれ勝手に生きている。

本当に大勢がわりと近くにいる。これは、驚くべきことではないだろうか。動物でいうと、④水牛の群れ

問七　次の――線部の漢字の読み方が他とは異なるものを一つ選び、記号で答えなさい。

ア　床屋へ行く。

イ　床にワックスをぬる。

ウ　祖父は長いこと床に就いている。

エ　床の間に花をかざる。

問八　次の二つの俳句の□に共通して入る語をひらがな三字で書きなさい。

我と来て遊べや親のない□□□　　小林一茶

□□□の子そこのけそこのけ御《お》馬が通る

問九　次の文の主語を一つ選び、記号で答えなさい。

アこれで　イ弟も　ウチームの　エ一員として　オ認められた。

問十　次の組み合わせのうち同じ助数詞（～個・～本など、数えるときに付ける語）を用いるものを一つ選び、記号で答えなさい。

ア　歌――詩　　イ　スカーフ――下敷《じ》き

ウ　船――自転車　　エ　ネクタイ――椅《い》子《す》

問三　次の四字熟語のうち漢数字を二字使わないものを一つ選び、記号で答えなさい。

ア　いっせきにちょう　　イ　しくはっく

ウ　せんぺんばんか　　エ　まんじょういっち

問四　次の□に共通して当てはまる語を漢字で答えなさい。ただし慣用句は（　）の意味になるようにすること。

□が長い（長期にわたって続いている）

□をのむ（驚《おどろ》いてはっとする）

□をぬく（物事の途《と》中でひと休みする）

問五　次の――線部の使い方として正しいものを一つ選び、記号で答えなさい。

ア　上を下への大騒ぎだった。

イ　足元をすくわれる結果となる。

ウ　馬子にも衣装《しょう》で、いつもより立派に見える。

エ　私では役不足だが、力の限りがんばりたい。

問六　次の文のうち、敬語の使い方が正しいものを一つ選び、記号で答えなさい。

ア　お客様たちは、何時に劇場に参上なさりますか。

イ　市長に、夏祭りにご参加するようにお願いいたしました。

ウ　父が来週、学校にうかがうつもりだとおっしゃっていました。

エ　先生に、「今度、私の家にいらっしゃってください。」とお願いしました。

二〇二〇年度　作新学院中等部

【国　語】〈第一回試験〉（四〇分）〈満点：一〇〇点〉

○字数指定がある場合は、「、」や「。」などの記号も一字で数えます。

一　次の――線部の漢字の読みをひらがなで答えなさい。

①　みんなに重宝がられる。　②　騒《さわ》ぎに便乗する。

③　葉脈を見る。　④　落丁本を取りかえる。

二　次の――線部のカタカナを漢字に直しなさい。

①　オウフクはがきを出す。　②　お寺のハイカン料。

③　センモン家に聞く。　④　長い一日がクれる。

三　次のそれぞれの問いに答えなさい。

問一　次の漢字の黒線の部分は何画目に書きますか。漢数字で答えなさい。

問二　次の漢字のうち部首が他とは異なるものを一つ選び、記号で答えなさい。

ア　守　　イ　宙　　ウ　案　　エ　富

2020年度 作新学院中等部 ▶解説と解答

算　数　＜第１回試験＞（40分）＜満点：100点＞

解　答

1 ⑴　7　⑵　$\frac{5}{8}$　⑶　$1\frac{1}{42}$　⑷　$\frac{1}{3}$　⑸　37　**2** ⑴　120度　⑵　1.5　⑶　4 cm　⑷　120秒　⑸　20個　**3** ⑴　18.84cm　⑵　8.28cm^2　⑶　24.56cm^2　**4** ⑴　200m　⑵　午前９時18分　⑶　1400m　**5** ⑴　1750円　⑵　（例）　解説を参照のこと。　⑶　8750円　**6** ⑴　4800cm^3　⑵　$8\frac{8}{11}$cm　⑶　**鉄**…４個，**水**…400cm^3

解　説

1　四則計算，計算のくふう

⑴　$9-2\times3+4=9-6+4=3+4=7$

⑵　$0.5+0.25-0.125=\frac{1}{2}+\frac{1}{4}-\frac{1}{8}=\frac{4}{8}+\frac{2}{8}-\frac{1}{8}=\frac{5}{8}$

⑶　$0.5\times\frac{12}{7}+\frac{1}{3}\div2=\frac{1}{2}\times\frac{12}{7}+\frac{1}{3}\times\frac{1}{2}=\frac{6}{7}+\frac{1}{6}=\frac{36}{42}+\frac{7}{42}=\frac{43}{42}=1\frac{1}{42}$

⑷　$\left(\frac{1}{2}-\frac{1}{3}\right)+\left(\frac{1}{3}-\frac{1}{4}\right)+\left(\frac{1}{4}-\frac{1}{5}\right)+\left(\frac{1}{5}-\frac{1}{6}\right)=\frac{1}{2}-\frac{1}{3}+\frac{1}{3}-\frac{1}{4}+\frac{1}{4}-\frac{1}{5}+\frac{1}{5}-\frac{1}{6}=\frac{1}{2}-\frac{1}{6}=\frac{3}{6}-\frac{1}{6}=\frac{2}{6}=\frac{1}{3}$

⑸　$35\times0.2+32\times1.125-24\times0.25=35\times\frac{1}{5}+32\times1\frac{1}{8}-24\times\frac{1}{4}=7+32\times\frac{9}{8}-6=7+36-6=37$

2　角度，文字式，面積，正比例と反比例，相当算

⑴　多角形の外角の和は360度なので，正六角形の１つの外角の大きさは，360÷６＝60(度)である。よって，正六角形の１つの内角の大きさは，180－60＝120(度)と求められる。

⑵　もとの数を□として式に表すと，□＋３＝□×３となる。等号の両側から□をひくと，３＝□×３－□×１，３＝□×２となるから，□＝３÷２＝1.5とわかる。

⑶　下の図１の台形ABCDで，EC＝２cmとなる点Ｅをとると，ADとBEの長さは等しくなるので，四角形ABEDは平行四辺形とわかる。また，三角形DECの面積は，２×５÷２＝５(cm^2)だから，平行四辺形ABEDの面積は，25－５＝20(cm^2)となる。よって，ADの長さ(上底の長さ)は，20÷５＝４(cm)と求められる。

図１

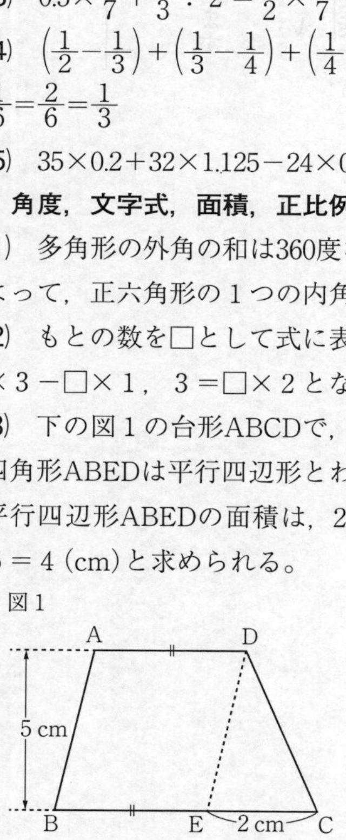

図２

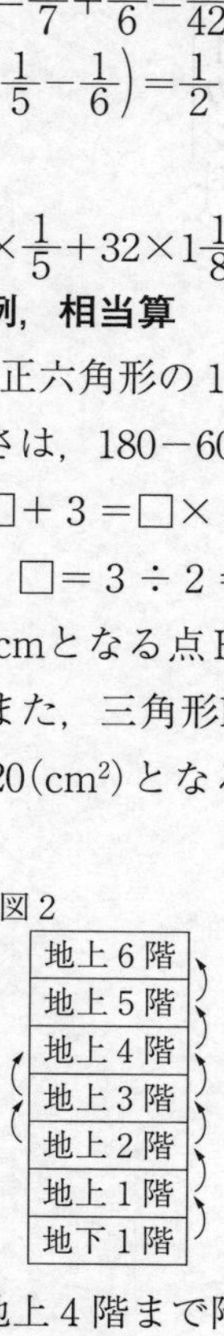

図３

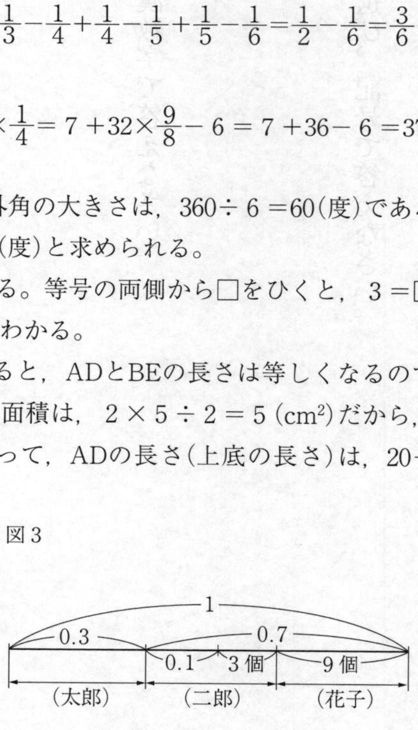

⑷　上の図２のように，地上２階から地上４階まで階段を使うときは，２階分上ればよい。これに

かかる時間が40秒なので，１階分上るのにかかる時間は，40÷２＝20(秒)とわかる。また，地下１階から地上６階まで階段を使うときは，６階分上ればよいから，かかる時間は，20×６＝120(秒)と求められる。

(5) 全体の個数を１とすると，太郎さんがとった個数は，１×0.3＝0.3なので，その残りは，１－0.3＝0.7となる。よって，その$\frac{1}{7}$は，0.7×$\frac{1}{7}$＝0.1だから，上の図３のように表すことができる。図３から，0.7－0.1＝0.6にあたる個数が，３＋９＝12(個)とわかるので，(全体の個数)×0.6＝12(個)より，全体の個数は，12÷0.6＝20(個)と求められる。

3 平面図形―長さ，面積

(1) 下の図１のように区切ると，太線部分は，半円の弧《こ》が４個と四分円の弧が４個になる。よって，この図形の周りの長さは，半径が１cmの円の周りの長さの，$\frac{1}{2}$×４＋$\frac{1}{4}$×４＝３(個分)になるから，１×２×3.14×３＝６×3.14＝18.84(cm)とわかる。

図１

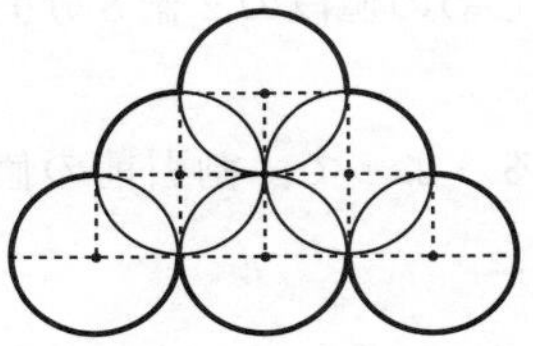

図２

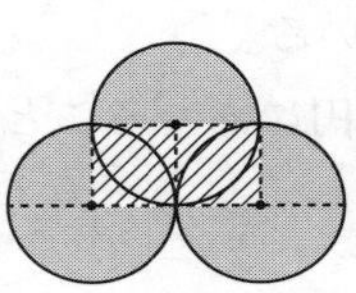

図３

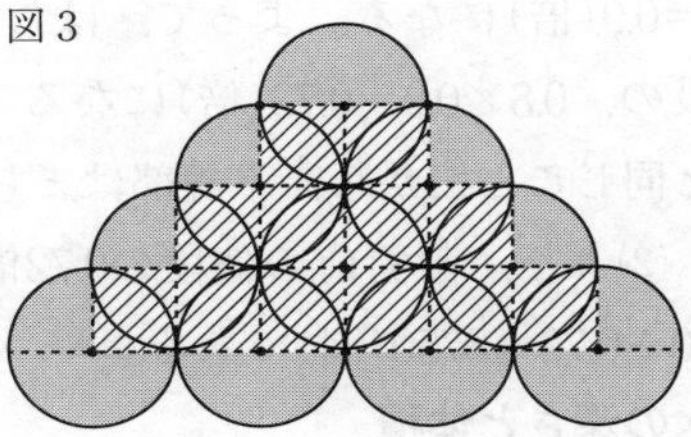

(2) 上の図２のように区切ると，かげをつけた部分は，半円が３個と四分円が２個になる。よって，かげをつけた部分の面積は，半径が１cmの円の面積の，$\frac{1}{2}$×３＋$\frac{1}{4}$×２＝２(個分)になるので，１×１×3.14×２＝6.28(cm^2)とわかる。また，斜線《しゃせん》部分は，１辺の長さが１cmの正方形２個分だから，その面積は，１×１×２＝２(cm^2)である。したがって，この図形の面積は，6.28＋２＝8.28(cm^2)と求められる。

(3) 上の図３のように区切ると，かげをつけた部分は，半円が５個と四分円が６個になる。よって，かげをつけた部分の面積は，半径が１cmの円の面積の，$\frac{1}{2}$×５＋$\frac{1}{4}$×６＝４(個分)になるので，１×１×3.14×４＝12.56(cm^2)とわかる。また，斜線部分は，１辺の長さが１cmの正方形12個分だから，その面積は，１×１×12＝12(cm^2)である。したがって，この図形の面積は，12.56＋12＝24.56(cm^2)と求められる。

4 旅人算

(1) ２人の進行のようすをグラフに表すと，右のようになる。最初にお兄さんが家を出るとき，家から太郎さんまでの道のりは，グラフのアの道のりである。これは，太郎さんが４分間で歩いた道のりだから，50×４＝200(m)となる。

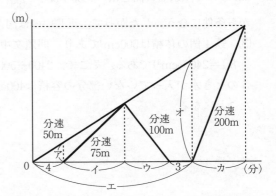

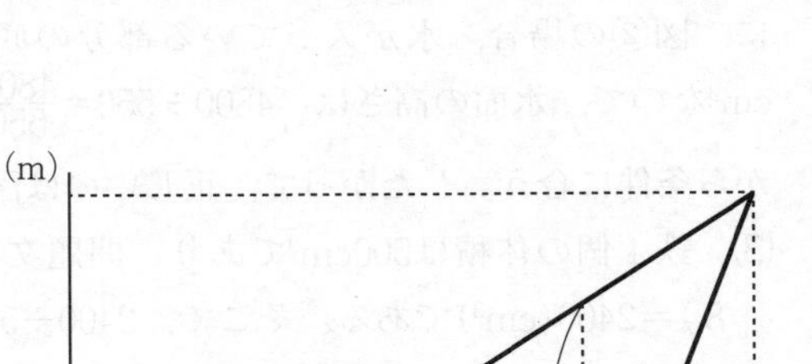

(2) 最初にお兄さんが家を出た後，２人の間の道のりは１分間に，75－50＝25(m)の割合で縮まるので，お兄さんが最初に家を出てから太郎さんに追いつくまでの時間(イ)は，200÷25＝８(分)である。よって，お兄さんが太郎さんに追いついたのは家から，75×８＝600(m)のところ

であり，そこから家にもどるまでの時間(ウ)は，600÷100＝６(分)とわかる。したがって，お兄さんが家に着いた時刻は，午前９時＋４分＋８分＋６分＝午前９時18分と求められる。

(3)　グラフのエの時間は，18＋３＝21(分)なので，お兄さんが再び家を出るときの２人の間の道のり(オ)は，50×21＝1050(m)である。また，お兄さんが再び家を出た後，２人の間の道のりは１分間に，200－50＝150(m)の割合で縮まるので，お兄さんが再び家を出てから太郎さんに追いつくまでの時間(カ)は，1050÷150＝７(分)である。よって，家から駅までの道のりは，200×７＝1400(m)とわかる。

5　割合と比，相当算

(1)　３割引にするともとの値段の，１－0.3＝0.7(倍)になるから，2500円の３割引は，2500×0.7＝1750(円)である。

(2)　２割引にするともとの値段の，１－0.2＝0.8(倍)になり，１割引にするともとの値段の，１－0.1＝0.9(倍)になる。よって，はじめに２割引にして，そこからさらに１割引にすると，はじめの値段の，0.8×0.9＝0.72(倍)になる。１－0.72＝0.28より，これははじめの値段の２割８分引にしたのと同じことだから，下線部はまちがっている。

(3)　(2)より，割引前の値段の0.72倍が6300円にあたることがわかる。よって，割引前の値段は，6300÷0.72＝8750(円)である。

6　水の深さと体積

(1)　この容器の底面積は，20×30＝600(cm^2)だから，水の体積は，600×８＝4800(cm^3)である。

(2)　鉄の底面積は，５×10＝50(cm^2)である。鉄を容器の中に入れるとき，右の図①のように鉄が完全に水の中に沈《しず》む場合と，図②のように完全には沈まない場合が考えられる。鉄の体積は，50×10＝500(cm^3)なので，水の体積と鉄の体積の合計は，4800＋500＝5300(cm^3)となる。よって，図①の場合の水面の高さは，5300÷600＝8.8…(cm)となるが，これは鉄の高さよりも低いから条件に合わない。次に，図②の場合，水が入っている部分の底面積は，600－50＝550(cm^2)であり，水の体積は4800cm^3なので，水面の高さは，4800÷550＝$\frac{4800}{550}$＝$8\frac{8}{11}$(cm)と求められる。これは鉄の高さよりも低いから条件に合う。したがって，正しいのは図②の場合であり，水面の高さは$8\frac{8}{11}$cmである。

図①

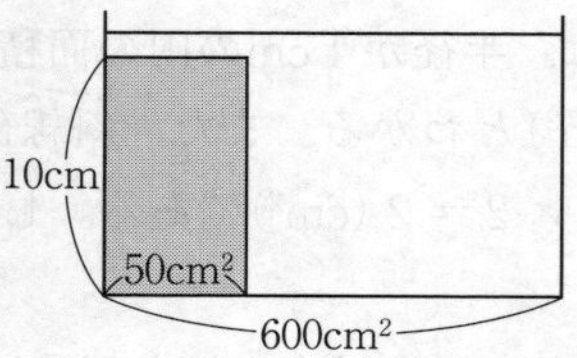

図②

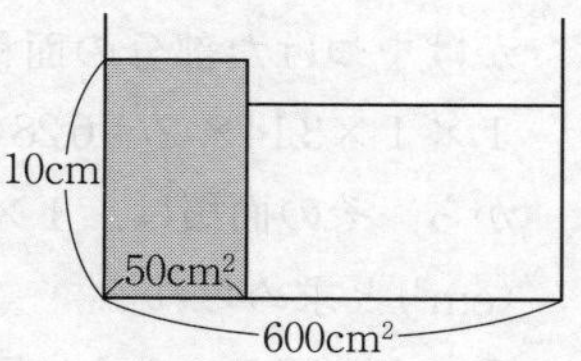

(3)　鉄１個の体積は500cm^3であり，問題文中の図１で水が入っていない部分の容積は，600×(12－８)＝2400(cm^3)である。そこで，2400÷500＝４あまり400より，鉄は４個まで入れることができ，このとき水が入っていない部分の容積は400cm^3になる。よって，鉄を４個入れ，水を400cm^3加えたことになる。

社　会　＜第１回試験＞（40分）＜満点：100点＞

解　答

[1] (1)　エ）　(2)　桜島　(3)　滋賀県　(4)　イ）　(5)　A　イ）　B　キ）　[2] (1)　栽培漁業　(2)　十勝平野　(3)　千島海流（親潮）　(4)　エ　(5)　ウ）　(6)　（例）　アメリカ軍の軍用地として利用されている。　(7)　（例）　地元でとれた農産物や水産物を地元で消費すること。　[3] (1)　瀬戸内工業地域　(2)　B　熊本　C　北海道　(3)　3（月）11（日）　[4] (1)　蘭学（洋学）　(2)　日米安全保障条約　(3)　象徴　(4)　情報公開制度　[5] (1)　徳川家光　(2)　イ）　(3)　関税自主権　[6] (1)　①　豊臣秀吉　②　地租改正　③　大宝　④　10　(2)　（例）　豊作や凶作に関係なく，毎年一定の税収が得られ，財政が安定するから。　(3)　飛鳥時代　(4)　[エ]→[イ]→[ア]→[ウ]　[7] (1)　裁判員制度　(2)　（例）　司法に国民の考えや日常生活の感覚を反映させるため。　(3)　国民審査

解　説

[1]　日本の国土と自然，産業についての問題

(1)　中華人民共和国（中国）の国旗は「五星紅旗」とよばれ，赤地に黄色い５つの星（１つの大星とこれを弧状《こじょう》に囲む４つの小星）が描《えが》かれており，1949年の建国のさいに制定されたものである。よって，エ）が正しい。なお，ア）はアメリカ（合衆国），イ）はイギリス，ウ）はブラジルの国旗。

(2)　鹿児島県の県庁所在地は鹿児島市で，鹿児島（錦江《きんこう》）湾をはさんだ対岸には活火山の桜島がある。桜島は，1914年の大噴火で流れ出た溶岩によって，南東部の大隅《おおすみ》半島と陸続きになった。霧島《きりしま》錦江湾国立公園の一部となっているほか，火山灰土を利用した桜島だいこんの栽培も行われている。

(3)　三重県は北東部で岐阜県と愛知県，北西部で京都府と滋賀県，南部で和歌山県，西部で奈良県に隣接《りんせつ》している。このうち，滋賀県には日本最大の面積をほこる琵琶湖があり，県の面積の約６分の１を占《し》めている。琵琶湖は京阪神地方に工業・農業・生活用水を供給していることから，「近畿地方の水がめ」とよばれる。

(4)　栃木県は関東地方の北部中央に位置する内陸県で，県の形は右上がりの平行四辺形に近いのが特徴《とくちょう》である。よって，イ）が正しい。なお，ア）は茨城県，ウ）は福島県，エ）は埼玉県の形。

(5)　A　表の中で中部地方に属する県は，静岡県と愛知県の２つである。　B　表において，栃木県のいちごの収穫《しゅうかく》量は25100ｔ，全国に占める割合が15.3％なので，全国のいちごの収穫量は，25100÷0.153＝164052.2…（ｔ）より，約16万ｔになる。

[2]　郷土料理を題材とした問題

(1)　魚や貝の卵を人工的にふ化させて稚魚《ちぎょ》・稚貝まで育て，川や海に放流して自然の中で大きく育ったものをとる漁業を栽培漁業といい，水産資源を保護するために有効な方法である。北海道では北洋（オホーツク海やベーリング海など）を中心とした回遊魚である，さけ・ますなどの栽培漁業がさかんである。

(2)　北海道南東部に広がる十勝平野は，水もちの悪い火山灰土でおおわれ，海岸部は濃霧《のうむ》が発生して夏の気温があまり上がらないため，稲作には適していない。そうしたことから，十勝平野の農業は畑作と畜産を中心に行われており，北海道はじゃがいもだけでなく，にんじん，たまねぎ，だい

こんの生産量も全国第１位である。統計資料は『日本国勢図会』2019／20年版による。

(3)　東北地方の三陸海岸沖合では，九州から本州の太平洋側を北上する暖流の日本海流(黒潮)と，北海道や東北地方の太平洋側を南下する寒流の千島海流がぶつかって潮目が形成されている。千島海流は，黒潮に比べて栄養分やプランクトンが豊富で，多くの魚介類が育つため，親潮ともよばれる。

(4)　表において，神奈川県の米の生産高が全国生産高に占める割合は，15200÷7780000×100＝0.19…より約0.2％，神奈川県の小麦の生産高が全国生産高に占める割合は，97÷768100×100＝0.012…より約0.01％とわかる。よって，米も小麦も神奈川県が占める割合は全国生産高の0.3％以下なので，エ)が正しい。

(5)　日本標準時子午線に定められている東経135度の経線が通っていることから，兵庫県明石《あかし》市は「子午線のまち」として知られている。この経線は，ほかに丹後《たんご》半島(京都府)のつけ根や淡路《あわじ》島(兵庫県)，友ヶ島(和歌山県)なども通過している。

(6)　地図中(沖縄島)の色の濃い部分には，アメリカ軍の基地が置かれている。沖縄県には日本にあるアメリカ軍施設面積の約75％が集中しており，県民の生活に大きな影響《えいきょう》を与えている。

(7)「地産地消」とは，地元でとれた農産物や水産物を地元で消費することをいう。消費者にとっては新鮮さと安心，値段の安さが期待され，生産者にとっては安定的な供給が可能となり，それまでの流通経路を通さないため，利益の幅も大きい。また，輸送にともなう環境への負担を減らすとともに，食料自給率を高めるなどの効果もある。

3　近年起こったおもな自然災害についての問題

(1)　中国地方の広島県・岡山県・山口県，四国地方の香川県・愛媛県の瀬戸内海沿岸部に広がる瀬戸内工業地域は，瀬戸内海の水運をうまく利用できたことや，沿岸部の埋《う》め立てにより工業用地を得やすかったことなどから，第二次世界大戦後に急速に発達した。この工業地域内には倉敷《くらしき》(岡山県)や周南(山口県)など，複数の石油化学コンビナートが立地していることから，製造品出荷額等における化学工業の占める割合が，ほかの工業地帯・地域と比べて高くなっている。

(2)　**B**　平成28(2016)年４月，熊本県を震源とする最大震度７の熊本地震が起こり，家屋の倒壊《とうかい》などで50人以上の死者が出た。この地震による影響で，国の重要文化財に指定されている熊本城でも天守閣の破損や石垣の崩壊《ほうかい》などの被害が生じ，現在も復旧活動が行われている。　**C**　平成30(2018)年９月，北海道の胆振《いぶり》地方中東部を震源とする最大震度７の北海道胆振東部地震が起こり，大規模な土砂崩《くず》れなどで40人以上の死者が出た。また，この地震により，厚真町の苫東《とまとう》厚真火力発電所が緊急停止したため，電力の需給バランスが崩れ，北海道全域で大規模停電(ブラックアウト)が発生した。

(3)　平成23年(2011年)３月11日，宮城県牡鹿《おしか》半島の東約130ｋｍの海底を震源とするマグニチュード9.0の大地震(東北地方太平洋沖地震)が発生し，この地震にともなう大津波が東日本の太平洋側を襲《おそ》い，１万９千人を超《こ》える死者・行方不明者を出すなど，壊滅《かいめつ》的な被害をもたらした。また，地震と津波の被害を受けた東京電力福島第一原子力発電所では全部の電源が停止して原子炉を冷却《れいきゃく》できなくなり，大量の放射性物質がもれるという重大な事故に発展した。こうした一連の災害は東日本大震災とよばれる。

4　各時代の歴史的なことがら，日本国憲法，国民の政治参加についての問題

(1)　江戸時代中期，江戸幕府の第８代将軍徳川吉宗によってキリスト教に関係しない洋書の輸入が認められると，西洋の学問(洋学)を研究する動きが広まった。この学問は，鎖国中でも長崎で交易を許されていたオランダの言語を通じて，医学や天文学など，西洋の文化・学術を研究したものであったため，蘭学《らんがく》ともよばれる。

(2)　1951年，アメリカのサンフランシスコで日本と連合国との講和会議が開かれ，日本は連合国48か国とサンフランシスコ平和条約を結び，翌52年に独立を回復した。また，同時にアメリカとの間で日米安全保障条約も結ばれ，日本はアメリカ軍が引き続き日本国内にとどまり，軍事基地を使用することを認めた。この条約は1960年に改定され，現在にいたる。

(3)　日本国憲法第１条で，「天皇は，日本国の象徴であり日本国民統合の象徴」とされ，一切の政治権力を持たず，内閣の助言と承認にもとづいて，憲法に定められた国事行為を行うとされている。

(4)　行政機関が持っている情報を国民に提供するしくみを情報公開制度といい，主権者である国民の知る権利を制度的に保障するため，2001年には情報公開法(行政機関の保有する情報の公開に関する法律)が施行されている。

5　年表を用いた歴史的なことがらについての問題

(1)　徳川家光は江戸幕府の第３代将軍で，1635年に参勤交代を制度化するなど幕府の諸制度を整備し，幕府による支配体制を確立した。また，1637年にキリスト教徒らによる島原・天草一揆《いっき》(島原の乱)が起こったのをきっかけにキリスト教に対する弾圧を強化し，1639年にポルトガル船の来航を禁止したのち，1641年に平戸にあったオランダ商館を長崎の出島に移したことで，鎖国を完成させた。なお，参勤交代で大名は，１年おきに江戸と領地に住むことと，妻子を人質として江戸に置くことを命じられた。

(2)　歌川(安藤)広重は江戸時代後半の化政文化を代表する浮世絵《うきよえ》師で，1832年に東海道を旅して京都へと上った経験をもとに，55枚からなる連作「東海道五十三次」を描いた。なお，ア)の杉田玄白は蘭学者・医学者，ウ)の近松門左衛門《もんざえもん》は江戸時代前半の元禄文化を代表する歌舞伎《かぶき》・人形浄瑠《じょうる》璃《り》の脚本家。エ)について，葛飾北斎《かつしかほくさい》も化政文化を代表する浮世絵師で，代表作に「富嶽《ふがく》三十六景」がある。

(3)　関税自主権は，おもに国内の産業を保護することを目的として，輸入品に自由に関税をかけることのできる権利である。1858年に結ばれた日米修好通商条約ではこの権利が日本に認められておらず，不利な貿易を強いられていたが，1911年，外務大臣の小村寿太郎《じゅたろう》がアメリカと交渉《こうしょう》し，日米新通商航海条約に調印したことで，関税自主権の回復に成功した。

6　税制の歩みを題材とした問題

(1)　①　豊臣秀吉は，1582年の本能寺の変で自害した主君の織田信長の後継者として名乗りを上げ，四国や九州を平定したのち，1590年に小田原攻めを行って北条氏を滅《ほろ》ぼし，天下統一をなしとげた。
②　明治政府は1873年から地租改正を実施し，土地所有者に地券を発行し，地価の３％を税(地租)として現金で納めさせた。　③　大宝律令(701年)は，文武《もんむ》天皇の命により刑部《おさかべ》親王や藤原不比《ふひ》等《と》らが編さんした法令で，「律」は現在の刑法，「令」は民法・行政法などにあたる。この法令の制定によって，律令制度が確立した。　④　消費税は，ものを買ったりサービスを受けたりしたときにかかる税で，税を負担する人と納める人が異なる間接税である。1989年に税率３％で導入され，税率は1997年に５％，2014年に８％，2019年10月に10％へと引き上げられた。そのさい，消費者の

負担を減らすため，飲食料品などの税率を８％にすえおく軽減税率が導入された。

(2)　明治政府がそれまでの収穫高から，土地の生産力を基準とする地価にもとづき，現金で税を納めさせることにしたのは，豊作や凶作《きょうさく》に関係なく毎年決まった金額を徴収することで，国の財政を安定させるためである。

(3)　大化の改新は，中大兄皇子《なかのおおえのおうじ》(のちの天智天皇)が中臣鎌足《なかとみのかまたり》らと協力して，皇室をしのぐほどの権力をふるっていた蘇我蝦夷《そがのえみし》・入鹿《いるか》父子氏を645年に滅ぼし，天皇を中心とする国づくりをめざして行った一連の政治改革のことで，飛鳥時代のできごとである。

(4)　ア は江戸時代，イ は安土桃山時代，ウ は明治時代，エ は飛鳥時代の税制についてまとめたものである。よって，年代の古い順に エ → イ → ア → ウ となる。

7　裁判のしくみについての問題

(1)，(2)「裁判員制度」は国民が裁判に参加することで，国民が持つ日常生活における感覚や常識といったものを裁判に反映するとともに，司法に対する国民の理解を深めることを目的として，2009年から導入された。その対象は重大な刑事事件について行われる刑事裁判の第１審(地方裁判所)で，満20歳以上の有権者の中から抽選《ちゅうせん》(くじ)で選ばれた６人の裁判員が，３人の裁判官と合議制で裁判を行う。裁判員は有罪か無罪かの判断はもとより，有罪の場合の刑の重さについても判断することになっている。

(3)　最高裁判所の裁判官(長官をふくめ15人)は，任命後に初めて行われる衆議院議員総選挙のときと，その後10年を経過して初めて行われる衆議院議員総選挙のたびごとに行われる国民審査の対象となり，投票数の過半数が不適任としたとき，その裁判官はやめさせられる。

理　科　＜第１回試験＞（40分）＜満点：100点＞

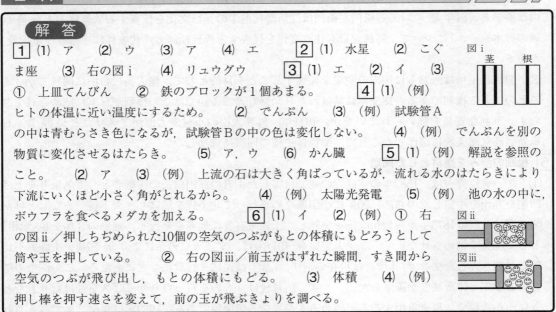

解　答

1 (1)　ア　(2)　ウ　(3)　ア　(4)　エ　**2** (1)　水星　(2)　こぐま座　(3)　右の図ｉ　(4)　リュウグウ　**3** (1)　エ　(2)　イ　(3) ①　上皿てんびん　②　鉄のブロックが１個あまる。　**4** (1)　(例)　ヒトの体温に近い温度にするため。　(2)　でんぷん　(3)　(例)　試験管Ａの中は青むらさき色になるが，試験管Ｂの中の色は変化しない。　(4)　(例)　でんぷんを別の物質に変化させるはたらき。　(5)　ア，ウ　(6)　かん臓　**5** (1)　(例)　解説を参照のこと。　(2)　ア　(3)　(例)　上流の石は大きく角ばっているが，流れる水のはたらきにより下流にいくほど小さく角がとれるから。　(4)　(例)　太陽光発電　(5)　(例)　池の水の中に，ボウフラを食べるメダカを加える。　**6** (1)　イ　(2)　(例)　①　右の図ⅱ／押しちぢめられた10個の空気のつぶがもとの体積にもどろうとして筒や玉を押している。　②　右の図ⅲ／前玉がはずれた瞬間，すき間から空気のつぶが飛び出し，もとの体積にもどる。　(3)　体積　(4)　(例)　押し棒を押す速さを変えて，前の玉が飛ぶきょりを調べる。

図ｉ

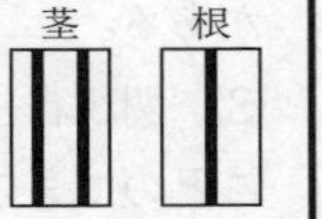

図ⅱ

図ⅲ

解　説

1　小問集合

(1)　日本付近では，ふつう西から東に天気が移り変わっていく。これは，上空をふく強い西風(偏《へん》西《せい》風)により，雨雲が西から東へ動いていくからである。

(2)　ヒトの手の５本の指は，それぞれ３～４本の骨からなっている。足の骨とはちがい，親指の関節の向きが他の４本の指とちがっているという特徴《とくちょう》がある。

(3)　豆電球のフィラメントにつながる内部の導線は，片方が小さくつき出ている一番下の部分につながり，もう片方はねじになっている口金につながっている。導線を使ってそれぞれの部分を電池の＋極と－極につないだとき，豆電球がつく。

(4)　湯につけてやわらかくした葉を，あたためたエタノールにつけると，葉の緑色がとけ出て白くなり，ヨウ素液の色の変化が見やすくなる。エタノールはふっ点が低く引火しやすいため，①にエタノール，②に70℃の水を入れて湯せんする。

2　小問集合

(1)　太陽の周りを回っている惑星《わくせい》は８個あり，太陽に近い側から水星，金星，地球，火星，木星，土星，天王星《てんのう》，海王星である。このうち，水星は最も小さく，大気がほとんどないため，昼夜の温度差が大きい。また，地表には大小のクレーターが数多く見られるほか，高低差が数キロメートルもある巨大《きょだい》ながけが存在する。

(2)　地球は１日に１回，西から東へ自転しているために，北の星の動きを観察すると，反時計回りに回転して見える。このとき，こぐま座に属する２等星の北極星は，地軸《じく》を北極側に延長した位置にあり，ほとんど動かないように見える。

(3)　植物が根から吸い上げた水や水にとけた養分の通り道を道管という。ホウセンカの道管は，茎《くき》では輪状に並んでいて，根では中心部分を通っている。

(4)　小惑星リュウグウには太陽系がうまれたころの物質が残されていると考えられており，「はやぶさ２」が2019年にそのサンプルを採取し，2020年に帰還《きかん》する予定となっている。

3　重さをはかる道具についての問題

(1)　同じ人が体重計にのって体重をはかるとき，しゃがんだり，片足でのったり，つま先立ちでのったりしても，体重計にかかる重さは変わらない。よって，体重計が示す値も変わらない。

(2)　水はこおると体積が約1.1倍になる。そのため，同じ体積の水と氷の重さを比べると，水の方が重くなる。

(3)　①　上皿てんびんは，てこのつり合いを利用してものの重さをはかる器具である。　②　まず，31ｇの鉄のブロック５個から，左右の皿に２個ずつのせる。残った鉄のブロック１個は，木のブロック８個すべてを使ってもつり合わせることはできないので，これをあまらせる。そのあと，木のブロックを４個ずつ左右の皿にのせれば，上皿てんびんをつり合わせることができる。

4　ヒトの消化のしくみについての問題

(1)　ヒトのだ液のはたらきについて調べる実験なので，ヒトの体温に近い温度に保つことがのぞましい。

(2)　ヨウ素液は，でんぷんと反応すると青むらさき色に変化する性質があるので，でんぷんの有無を確かめるときに用いられる。

⑶，⑷　試験管Ａでは，ごはんつぶにふくまれるでんぷんがそのまま残されているため，ヨウ素液を加えると青むらさき色に変化する。一方，試験管Ｂでは，だ液のはたらきによってでんぷんが分解されて別の物質に変化していると考えられるので，ヨウ素液を加えても色が変わらない。

⑸　口から取り入れられた食べものは，食道→胃→十二指腸→小腸→大腸→こう門の順に通る。これらの器官は口からこう門まで１本の管となっていて，消化管とよばれる。心臓と肺は消化管にはあてはまらない。

⑹　小腸のじゅう毛で毛細血管に取り入れられた養分は，門脈を通ってかん臓に運ばれる。かん臓では糖の一部がグリコーゲンに変えられて一時的にたくわえられ，血液中の糖分の量を調節している。

5　ビオトープについての問題

⑴　Ａ－Ｂ間を川の上流，Ｂ－Ｃ間を川の中流，Ｃ－Ｄ間を川の下流と考える。上流には大きくごつごつと角ばった石を，中流には角がとれてやや小ぶりの石を，下流にはさらに小さく丸みをおびた石をそれぞれかき加えると，右の図のようになる。

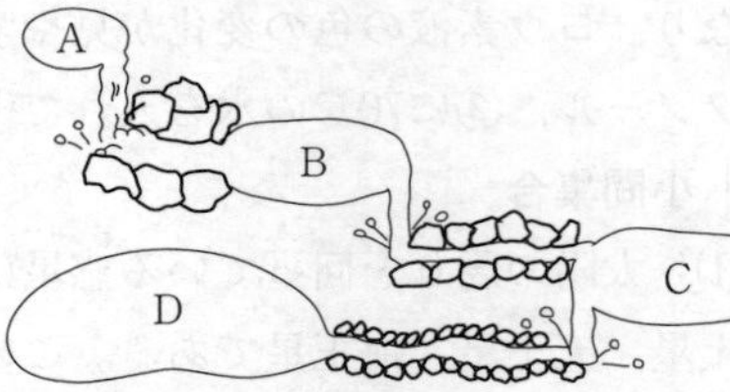

⑵　水は高い方から低い方へと流れるので，Ａ→Ｂ→Ｃ→Ｄと流れる。

⑶　川の上流は川底のかたむきが急で流れが速く，小さい石は運ばれてしまうため，大きく角ばった石が多く見られる。川の石は運ばれるあいだに，流れる水のはたらきによってくだかれたり角がとれたりする。中流から下流にいくにつれて，川底のかたむきが小さくなるため，流れの速さがおそくなり，川原に見られる石は小さく丸みのある石になっていく。

⑷　自然の力を利用した発電には，光電池に太陽光をあてる太陽光発電，風で風車をまわす風力発電，水の流れる力で水車やタービンをまわす水力発電などがある。

⑸　カは水面に卵を産み，幼虫のボウフラは水面近くの水の中で育つので，卵やボウフラを食べる生物を考える。メダカなどの小魚や，トンボの幼虫のヤゴなどをビオトープに加えるとよい。

6　空気でっぽうについての問題

⑴　空気は押《お》しちぢめると，体積が小さくなり，もとの体積にもどろうとする性質がある。空気でっぽうの押し棒を押し進めると，中の空気がもとの体積にもどろうとする力がだんだん大きくなり，イの位置のあたりで前の玉が飛び出す。

⑵　①　空気の粒《つぶ》はせまい空間に押しこまれ，前の玉や後ろの玉，筒《つつ》のかべを強い力で押しかえそうとする。このとき，後ろの玉は真ん中あたりにあり，空気の粒は力のこもった表情となる。

②　後ろの玉や筒のかべは①のままで，前の玉だけが飛び，空気の粒も外へ飛び出そうとする。このときの空気の表情は，もとの普通の顔にもどっていると考えられる。

⑶　押し棒を押すと後ろの玉が動き，筒の中の空気が押しちぢめられて体積が小さくなることがわかる。このとき，もとの体積にもどろうとする力がはたらき，前の玉を飛ばしたと考えることができる。

⑷　押し棒を押す速さを変えたら前の玉の飛び方が変わるのか，筒を長いものに変えたら前の玉がどこまで飛ぶのか，などの実験が考えられる。

国　語　＜第１回試験＞（40分）＜満点：100点＞

解　答

一 ①　ちょうほう　②　びんじょう　③　ようみゃく　④　らくちょう　二 下記を参照のこと。　三 **問１**　四(画目)　**問２**　ウ　**問３**　エ　**問４**　息　**問５**　ア　**問６**　エ　**問７**　イ　**問８**　すずめ　**問９**　イ　**問10**　イ　**問11**　オ　**問12**　ウ

四 **問１**　何のために人は本を読むのだろうか？　**問２**　具体化(具象化)　**問３**　(例)　自分ではできない経験でも，擬似的に体験できるから。　**問４**　ちょくゆ(法)　**問５**　大勢の人間～らえる時代　**問６**　ア　**問７**　イ　**問８**　(例)　自分の意見を後押ししてくれ，自身を承知してもらえる本より，自分にないものへの興味を満たしてくれる本，未知の世界を教えてくれる本の方が，読む価値があると思うから。　**問９**　自分にないものを持っている人　**問10**　ウ　五 (例)　外国人観光客が増え，大きな駅のコンコースや改札の辺りできょろきょろしているのをよく見かける。そういう外国人や，日本人でも迷った人のために，何か国語でも会話できる案内ロボットをつくり，駅を巡回させたい。

●漢字の書き取り

二 ①　往復　②　拝観　③　専門　④　暮(れる)

解　説

一 漢字の読み

①　便利で役に立つこと。　②　うまく機会をとらえ，権威《けんい》や人の行為《こうい》などを利用すること。　③　葉を通る維管束《いかんそく》の筋。水や養分などを運ぶ。　④　本のページが一部ぬけ落ちていること。

二 漢字の書き取り

①　「往復はがき」は，往信用と返信用が一続きの郵便葉書。　②　宮殿《きゅうでん》や社寺，その宝物などを見せていただくこと。　③　ある分野の学問や職業にもっぱら従事すること。　④　音読みは「ボ」で，「暮色」などの熟語がある。

三 漢字の筆順，漢字の部首，四字熟語の知識，慣用句の知識，敬語の知識，漢字の読み，俳句の知識，文の組み立て，助数詞の知識，年中行事の知識，ことばの知識

問１　さんずいを三画で書いた後に黒線の部分が来るので，四画目になる。

問２　「案」のみが「きへん(き)」で，ほかは「うかんむり」なので，ウが選べる。

問３　アは「一石二鳥」，イは「四苦八苦」，ウは「千変万化《ばんか》」，エは「満場一致《いっち》」。

問４　「息が長い」と似た意味のことばには「長続きする」などが，「息をのむ」と似た意味のことばには「はっとする」などが，「息をぬく」と似た意味のことばには「一息入れる」などがある。

問５　ア　「上を下への大騒《おおさわ》ぎ」は，大勢がひどく入り乱れていること。あわてふためいているようす。　イ　「足をすくわれる」が正しい言い方で，“卑怯《ひきょう》な手で出しぬかれる”という意味。　ウ　正しくは「馬子《まご》にも衣装《いしょう》」で，だれでも外見を整えれば立派に見えることのたとえ。馬子は，馬をひいて人や荷物を運ぶ職業。　エ　「役不足」は，その人の力量に対し役目が軽すぎること。この文には「力不足」が合う。「力不足」は，あたえられた役目を果たすには力量が足りないこと。

問６　ア　「参上」は目上の人のところへ行くことで，「なさる」をともなっても「お客様」の行為

には使えない。尊敬語の「いらっしゃいますか」などがよい。　イ　「市長」の行為なので尊敬表現を使う必要があるが，この場合は「ご参加いただきますよう」などがふさわしい。　ウ　身内の「父」の行為に尊敬語の「おっしゃっていました」はふさわしくない。謙譲《けんじょう》語の「申しておりました」などが合う。

問７　イは「ゆか」，ほかは「とこ」と読む。この場合の「床に就《つ》く」は，“病気になって寝《ね》つく”という意味。「床の間」は，日本建築の座敷《ざしき》正面に一段高く設けた場所。書画や花，置物などを飾《かざ》る。

問８　小林一茶《こばやしいっさ》は江戸時代後期の俳人。「我と来て遊べや親のない雀《すずめ》」の大意は，“こっちに来て母のいない私と遊ぼう。親とはぐれた子雀よ”である。また，「雀の子そこのけそこのけ御馬が通る」の大意は，“雀の子よ，早くよけなさい。お馬が通って危ないよ”になる。なお，「親のない雀(子雀)」，「雀の子」が春の季語にあたる。

問９　主語は，「何が(誰《だれ》が)」，述語は「どうする」「どんなだ」「何だ」にあたる文節をいう。まず述語を決定してから，それに合う主語を探すとよい。「認められた」のは「弟」なので，主語は「弟も」，述語は「認められた」となる。

問10　ア　「歌」は，短歌なら「首」，曲にのせて歌う歌は「曲」で数える。「詩」は，ふつう「編」を用いる。　イ　「スカーフ」「下敷《したじ》き」は「枚」を使って数える。　ウ　「船」は「艘《そう》」「隻《せき》」「艇《てい》」などを使って数える。一方，「自転車」は「台」を用いる。　エ　「ネクタイ」は「本」，「椅子《いす》」は「脚《きゃく》」を使って数える。

問11　「なでしこ」は，秋の七草のひとつ。秋の七草は，「はぎ」「おばな(ススキ)」「くず」「なでしこ」「おみなえし」「ふじばかま」「ききょう」である。

問12　「昨日」のできごとなので，過去の助動詞である「た」を用いて，「来ました」とするのがよい。

四　**出典は森博嗣《もりひろし》の『読書の価値』による。**人はなぜ本を読むのか，筆者自身はどのように本を選ぶか，なぜ，そのような本の選び方をするのかなどを，人とのコミュニケーションを例に説明している。

問１　ぼう線部①は，直接には「本というのは，いったい何だろう？」という問いかけを指しているが，続く部分で，「何のために人は本を読むのだろうか？」と，より具体的に説明している。

問２　「抽象《ちゅうしょう》」は，さまざまなものごとから共通する性質をぬき出し，一般《いっぱん》的な概念《がいねん》としてとらえること。対義語の「具象」「具体」は，実際に見たり触《ふ》れたりできる姿かたちを備えていること。

問３　七つ目の段落で，人が他者と会う意義は，「自分」だけでは「経験できない」ことを「擬似《ぎじ》的」に人を通して「知ることができる」からだと説明されている。

問４　「ようだ(な)」「みたいだ(な)」などを用いた比喩《ひゆ》の表現を「直喩」という。

問５　同じ段落から読み取る。「近頃《ちかごろ》」を「情報過多の今」と表現し，その直前で「大勢の人間の言葉が聞け，自分の言葉を聞いてもらえる時代」とくわしく説明している。

問６　a　「人間の歴史を過去へ向かって眺《なが》めれば」，もともと「大多数の人間は，ほとんど他者とコミュニケーションを取らな」い存在だったというつながりである。よって，「そもそも」が入る。

b　他人とコミュニケーションを取ったとしても，ごく限られた人間とだけだったはずだという文脈なので，“多く見積もってもたかが知れている”という意味の「せいぜい」があてはまる。

c　「面白《おもしろ》そうな表情」をしていたというのだから，「にやにや」がよい。

問７　筆者は，現代の「孤独《こどく》」を「無理につながろうとする反動」だと言っているので，イが合う。

問８　「本選び」には，「未知」のものを知るためと，自分の考えていることの正しさを「確認《かくにん》」するためという「二つの方向性」があるが，筆者は，「未知」への興味から本を選ぶと述べている。その理由については，続く部分で「人間」への関心と重ね，自分と異なる「趣味《しゅみ》や意見」など「自分にないもの」を知ることができるからだと説明している。これをふまえ，「自分とまったく異なる趣味や意見を持っている作者が書いたもの，つまり，自分にないものへの興味を満たしてくれる本，未知の世界を教えてくれる本に，読む価値を置くから」のようにまとめる。

問９　筆者が「知合い」になりたいと考えている「自分と違《ちが》うタイプ」とは，直前の段落で，「性格も趣味もなにもかもまったく一致しない人」，つまり「自分にないものを持っている人」だと述べられている。

問10　前後の内容を整理する。「友達ができれば，その友達の友達とも友達になれる」のと同じように，「ある本を読むと，その中で語られる別の本のことが気になり，それを手に取る」ようになるのだと説明されている。特に，気に入った本ならばなおさら「それに関連する本が読みたくなる」というのだから，ウがふさわしい。

五　**条件作文**

社会の役に立つどんなロボットを，なぜつくりたいかをまとめる。おもしろいロボット，一見荒《こう》唐無稽《とうむけい》なロボットなど，自由な発想で書いてよい。たとえば，今は手作業で行われている果樹の収穫《しゅうかく》をロボットが代われば作業はたいへん楽になること，あるいは，海洋の汚染《おせん》物質であるマイクロプラスチックは回収が不可能と言われているが，その回収ロボットができれば環境《かんきょう》問題のひとつに道が開けるなどといったことがあげられる。

Dr.福井の

入試に勝つ！脳とからだのウルトラ科学

試験場でアガらない秘けつ

キミたちの多くは，今まで何度か模擬試験（たとえば合不合判定テストや首都圏模試）を受けていて，大勢のライバルに囲まれながらテストを受ける雰囲気を味わっているだろう。しかし，模擬試験と本番とでは雰囲気がまったくちがう。そういうところでも緊張しない性格ならば問題ないが，入試独特の雰囲気に飲みこまれてアガってしまうと，実力を出せなくなってしまう。

試験場でアガらないためには，試験を突破するぞという意気ごみを持つこと。つまり，気合いを入れることだ。たとえば，中学の校門前にはあちこちの塾の先生が激励《げきれい》のために立っている。もし，キミが通った塾の先生を見つけたら，「がんばります！」とあいさつをしよう。そうすれば先生は必ずはげましてくれる。これだけでもかなり気合いが入るはずだ。ちなみに，ヤル気が出るのは，TRHホルモンという物質の作用によるもので，十分な睡眠をとる，運動する（特に歩く），ガムをかむことなどで出されやすい。

試験開始の直前になってもアガっているときは，腹式呼吸が効果的だ。目を閉じ，おなかをふくらませるようにしながら，ゆっくりと大きく息を吸う。ここでは「ゆっくり」「大きく」がポイントだ。そして，ゆっくりと息をはく。これをくり返し何回も行うと，ノルアドレナリンという悪いホルモンが減っていくので，アガりを解消することができる。

よく「手のひらに“人”の字を書いて飲みこむことを３回行う」とアガらないというが，そのようなおまじないを信じて実行し，自分に暗示をかけてもいいだろう。要は，入試に対するさまざまな不安な気持ちを消し去って，試験に集中できるようなくふうをこらせばいいのだ。

Dr.福井（福井《ふくい》一成《かずしげ》）…医学博士。開成中・高から東大・文Ⅱに入学後，再受験して翌年東大・理Ⅲに合格。同大医学部卒。さまざまな勉強法や脳科学に関する著書多数。

Memo

Memo

2025年度用

中学スーパー過去問

■編集人 声の教育社・編集部
■発行所 株式会社 声の教育社
〒162-0814 東京都新宿区新小川町8-15
☎03-5261-5061㈹ FAX03-5261-5062
https://www.koenokyoikusha.co.jp

※本書の内容についての一切の責任は当社にあります。内容・解説・解答・その他は当社ホームページよりお問い合わせ下さい。

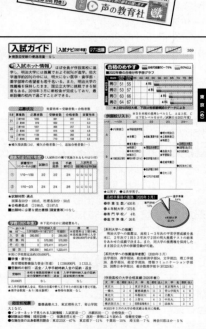

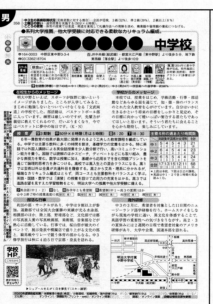

よくある解答用紙のご質問

01
実物のサイズにできない

拡大率にしたがってコピーすると，「解答欄」が実物大になります。配点などを含むため，用紙は実物よりも大きくなることがあります。

02
A3用紙に収まらない

拡大率164％以上の解答用紙は実物のサイズ（「出題傾向＆対策」をご覧ください）が大きいために，Ａ３に収まらない場合があります。

03
拡大率が書かれていない

複数ページにわたる解答用紙は，いずれかのページに拡大率を記載しています。どこにも表記がない場合は，正確な拡大率が不明です。

04
１ページに２つある

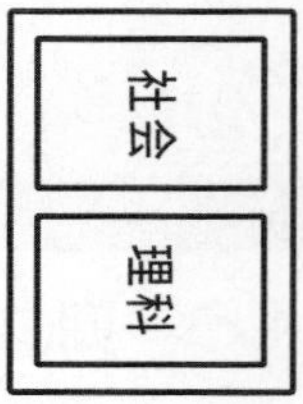

１ページに２つ解答用紙が掲載されている場合は，正確な拡大率が不明です。ほかの試験回の同じ教科をご参考になさってください。

作新学院中等部

つかいやすい書きこみ式
入試問題解答用紙編

最近５年間収録

＊解答用紙は本体と一緒にとじてありますから、ていねいに抜きとってご使用ください。

■注意

●一部の科目の解答用紙は小社で作成しましたので、無断で転載することを禁じます。

●収録のつごうにより、一部縮小したものもあります。

●設問ごとの配点は非公表です。採点しやすいように小社が推定して作成したものです。

※ 実際の解答欄の大きさで練習するには、指定の倍率で拡大コピーしてください。なお、ページの上下に小社作成の見出しや配点を記載しているため、コピー後の用紙サイズが実物の解答用紙と異なる場合があります。

声の教育社

２０２４年度　作新学院中等部

算数解答用紙　第１回

番号		氏名		評点	／100

1

(1)

(2)

(3)

(4)

(5)

2

(1) 度

(2) L

(3) %

(4)

(5)

3

(1) 円

(2) ① 個

② 組

4

(1) 回転

(2) 回転

(3) 個

5

(1) cm^3

(2) cm^2

(3) cm

6

(1) 枚

(2) 枚

(3) (説明)

（注）この解答用紙は実物を縮小してあります。Ｂ５→Ａ３(163%)に拡大コピーすると、ほぼ実物大の解答欄になります。

〔算　数〕100点(推定配点)

1, 2　各４点×10　3～6　各５点×12

2024年度 作新学院中等部

社会解答用紙 第1回

番号 / 氏名 / 評点 /100

1
(1)

(2)
(3)

2
(1)
(2)
(3)
(4)
(5)

(6)

3
(1) (あ) (い)
(2) (会議) (開催地)
(3)
(4)
(5)
(6)

4
(1)
(2)
(3)

5
(1)
(2)
(3)
(4)
(5)
(6)
(7)
(8)
(9)
(10)
(11)

6
(1)
(2)
(3)

(注) この解答用紙は実物を縮小してあります。204%拡大コピーをすると、ほぼ実物大の解答欄になります。

〔社　会〕100点(推定配点)

1 各2点×3　2 (1)～(4) 各2点×4　(5) 3点　(6) 5点　3 (1), (2) 各2点×4　(3), (4) 各3点×2　(5), (6) 各5点×2　4 各2点×3　5 (1) 3点　(2), (3) 各5点×2　(4)～(8) 各3点×5　(9) 5点　(10), (11) 各3点×2　6 各3点×3

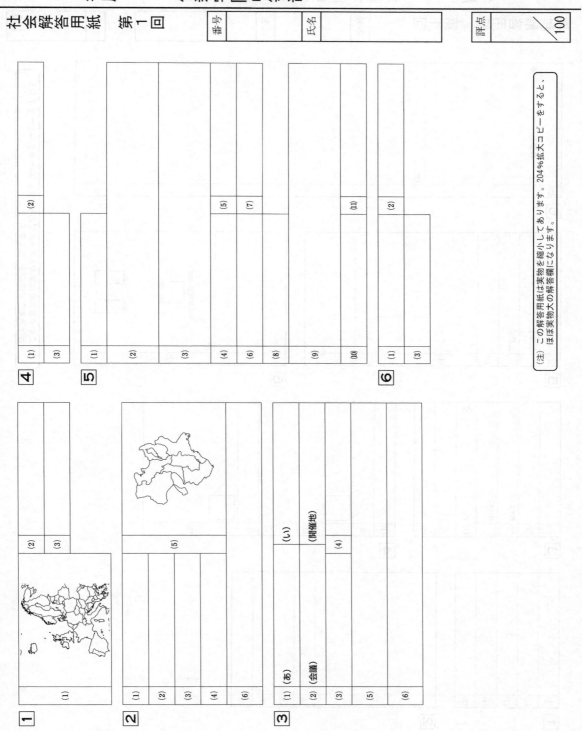

2024年度 作新学院中等部

理科解答用紙 第1回

番号		氏名		評点	/100

1

(1)	(2)	(3)	(4)	(5)

2

(1)	(2)	(3)	(4)	(5)

3

(1)	(2)	(3)	(4)	(5)	(6)
		熱すること 冷やすこと	約　　度		

4

(1)	(2)	(3)	(4)	(5)

5

(1)	(2)	(3)	(4)	(5)
記録①	記録④			

6

(1)	(2)
①	②

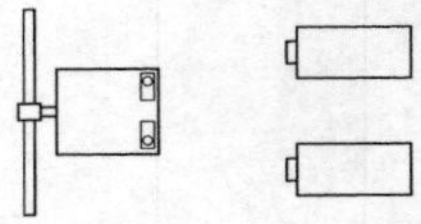

6

(3)	(4)
①　・棒磁石　本	②

（注）この解答用紙は実物を縮小してあります。204%拡大コピーをすると、ほぼ実物大の解答欄になります。

〔理　科〕100点(推定配点)

1　各2点×5　2，3　各3点×11＜3の(3)，(6)は完答＞　4　(1)，(2)　各3点×2　(3)　記号…1点，理由…3点　(4)　3点　(5)　記号…1点，理由…3点　5　各3点×7　6　(1)～(3)　各3点×4　(4)　①　3点　②　4点

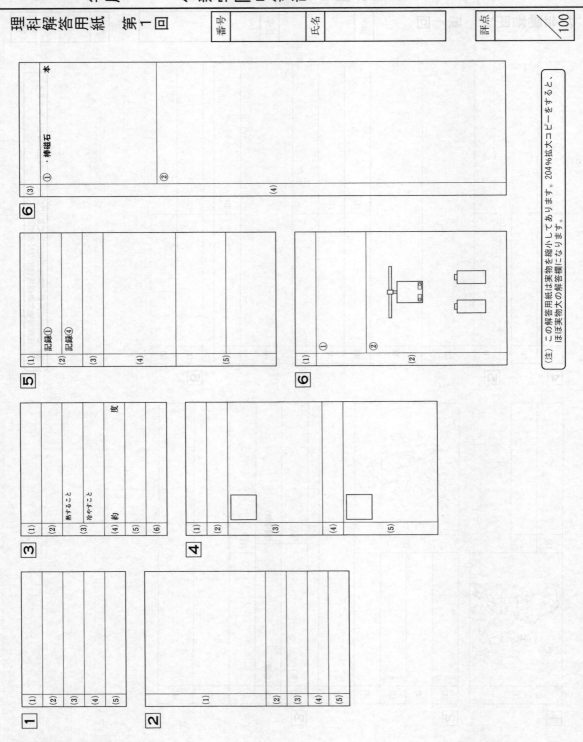

2024年度 作新学院中等部

国語解答用紙 第一回 No.1

番号 | 氏名 | 評点 /100

一
①
②
③
④ （す）

二
①
②
③
④

三
問一
問二
問三
問四
問五 信 疑
問六
問七
問八
問九
問十
問十一
問十二

四
問一
問二
問三 なるから。
20
問四
問五
問六
問七
問八
35
40
問九
30
35
問十
問十一
問十二

（注） この解答用紙は実物を縮小してあります。175％拡大コピーすると、ほぼ実物大の解答欄になります。

国語解答用紙　第一回　No.２

五

100　80

（注）この解答用紙は実物を縮小してあります。Ｂ５→Ｂ４（141％）に拡大コピーすると、ほぼ実物大の解答欄になります。

〔国　語〕100点(推定配点)

一～三　各２点×20　四　問１～問７　各４点×７　問８，問９　各５点×２　問10～問12　各４点×３　五　10点

2023年度　　作新学院中等部

算数解答用紙　第1回

番号		氏名	

評点	／100

1
(1)
(2)
(3)
(4)
(5)

2
(1) m
(2) %
(3)
(4)
(5) 度

3
(1) :
(2) か所
(3)

4
(1) cm
(2) cm^2
(3) cm^2

5
(1) 人
(2) 分
(3) km

6
(1) cm^3
(2) cm^2
(3) cm^3

（注）この解答用紙は実物を縮小してあります。Ｂ５→Ａ３（163％）に拡大コピーすると、ほぼ実物大の解答欄になります。

〔算　数〕100点（推定配点）

1，2　各４点×10　3～6　各５点×12

2023年度　作新学院中等部

社会解答用紙　第1回

番号　　氏名　　評点　/100

1　(1)　(2)　(3)　(4)　(5)

2　(1)　(2)　(3)　(4)　(5)　(6)

3　(1)　(2)　(3)(ウ)　(エ)　(4)　(5)

4　(1)　(2)　(3)

5　(1)　(2)　(3)　(4)

6　(1)　(2)　(3)

7　(1)　(2)

8

9　(1)(1)　(2)　(2)　(3)

（注）この解答用紙は実物を縮小してあります。204％拡大コピーをすると、ほぼ実物大の解答欄になります。

〔社　会〕100点(推定配点)

1　(1)～(3)　各3点×3　(4)，(5)　各5点×2　2　(1)～(5)　各2点×5　(6)　3点　3　(1)～(4)　各2点×5　(5)　3点　4　各3点×3　5　(1)　3点　(2)　5点　(3)，(4)　各3点×2　6，7　各3点×5　8　5点　9　各3点×4

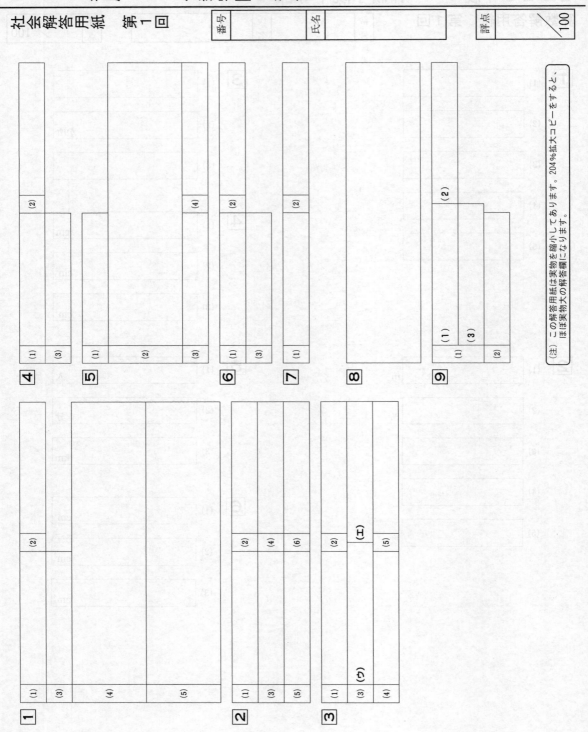

2023年度　作新学院中等部

理科解答用紙　第1回

番号		氏名		評点	/100

1

(1)	
(2)	
(3)	
(4)	
(5)	

2

(1)	
(2)	
(3)	最も小さい倍率　　倍　最も大きい倍率　　倍
(4)	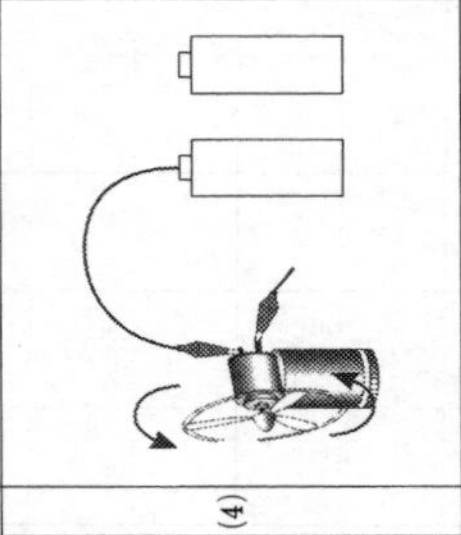
(5)	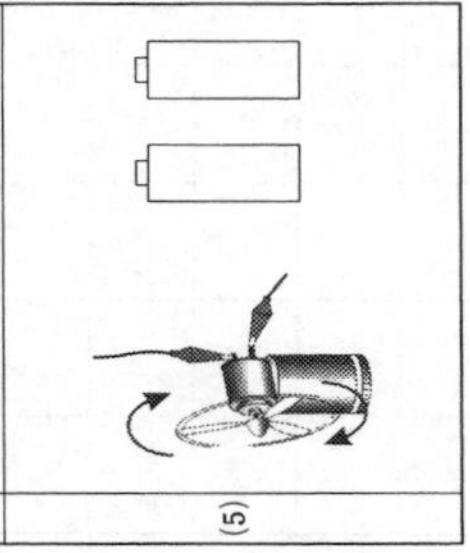

3

(1)	
(2)	
(3)	
(4)	
(5)	
(6)	

4

(1)		
(2)	②	
	③	
	④	
	⑤	
	⑥	
(3)		
(4)		
(5)	(i)	
	(ii) 当てはまる	(ii) 当てはまらない

5

(1)	
(2)	
(3)	物質の名前
	理由
(4)	
(5)	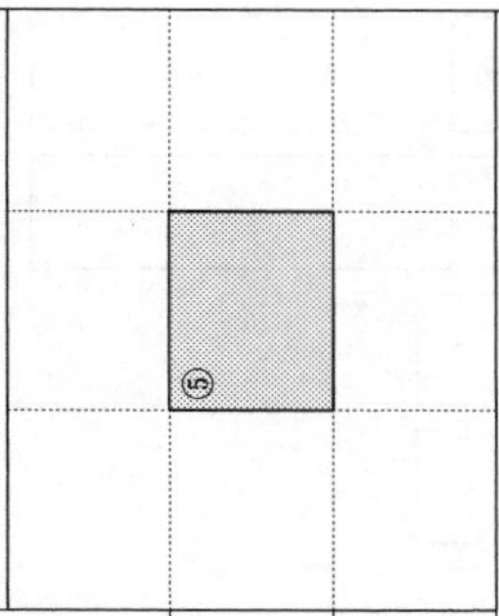

6

(1)	○
	■
(2)	②　③ 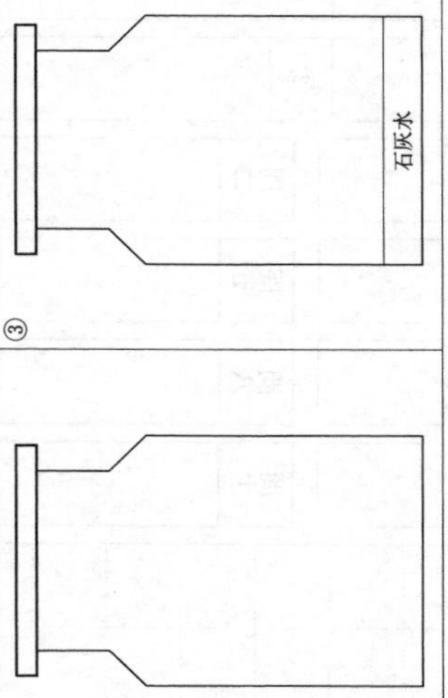
(3)	

(注) この解答用紙は実物を縮小してあります。204%拡大コピーをすると、ほぼ実物大の解答欄になります。

〔理　科〕100点(推定配点)

1　各2点×5　2，3　各3点×12　4　(1)　3点　(2)　②～④　3点<完答>　⑤・⑥　3点<完答>　(3)～(5)　各3点×4<(5)の(ⅱ)は完答>　5　(1)，(2)　各3点×2　(3)　物質の名前…2点，理由…3点　(4)　3点　(5)　4点　6　各3点×5

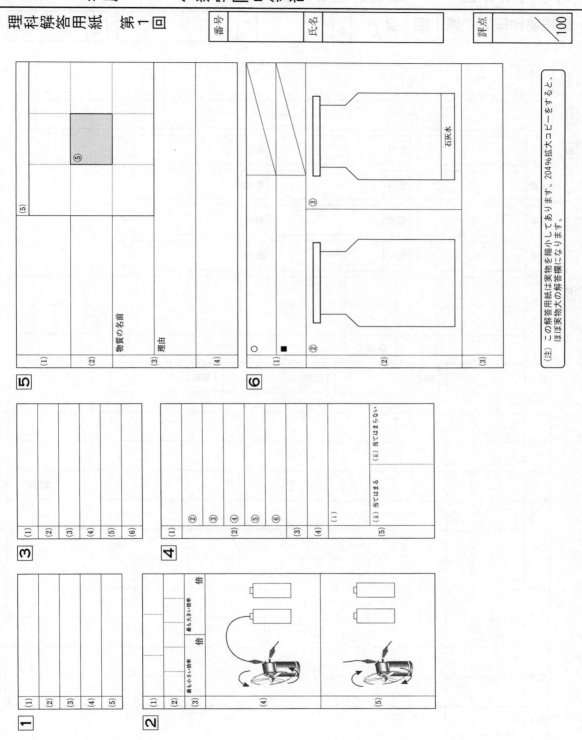

二〇二三年度　作新学院中等部

国語解答用紙　第一回　No. 1

番号

氏名

評点　/100

一　①　②　③　④

二　①　②　③　④

三
問一　問二　問三
問四　問五　問六
問七　問八　問九
問十　問十一　問十二

四
問一　から。
問二
問三
問四
問五
問六
問七　(1)　(2)　社会。
問八　60　70
問九　40　30
問十

（注）この解答用紙は実物を縮小してあります。175％拡大コピーすると、ほぼ実物大の解答欄になります。

二〇二三年度　　作新学院中等部

国語解答用紙　第一回　No.2

五

工夫

100　80

（注）この解答用紙は実物を縮小してあります。B5→B4（141%）に拡大コピーすると、ほぼ実物大の解答欄になります。

〔国　語〕100点(推定配点)

一～三　各2点×20　四　問1～問7　各4点×8　問8　7点　問9　5点　問10　4点　五　12点

２０２２年度　作新学院中等部

算数解答用紙　第１回

番号		氏名		評点	／100

1

(1)

(2)

(3)

(4)

(5)

2

(1)

(2) 年後

(3) 個

(4) %

(5) cm^2

3

(1) L

(2) L

(3) 円

4

(1)

(2)

(3)

5

(1) cm

(2) cm

(3) cm

6

(1) m

(2) ① 午前　時　分　秒

② 午前　時　分

（注）この解答用紙は実物を縮小してあります。Ｂ５→Ａ３（163%）に拡大コピーすると、ほぼ実物大の解答欄になります。

〔算　数〕100点（推定配点）

1, 2 各４点×10　3〜6 各５点×12

2022年度　作新学院中等部

社会解答用紙　第1回

番号		氏名	

評点 ／100

1

(1)　(2)　(3)　(4)

(5)

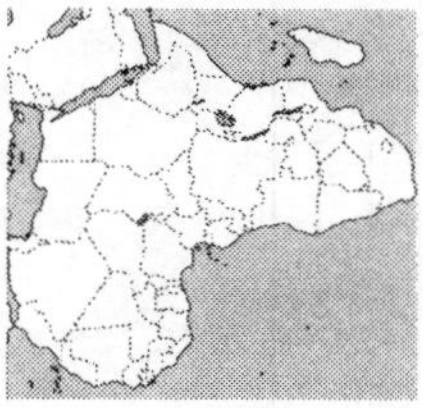

2

(1)　(2)　(3)　(4)　(5)　(6)

3

(1) (ア)　(イ)

(2)　(3)　(4)　(5)

4

(1)　(2)　(3)

5

(1)　(2)　(3)　(4)　(5)　(6)　(7)　(8)　(9)

6

(1)　(2)　(3)　(4)　(5)

(注) この解答用紙は実物を縮小してあります。196%拡大コピーをすると、ほぼ実物大の解答欄になります。

〔社　会〕100点(推定配点)

1　各3点×5　2　(1)～(4)　各3点×4　(5)　5点　(6)　3点　3　(1)，(2)　各3点×3　(3)～(5)　各2点×3　4　各2点×3　5　(1)～(7)　各3点×7　(8)　5点　(9)　3点　6　各3点×5

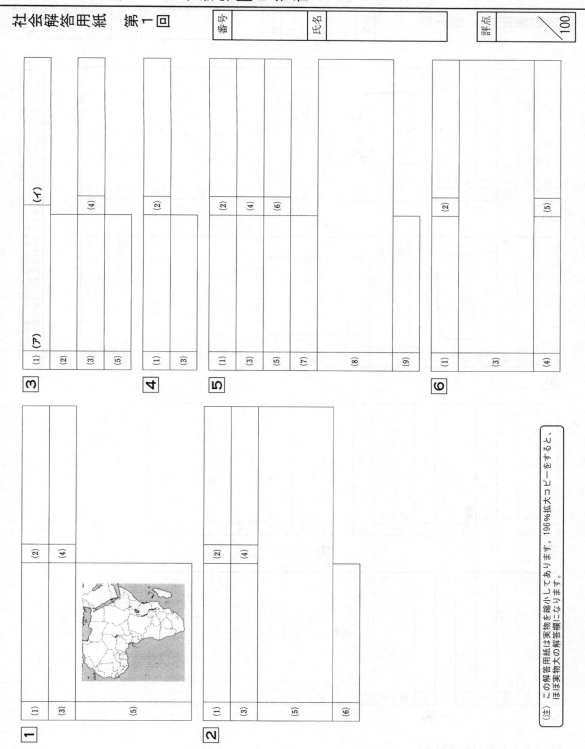

2022年度　作新学院中等部

理科解答用紙　第1回

番号		氏名		評点	/100

1

(1)	
(2)	
(3)	
(4)	
(5)	

2

(1)	
(2)	
(3)	℃
(4)	
(5)	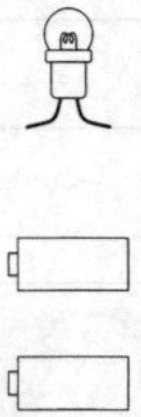

3

(1)	A	
	B	
	C	
(2)	記号	
	理由	
(3)	→ → →	
(4)	①	
	②	
(5)		

4

(1)	
(2)	
(3)	
(4)	
(5)	

5

(1)		
(2)		
(3)		個
(4)	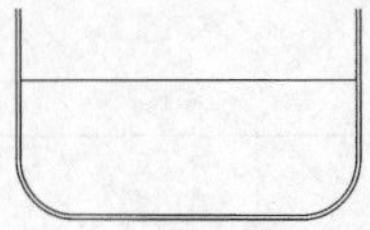	
(5)	⑤	はい
	⑥	はい
	⑦	はい
(6)	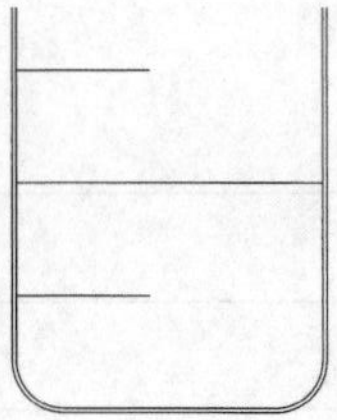	
(7)		
(8)		

6

(1)	①	②	③
	④	⑤	⑥
(2)	およそ		℃
(3)	A		
	B		
	C		
(4)	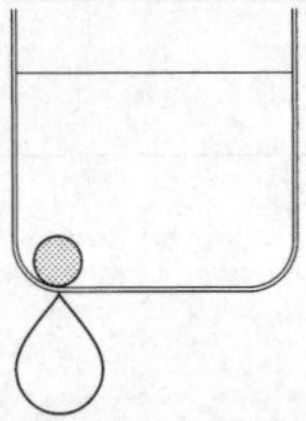		
(5)			

（注）この解答用紙は実物を縮小してあります。208％拡大コピーをすると、ほぼ実物大の解答欄になります。

〔理　科〕100点(推定配点)

1　各2点×5　2　各3点×5　3　(1)　各2点×3　(2)　記号…2点，理由…4点　(3)～(5)　各2点×4＜(3)は完答＞　4　各3点×5　5　各2点×10　6　(1)　各1点×6　(2)～(4)　各2点×5＜(3)は各々完答＞　(5)　図…1点，文章…3点

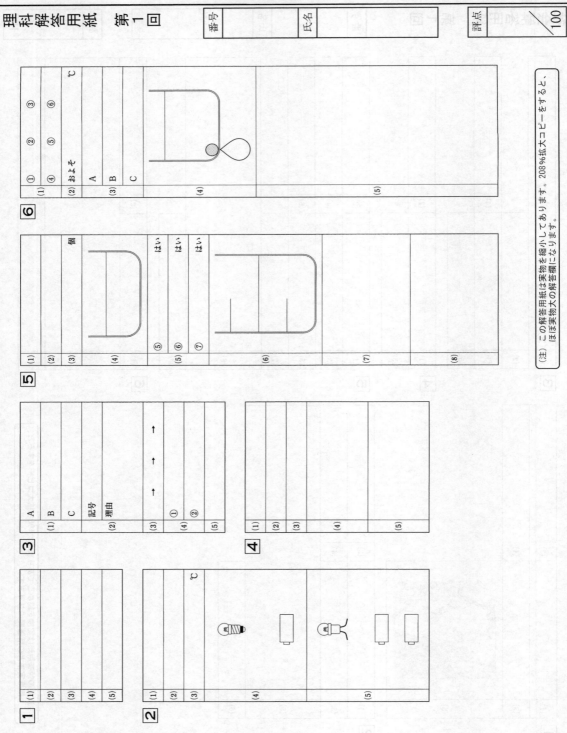

二〇二二年度　作新学院中等部

国語解答用紙　第一回　No. 1

番号　氏名　評点　/100

一
①　②　③　④（む）

二
①　②　③　④

三
問一　画
問二
問三
問四
問五
問六　耕　読
問七
問八
問九
問十
問十一
問十二

四
問一
問二
問三
問四
問五
問六
問七　〜
問八
問九
問十

（注）この解答用紙は実物を縮小してあります。175％拡大コピーすると、ほぼ実物大の解答欄になります。

二〇二二年度　　作新学院中等部

国語解答用紙　第一回　No.２

五

100　80

（注）この解答用紙は実物を縮小してあります。Ｂ５→Ｂ４（141％）に拡大コピーすると、ほぼ実物大の解答欄になります。

〔国　語〕100点(推定配点)

一～三　各２点×20　四　問１　４点　問２　６点　問３　４点　問４　６点　問５　８点　問６～問10　各４点×５　五　12点

２０２１年度　作新学院中等部

算数解答用紙　第１回

番号　　氏名　　評点　／100

1

(1)

(2)

(3)

(4)

(5)

2

(1) 点

(2) %

(3) 円

(4) 秒

(5) cm^2

3

(1) 個

(2) 番目

(3) m　cm

4

(1) cm^2

(2) cm

(3) cm

5

(1) 円

(2) 円高い

(3) 駅

6

(1) 分

(2) 分

(3) m

（注）この解答用紙は実物を縮小してあります。Ｂ５→Ａ３（163%）に拡大コピーすると、ほぼ実物大の解答欄になります。

〔算　数〕100点（推定配点）

1, 2　各４点×10　3～6　各５点×12

2021年度 作新学院中等部

社会解答用紙 第1回

番号　氏名　評点 /100

1 (1) (2) (3)

2 (1) (2) (3) (4) (5) (6) (7) (8) (9)

3 (1) (2) (3) (4) (5)

4 (1) (2) (3) (4) (5) (6)

5 (1) A B C (2) (3) (4)

6 A B C

7 (1) (2)

(注) この解答用紙は実物を縮小してあります。196%拡大コピーをすると、ほぼ実物大の解答欄になります。

〔社　会〕100点(推定配点)

1　各3点×3　2　(1), (2)　各3点×2　(3)　4点　(4)　3点　(5)　4点　(6)～(8)　各3点×3　(9)　4点　3～6　各3点×18<6は完答>　7　(1)　4点　(2)　3点

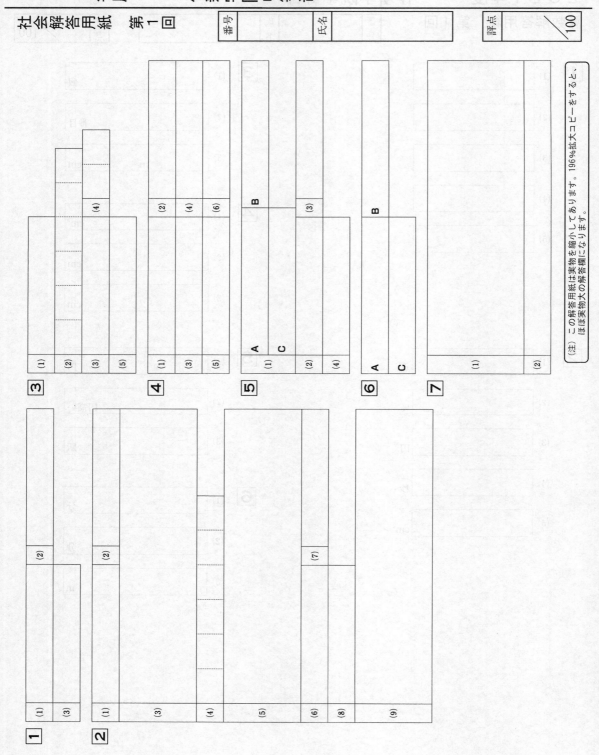

2021年度　作新学院中等部

理科解答用紙　第1回

番号　　氏名　　評点　／100

（注）この解答用紙は実物を縮小してあります。208%拡大コピーをすると、ほぼ実物大の解答欄になります。

1

(1)	(2)	(3)	(4)	(5)

2

(1)	(2)	(3)	(4)	
		ペットボトルを	① L	② %

3

(1)	(2)	(3)	(4)	(5)	(6)

4

(1)	(2)	(3)	(4)	(5)	(6)	
					晴れ	雨

5

(1)	(2)			(3)	(4)
	①	②	③		

6

(1)	(2)	(3)	
		①用意する道具	②方法

(4)	(5)	
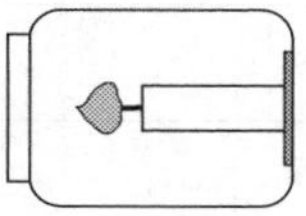	①用意する材料	②完成予想図と説明

〔理　科〕100点(推定配点)

1, 2　各3点×10　3　(1)～(3)　各2点×3＜各々完答＞　(4)～(6)　各3点×3　4　(1)～(5)　各3点×5＜(4)は完答＞　(6)　各2点×2＜各々完答＞　5　(1)　3点　(2)　各2点×3　(3), (4)　各3点×2　6　各3点×7

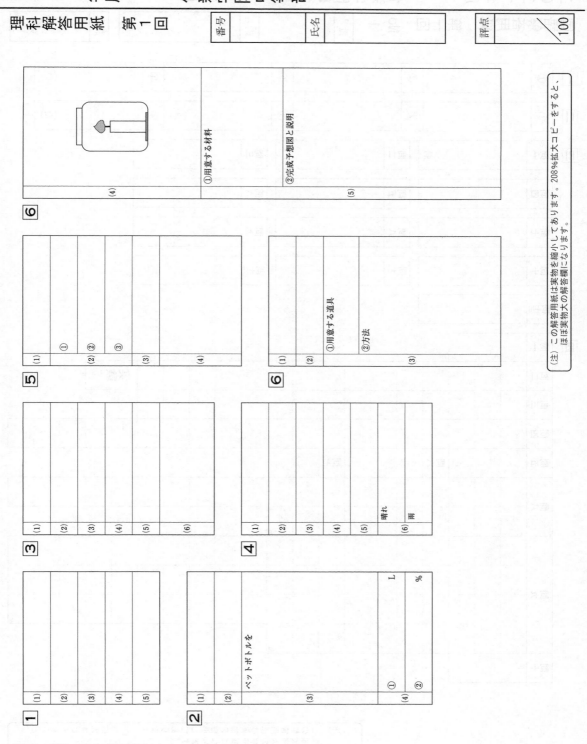

二〇二二年度　作新学院中等部

国語解答用紙　第一回　No. 1

番号　　氏名　　評点　／100

一
①　②　③　④　(い)

二
①　②　③　(み)　④　(た)

三
問一　画
問二
問三
問四
問五
問六
問七
問八
問九
問十
問十一
問十二
問十三

四
問一
問二　実験。
問三
問四
問五
問六
問七
問八
問九
問十

（注）この解答用紙は実物を縮小してあります。175％拡大コピーすると、ほぼ実物大の解答欄になります。

国語解答用紙　第一回　No.2

五

お気に入りのメニュー

100　80

（注）この解答用紙は実物を縮小してあります。B5→B4（141%）に拡大コピーすると、ほぼ実物大の解答欄になります。

〔国　語〕100点（推定配点）

一〜三　各2点×21　四　問1　4点　問2〜問4　各5点×3　問5〜問7　各4点×3　問8　6点　問9　7点　問10　4点　五　10点

２０２０年度　作新学院中等部

算数解答用紙　第１回

番号		氏名		評点	／100

1

(1)

(2)

(3)

(4)

(5)

2

(1) 度

(2)

(3) cm

(4) 秒

(5) 個

3

(1) cm

(2) cm^2

(3) cm^2

4

(1) m

(2) 午前９時　分

(3) m

5

(1) 円

(2)

(3) 円

6

(1) cm^3

(2) cm

(3) 鉄　個

水　cm^3

（注）この解答用紙は実物を縮小してあります。Ａ３用紙に161％拡大コピーすると、ほぼ実物大で使用できます。（タイトルと配点表は含みません）

〔算　数〕100点（推定配点）

1, 2　各４点×10　3～6　各５点×12＜6の(3)は完答＞

２０２０年度　作新学院中等部

社会解答用紙　第１回

番号　　氏名　　評点 /100

（注）この解答用紙は実物を縮小してあります。200%拡大コピーすると、ほぼ実物大で使用できます。（タイトルと配点表は含みません）

1 (1)　(2)　(3)　(4)　(5) A　B

2 (1)　(2)　(3)　(4)　(5)　(6)　(7)

3 (1)　(2) B　C　(3) 月　日

4 (1)　(2)　(3)　(4)

5 (1)　(2)　(3)

6 (1) ①　②　③　④　(2)　(3)　(4) →　→　→

7 (1)　(2)　(3)

〔社　会〕100点(推定配点)

1　(1)，(2)　各２点×２　(3)　３点　(4)　２点　(5)　各３点×２　2　(1)～(3)　各３点×３　(4)，(5)　各２点×２　(6)，(7)　各４点×２　3，4　各３点×８　5　(1)　３点　(2)　２点　(3)　３点　6　(1)　各３点×４　(2)　４点　(3)，(4)　各３点×２＜(4)は完答＞　7　(1)　３点　(2)　４点　(3)　３点

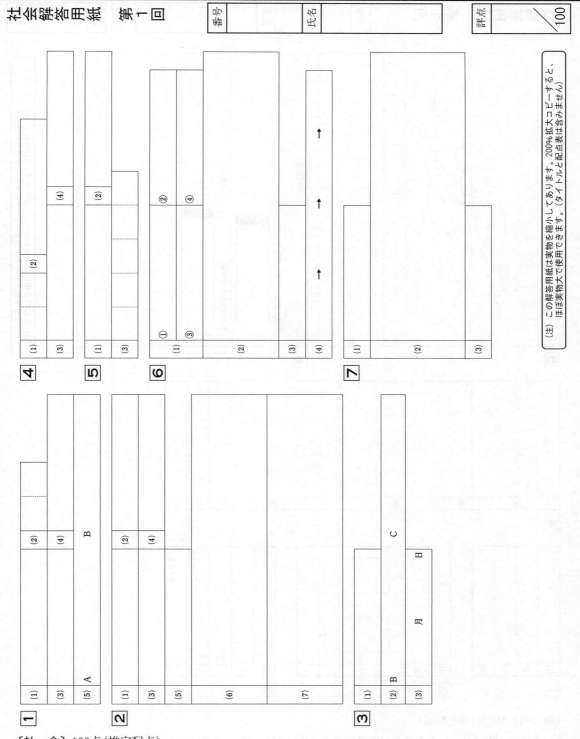

２０２０年度　作新学院中等部

理科解答用紙　第１回

番号		氏名	

評点	/100

1

(1)	
(2)	
(3)	
(4)	

2

(1)	
(2)	
(3)	茎　根
(4)	

3

(1)	
(2)	
(3)	① ②　のブロックが　個あまる。

4

(1)	
(2)	
(3)	
(4)	
(5)	
(6)	

5

(1)

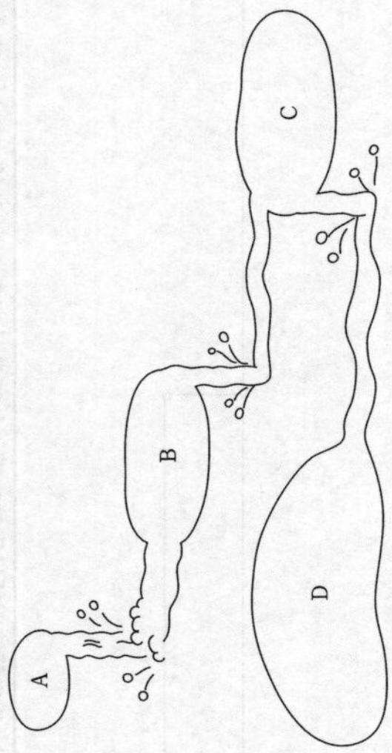

(2)		(4)	
(3)		(5)	

6

(1)		
(2)	①飛ぶ直前まで押し棒を押していった時	①説明文
	②前の玉が飛ぶ瞬間	②説明文
(3)		
(4)		

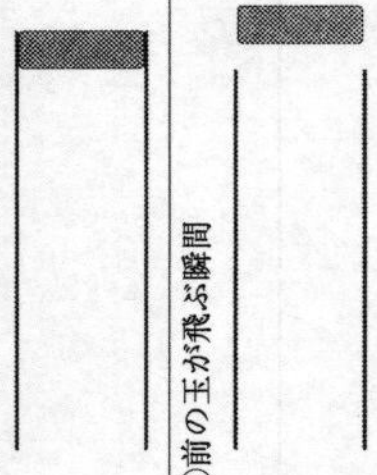

（注）この解答用紙は実物を縮小してあります。213%拡大コピーすると、ほぼ実物大で使用できます。（タイトルと配点表は含みません）

〔理　科〕100点（推定配点）

1　各３点×４　2　各４点×４＜(3)は完答＞　3　(1)，(2)　各３点×２　(3)　各４点×２＜②は完答＞　4　(1)　４点　(2)　３点　(3)，(4)　各４点×２　(5)，(6)　各３点×２＜(5)は完答＞　5　(1)～(4)　各３点×４　(5)　４点　6　(1)　３点　(2)　図…各２点×２，説明文…各３点×２　(3)　３点　(4)　５点

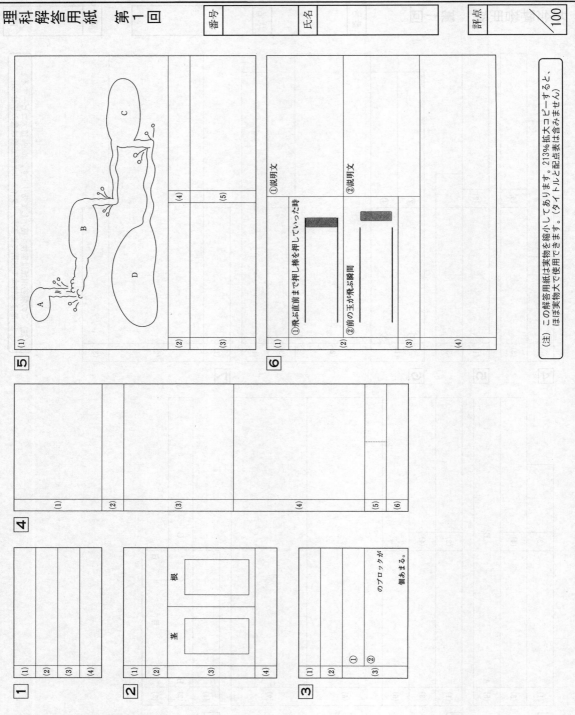

二〇二〇年度　作新学院中等部

国語解答用紙　第一回　No.1

番号		氏名		評点	/100

一　①　②　③　④

二　①　②　③　④（れる）

三
- 問一　画目
- 問二
- 問三
- 問四
- 問五
- 問六
- 問七
- 問八
- 問九
- 問十
- 問十一
- 問十二

四
- 問一　17
- 問二
- 問三　20　25
- 問四　法
- 問五　～
- 問六
- 問七
- 問八　70　80
- 問九　14
- 問十

（注）この解答用紙は実物を縮小してあります。175％拡大コピーすると、ほぼ実物大で使用できます。（タイトルと配点表は含みません）

二〇二〇年度　　作新学院中等部

国語解答用紙　第一回　No.２

五

100　80

（注）この解答用紙は実物を縮小してあります。Ｂ４用紙に133％拡大コピーすると、ほぼ実物大で使用できます。（タイトルと配点表は含みません）

〔国　語〕100点(推定配点)

一〜三　各２点×20　四　問１〜問５　各５点×５　問６，問７　各４点×２　問８　８点　問９　５点　問10　４点　五　10点

Memo

Memo

声の教育社　〒162-0814 東京都新宿区新小川町8-15
https://www.koenokyoikusha.co.jp
TEL 03（5261）5061(代)　FAX 03（5261）5062